歌德学院（中国）
翻译资助计划

Die Wiedererfindung der Nation

Warum wir sie fürchten und warum wir sie brauchen

Aleida Assmann

民族的重塑

为什么我们惧怕和需要民族

〔德〕阿莱达·阿斯曼 著

韩瑞祥 译

商務印書館
创于1897 The Commercial Press

Aleida Assmann

Die Wiedererfindung der Nation

Warum wir sie fürchten und warum wir sie brauchen

@Verlag C.H.Beck oHG, München 2020

献给扬

目　　录

前　言

你必须改变你的生活！这是里尔克（Rilke）一首十四行诗 ₉
的最后一句。在新冠疫情肆虐的日子里，它常常被人引用。对我
来说，这句诗具有不同寻常的意义。日复一日，一个个约定好
的日期从日历中被抹去了，随之而来的是一种前所未有和持续
不变的生活节奏，让我不得不守在家里和书桌前。这本书我本
来打算献给新冠疫情，但却没有走到如此地步，而是怀着莫大
的感激之情把它献给了扬·阿斯曼（Jan Assmann），我的思想
伙伴、生活与事业上的伴侣和这本书一个又一个章节的第一位
读者。

撰写这本书的想法萌发于在 2019 年 1 月发生的一场辩论。
当时，斯旺特耶·冯·布吕克（Swantje von Brück）约请我为
《世界报》（*Welt*）做了一次访谈。这次访谈涉及到了罗贝特·梅
纳塞（Robert Menasse）关于废除民族、主张一个地域欧洲的观
点。2019 年 6 月，在马德里举办的记忆研究学会研讨会上，我
有幸介绍和讨论了这本书的主要观点。后来，沙利尼·兰德利亚
（Shalini Randeria）以及埃斯特拉·申德尔（Estela Schindel）和

1

蒂姆·拜谢特（Timm Beichelt）分别于 2019 年 10 月和 2020 年 1 月在维也纳人类科学研究院和奥德河畔的法兰克福维阿德里纳欧洲研究院组织了两轮相关的讨论会。我康斯坦茨的同事丹尼尔·蒂姆（Daniel Thym）也当仁不让，尽管受到新冠疫情的影响和限制，他仍在康斯坦茨创办了一个数字报告平台。我非常感谢他和克里斯蒂娜·瓦尔德（Chiristina Wald）对这项研究的兴趣和主持的各种讨论。再次特别致谢 K.H. 埃贝勒博士基金会（Dr. K. H. Eberle Stifung）：从 2020 年 3 月以来，它一直资助康斯坦茨大学一个主题为"共同意识"的研究项目。这本书也是对这个新兴的重点研究主题尽了一份绵薄之力。

在新冠疫情封禁期间，旅行和见面是不可能的。但庆幸的是，观点和思想的数字交流没有停止。感谢蒂尔·范拉登（Till van Rahden）提供了许多相关文献和宝贵建议；它们为我打开了一个个新的视野；感谢托马斯·奥伯伦德（Thomas Oberender）那本富有启发的著作，我有幸在其出版前先睹为快。约纳斯·齐普夫（Jonas Zipf）和汉诺·勒维（Hanno Loewy）是我重要的交流伙伴，前者通过数字平台，后者则是面对面与我交流。在此我特别感谢 C.H. 贝克出版社愿意出版这部手稿，还有斯特凡尼·赫尔舍（Stefanie Hölscher）、贝亚特·桑德尔（Beate Sander）和安德雷阿斯·维尔滕松（Andreas Wirthensohn），他们又一次颇具建设性地陪伴我的整个编辑过程，同时也为赶时间做好了充分的思想准备。

经过 25 年的精心准备以后，克里斯托和珍妮–克劳德

（Christo und Jeanne-Claude）把帝国大厦包装起来了①。从 1995 年 6 月 24 日到 7 月 7 日，这个临时艺术品在柏林可以供人参观。当时，弗里德里希·朔尔勒莫（Friedrich Schorlemmer）②十分激动地说道："这是一个艺术轰动，我们民主的制高点在什么时候经历过如此众多的青睐呢？这时，一个爱好和平的民族聚集在我们断裂的德国历史——更确切地说——可怕的大厦前，站在它的面前，就像面对着一个秘密。"那一幅幅从这次包裹行动中留下来的画面依然向人们传递着某些神秘的东西。包装也是一个蛹变，一个更衣室，德意志民族在其中经历了多次剧变。在当时，包装也是一个刚刚重新塑造起来的社会投影。在此期间，我们不再感到帝国大厦是可怕的。然而，2020 年 8 月 30 日出现的一幅幅画面无疑再次让人不寒而栗：一些极右分子和帝国公民冲上帝国大厦台阶，挥舞起帝国战争旗帜。这个噩梦是一个警钟，因为我们不能把保卫这座大厦、同样也是保卫我们拥有的这个民族的任务仅仅托付给警察。

11

阿莱达·阿斯曼

2020 年 8 月于特劳恩吉尔辛

---

①　1995 年，德国国会投票通过，同意艺术家克里斯托和珍妮-克劳德夫妇用白布包裹德国国会大厦，历时 14 天之久。这被视为一个具有象征性的环保艺术品，在德国引起了轰动，同样也吸引了全世界的目光。——译者注

②　弗里德里希·朔尔勒莫（1944—）：民主德国反对派核心人物，公民权维护者，政治活动家。——译者注

绪　　论

关于民族主题的研究著作可以说是汗牛充栋，数不胜数。其 ₁₃
中绝大多数论及的是各民族的历史或者民族理论。这本书所提出
的问题和观点则指向另一个研究方向，旨在使人们注意到一个也
许还根本没有引起绝大多数人注意的空缺。直到今天，好像也没
有一个人感受到这样一本书的缺失。可我却深有感触，因此，我
把它写出来了。当我给一个莱比锡的朋友讲述这个写作计划时，
她的回应令人惊讶。下面是她 2020 年 5 月 8 日写给我的邮件中
一段话：

> 自从获知你现在做什么以来，不管走到哪里，我到处
> 都会发现民族主义存在的蛛丝马迹。甚至连我们务实的联邦
> 总统在今天的讲话中也说到了爱国主义。当然（庆幸的是）
> 是一种你只有怀着被撕裂的心情才会追随的爱国主义，他说
> 道。我还没有建立起一个自己与德国，也就是统一的祖国的
> 关系模式，但却十分明显地意识到一种深深的触动和（通常
> 难以直接说明理由的）共同负有的责任感，因为我当属其中

的一员。我最近看到了格里尔帕策尔（Grillparzer）1849年说过的"从博爱通过民族走向残暴"这句话，多么有智慧的远见卓识，或者多么精准地把握住了时代的脉搏？就此而言，拿破仑（Napoleon）已经望尘莫及。最近在莱比锡市议会里，绿党（die Grüne Partei）实现了它的提案，也就是以民族主义和反犹太主义为由，在阿恩特（Arndt）那个时代的全部诗人和政治思想家范围内，将恩斯特−莫里茨−阿恩特−大街更名（为汉娜−阿伦特大街！）[①]。

这个例子表明，在这个国家里，有一些经历过德国历史和民主德国[②]时代的聪明人对"民族"这个词的反应高度敏感。只要一听到这个词，他们立刻就会担心陷入民族主义和国家社会主义的危险中。谁说A（民族，Nation），那么条件反射的逻辑便是，他无疑很快就会说B（民族主义，Nationalismus），最后也许就会说C（国家社会主义，Nationalsozialismus）。我非常赞赏这种敏感性，因为这样的反应确实表现出某些如同对民族主义疾病具有免疫保护的东西。一些人过分敏感，因此禁止自己产生任何关于民族的想法。然而，令人遗憾的是，还有许多截然不同的人，他们不但无所顾忌，而且完全热衷于把民族又一次重新解释为民

[①] 恩斯特·莫里茨·阿恩特（Ernst Moritz Arndt, 1769—1860）：德国民族主义和反犹太主义作家和诗人，德国民族主义及德国统一运动的主要奠基人之一；汉娜·阿伦特（Hannah Arendt, 1906—1975）：犹太人，德国政治哲学家、作家和大屠杀幸存者。——译者注

[②] 即东德。——译者注

族主义，千方百计地使之服务于他们的目的。在这个背景下，我觉得，如果讳忌民族概念，与其说是解决问题，倒不如说会更加滋长民族主义泛滥。这本书不拘泥于任何业已牢固确立的话语，旨在重新赢得这个被遗忘的领域，激励人们去思考民族问题。与此同时，这一个个章节也可以当作独立的杂文来阅读。它们提供了来自不同学科的论据和分析，似乎会重新界定这个漫无头绪的领域，而且也有助于自我启蒙。

　　这里有一条清晰的红线贯穿于下述章节各不相同的主题。这就是本书的命题所在，即国家形式、民族和叙事之间存在的种种密切联系。因此，一个民族及其国家形式的性质和转变是可以特别清楚地从其叙事变化以及对它们的阐释中看出来的。这样一来，问题便应运而生了，形成身份认同的历史事件是怎样选择和阐释的，历史转变中的记忆与遗忘又是怎样起到推动作用的。

　　德国正好处于一个历史转折点。在这个时刻，因为接受移民，记忆的基础显然会被推移。第二次世界大战结束75年后，我们在思想上正在为一种形势做准备，大屠杀的见证者将不再会出现在学校里，出现在纪念场所，出现在周年纪念日。与此同时，后来几代人对德国历史仅仅存有一些十分模糊的概念。在这一方面，新来的移民与一些土生土长以及在移民家庭里成长起来的年轻人不再有本质上的区别。然而，民族记忆的基础在这一点上不仅不会轻而易举地消散，而是更为值得关注。一方面，在周年纪念日时，它会重新被用来策划民族及其民主表演；另一方面，它会成为一些人的猎物，他们会无所顾忌地利用历史神话来服务于其民族主义的目的。凡是被这一方赏识和重新激活的东

15

西，便会被另一方看得一文不值并遗忘。反过来同样如此。这个社会以这样的方式正在经历一场混乱的游戏，失去了明确的方向。

这里仅举几个例子。在"德国图书中心"2020 年春天的宣传手册里，你可以订购到阿道夫·赫尔伯克（Adolf Helbok，1883—1968）撰写的两卷本《德意志民族史》（*Deutsche Volksgeschichte*）。从 1924 年起，这位作者就是《民族与种族》杂志（*Volk und Rasse*）的出版者。赫尔伯克 1933 年加入了德国国家社会主义工人党（NSDAP）。就在同一年，他把"民族血缘共同体"宣告为历史主体。从 1950 年起，他被禁止从业。而现在，这位"历史与民族研究专家和殖民历史教授"那些"广泛的研究成果"又被出版。你也可以从维尔纳·西曼内克（Werner Symanek）那里订购一本书，其中表明，为什么希特勒（Hitler）出于纯粹的紧急防卫，命令德国国防军于 1939 年 9 月 1 日挺进波兰。还有一些关于"民族转化"过程的书名。此外，如今有大量的假新闻流传在各种社会媒体上，以病毒传播的速度到处蔓延。在一些网页上，不仅汉斯和索菲·朔尔（Hans Scholl, Sophie Scholl）兄妹，而且安妮·弗兰克（Anne Frank）都在呼吁人们与伊斯兰化进行斗争①。而另一些网页上则肆意兜售标签，上面画的"AfD"这三个字母呈现为大卫王之星形状②，背景是一件集中营条状制服。下

---

① 汉斯和索菲·朔尔兄妹是慕尼黑"白玫瑰"反法西斯组织重要成员，于 1943 年 2 月被纳粹逮捕后遭到公开处决，年仅 24 和 21 岁；安妮·弗兰克是犹太女孩，二战犹太人大屠杀受害者，著有《安妮日记》（*Tagebuch der Anne Frank*）。《安妮日记》成为二战期间纳粹灭绝犹太人的历史见证。——译者注

② AfD：这三个字母是德国极右政党"德国选择党"（Alternative für Deutschland）的缩写。——译者注

面写着这样的话："今天，凡是持不同政见的人都是犹太人（……）我们只能提醒你们：制止这些萌芽吧！"直到不久前，这一切在德国还是不可想象的。这无论如何不是我成长其中的世界，也不是我的孩子成长其中的世界，但现在却是我的孙辈成长其中的世界。

　　凡是人们在纳粹时期所回忆起的东西，凡是早就被剔除或者又自动陷入遗忘的东西，如今恰好又被高调抬出来，重新粉墨登场，充当反记忆。这是德国社会围绕民族记忆持续之争的一个新阶段。它呈现为一场阐释之争，随之而来的是突破各种禁忌和形形色色的假情报，为了目的明确地损害自由民主和欧盟的合法性。当然，今天在学校里要求批判地看待社会媒体，牢固地确立实事求是的知识。然而，如果你不把那些与之相关的民族叙事纳入自我启蒙之中，那么关于事件和年代的纯粹知识始终只会流于抽象。这样说，我指的是历史在情感上的沉淀物始终呈现为扩散形态，比如根深蒂固的行为、铭刻在心的图像、文本和有意无意的观念，这一切控制了民族想象，并且持续不变地超越了民族身份认同各种不同的嬗变——也超越了国家形式的转变。不言而喻，这本书是一个关于对德国民族记忆错综复杂的基础自我启蒙指南，其目的是要更加明确地区分，哪些历史遗留的东西怎样和为什么呈现为有毒害，哪些可以继续传承，哪些必须革新。为此，在一个企业里每年有一次，人们用上一天时间来清货，称之为"盘存"。这本书实施的就是这样一个德国民族记忆的盘存。

　　本书的第一章包含立论。很久以来，在学术研究话语里，"民族"主题不再是具有现实意义的研究对象。从这个观察出发，我要探寻的是回避这个研究对象的原因所在。其中一个重要的原

17

因是，在研究中，人们并没有清楚地划分民主民族与不民主民族之间的界限。这就是说，宁可完全闭口不谈民族，免得陷入错误的一方招来非议。第二章介绍一些概念和纲领，它们有可能使人们重新去思考文化、民族和身份认同之间的相互关联。为此，这里提纲挈领地重述了过去40年里重新确定身份认同概念的历史。与之息息相关的是关于民族叙事建构形式的第三章。在这一章中，通过比较观察美国和以色列的形势，拓宽了民族认知视野。第四章回顾历史，主要讨论的是纳粹意识形态，它在第一次世界大战后是怎样建构起来的，在第二次世界大战中是怎样实施的，在大屠杀中又怎样达到了登峰造极的地步。这个历史论述部分结尾提出了问题，即怎样才能排除这种意识形态的流毒，怎样才能在欧洲有效地排除和真正结束依然潜在可能爆发的战争。关于排他与包容问题的第五章又回到现实。这里主要讨论的是共同意识主题，说明当下在各个不同的行为领域里，一定要重新创立和赢得共同意识。当下令人不安的消息是，在欧盟、民族、城市和邻邦关系层面上，分裂到处日益加剧。而令人欣慰的消息是，这种情况同时也加强了共同意识，人们正在为之制定一些新的行动方式。①

　　像5月8日②这样的纪念日就是一个可以把平常不会进入人们关注焦点的东西作为主题的契机，即民族的心理状态。这样自

----

　　① 一个现实和独特的例子就是埃里克·弗吕格（Erik Flügge）的著作《利己主义——我们怎样逃脱损害他者的暴力》（*Egoismus. Wie wir dem Zwang entkommen, anderen zu schaden*），波恩，迪兹出版社，2020年。

　　② 1945年5月8日，纳粹德国宣布无条件投降。

我确定主题时，国家元首们就要完成一个重要任务。如果说约阿希姆·高克（Joachim Gauck）在这样的时机首先赞成超越欧洲内部界限，习惯于强调与其他国家的关系的话，那么，弗兰克-瓦尔特·施泰因迈尔（Frank-Walter Steinmeier）则利用一些重大纪念日来全面和富有内涵地反思民族的自我形象。比如说，早在 2018 年 11 月 9 日，也就是这个既指向 1938 年 11 月大屠杀，又指向 1989 年柏林墙倒塌而具有两面性的纪念日上，他就表明主张一种包容的民族自我意识："我们可以为自由和民主传统感到自豪，但也不排斥把目光投向大屠杀的深渊。（……）我们可以意识到为文明断裂需要承担的历史责任，但也不拒绝为这个国家成功实现的一切感到应有的欣慰。"[①] 正是这种光明与阴暗的关系属于德国民族身份认同的组成部分，两个方面永远不可分离。施泰因迈尔 2020 年 5 月 8 日又重复了这一点，这天是战争结束纪念日，此间已经普遍被当作"解放日"来庆祝。他在柏林新岗亭前被雨淋湿和因新冠疫情而空荡荡的广场举行的重要纪念活动上发表了演讲。他说道："德国历史是一部断裂的历史——对数百万被杀害的人和数百万遭受苦难的人负有责任。直到今天，历史的惨痛依然让我们心碎。所以：我们只能怀着破碎的心爱上这个国家。"

　　我想借助这本书来陈述充满矛盾的德国叙事，更加清晰地

───────

① 弗兰克-瓦尔特·施泰因迈尔：《共和国万岁！》（Es lebe die Republik!），2018 年 11 月 9 日在柏林联邦议会的讲话。 https://www.bundestag.de/resource/blob/577898/1fabb911443e38b78dc622d2b7d1aee6/Rede_BPraes_09November2018-data.pdf.

把那些被隐藏的东西展现在我们面前。只有当我们从它们的相互关联上统观德国历史时，我们才能更好地弄明白，一些邪恶的叙事把德意志民族推入了怎样的深渊。在 2020 年 5 月 8 日讲话中，施泰因迈尔也指出了这个必要的前提条件，只有这样，德国才可以表明自己是欧洲一个爱好和平、面向世界的民主国家。也就是说，为达此目的，不仅要实现国家重新统一，而且也要克服针对一切民族的东西的保留态度。与此同时，他也承认："在我这一代德国人中，有许多人是逐渐才与这个国家达成和解的。"

然而，还有许多人没有与这个国家达成和解，而另一些人已经又开始通过一些象征性标志宣扬民族自豪感、鼓吹和美化战争来损害和解。网上对施泰因迈尔讲话各种各样的评论也表明了这一点：有人不理解，有人拒绝，有人甚至心怀恶意和敌意。有些非常粗暴的言语表明，这个由他所表达的对国家的表白不是任何别的东西，无非是自说自话的表演而已。也就是说，撰写这本书又多了一个理由，它要向所有人提出反思和自我反思的建议，如果他们与德国，即统一的祖国还没有建立起自己的关系，但由于拥有一种感同身受和共同负责的意识就应该明白，他们当属其中的一员，义不容辞。

1. 立论：克服与重塑民族

欧洲神话与废除民族（乌尔丽克·盖罗特，罗贝特·梅纳塞）

欧洲是由不同城市、地区和民族的人与思想长久、深入交织 ²¹的产物。在三卷本读本《欧洲——我们历史的当下》（2019 年）中，这个既有创造性又具破坏性的欧洲关系史赢得了一个让人印象深刻的形象。这是一套由来自世界各地 100 多位科学研究者共同参与编撰、多达 133 章的鸿篇巨著①。其中有一章描写的是年轻的欧罗巴仙女（Nymphe Europa）被宙斯追求和诱骗的故事。这个神话是由政治学家乌尔丽克·盖罗特（Ulrike Guérot）讲述的，她为之增添了一些具有现实意义的关联。腓尼基公主高兴地

---

① 艾蒂安·弗朗索瓦（Étienne François）/托马斯·赛瑞尔（Thomas Serrier）（主编）：《欧洲——我们历史的当下》(*Europa. Die Gegenwart unserer Geschichte*)，3 卷，达姆施塔特，WBG-泰伊思-出版社，2019 年。这个了不起的集体项目所追寻的目的是，"从其持久的延续、整体性和世界范围内的错综交织方面观察集体记忆的宏大建构"，并且"展现为一个鲜活的、开放的和对话式的历史"（第10、12 页）。

期待着她的婚礼，正在兴致勃勃地采摘新娘花束。这时，那个至高无上的奥林匹斯山人搅乱了她的美事，他用最贵重的香料，也就是藏红花气味迷惑了她。这已经足以打动欧罗巴去骑在那头公牛背上，因为她觉得在这头公牛形象中呈现出患有性欲病的宙斯（Zeus）。欧罗巴与公牛的形象画面包含着象征性地阐释了一个取之不尽用之不竭的叙事源泉。盖罗特对此进行了更为详细的探讨和阐释。属于其中的不仅有当地定居生活与有生命力的运动之间的矛盾，而且欧罗巴和公牛更普遍地代表着"一种充满张力的亲和性原则。而这种亲和性始终以新的矛盾形式超越了所有只能想象的边界划分，经历着持久的变化（……）：在历史上，欧洲的边界不断地发生变化，几乎好像对边界变化的渴望是欧洲的本性似的"。在这个神话里所表现出的另一个张力关系便是诱骗与绑架之间的张力关系。盖罗特在这里建立了一种与"＃我也是-辩论"[①]完全一致的关联："因此，这个神话同时象征着性爱关系和性别斗争。这种性别斗争必然会持续地重新取得平衡，也就是说，到了这样的时刻，诱骗在其中会倾覆为性侵犯。迄今这依然是女性主义杂志热衷讨论的话题。"[②]

　　盖罗特在文章里还深入探讨了欧罗巴的另一个图像故事。在

---

　　① ＃我也是-辩论（#MeToo-Debatte）是 2017 年 10 月哈维·韦恩斯坦（Harvey Weinstein）性骚扰事件后在社交媒体上广泛传播的一个主题标签，用于谴责性侵犯与性骚扰行为，引起了关于性别和性爱问题的持久争论。——译者注

　　② 乌尔丽克·盖罗特：《诱骗或者劫持？关于欧罗巴仙女骑在公牛上的神话》（Verführt oder entführt? Vom Mythos der Europa auf dem Stier），载于：弗朗索瓦 / 赛瑞尔（主编）：《欧洲——我们历史的当下》，第一卷：《鲜活的历史》（Lebendige Vergangenheit），第 336—337 页。

一些中世纪地图上，这个公主被表现为"一个丰满的女性身体，穿着波浪般下垂的服饰"，"所有当时的君主国和民族——德意志帝国、法兰克王国、保加利亚、苏格兰、希腊——都与这个女性身体存在着各自传承下来的不可分割的关联"。"这种威严甚或崇高的欧罗巴表现"则"弥漫出生命力和安全感"，也使得乌尔丽克·盖罗特回想起了伊甸园。盖罗特把民主国家对欧洲造成的父权制威胁与这种母权制田园生活进行了对比。在她看来，伴随着这个威胁，与公牛的调情走到了尽头，变成了民族国家对欧洲残忍的强暴。众所周知，托马斯·霍布斯（Thomas Hobbes）在其研究中直追溯到《圣经》（Bible），把民族国家表现为一个怪物，更确切地说：一个男性利维坦[①]。盖罗特的图像故事得出的结论显而易见："这就是说，如果男性特征在历史上占上风——固定在诸如民族国家、战争、权力、军事等传统概念上——的话，那么欧罗巴就会遭受苦难。"这样一来，只有一个解决办法：她一定要阉割那头公牛，因为："欧罗巴意味着后民族母权制！"[②]

后民族——过去20多年间，在德语话语圈里，这个概念越 23 来越得到认可。为了摆脱民族概念，一个有效的策略开始于语言的表述。通过重复"后民族"概念，就能够确立一些不言而喻的东西；它们必然会逐渐变成一种普遍的准则，而且根本再也没

---

① 利维坦（Livithan）是《圣经》里一头怪兽，其形象与《以赛亚书》（Buch von Isaiah）中的海怪"拉哈比"（Rahab）十分相似。类似的怪物形象在《圣经》里有许多，被认为是利维坦的形象来源。——译者注

② 乌尔丽克·盖罗特：《诱骗或者劫持？关于欧罗巴仙女骑在公牛上的神话》，第337—338页。

有必要进行讨论。通过这样一种语言规定，在大学里，民族概念很早以来就被宣布死亡或者过时了。它属于历史垃圾堆，对绝大多数知识分子来说不再是谈论的话题。姑且也可以这样来表述："民族"概念彻底被冻结了。很久以来，关于这个主题，说来道去，就像条件反射似的，始终离不开那几本与之相关的著作，其中包括贝内迪克特·安德森（Benedict Anderson）的《想象共同体》（*Imagined Communities*）、艾瑞克·霍布斯鲍姆（Eric Hobsbawm）和特伦斯·兰格（Terence Ranger）合著的《传统的发明》（*Invented Traditions*）以及厄内斯特·盖尔纳（Ernest Gellner）的《民族与民族主义》（*Nations and Nationalism*）。这三本著作都发表于 1983 年。在这个时间点上，这个主题已经无人问津了。这也导致了民族话语蜕变成了僵尸话语。民族话语活动在一些僵死不变的表述中，遵循着一些预先可见的轨迹，就这样一代又一代地传承下来了。这个主题被视为永远终结了；谁要是继续思考、发问或者对此进行研究，那他就会被人怀疑为民族主义思想追随者。一言以蔽之：在科学研究中，民族概念因为无人问津而成功地被废除了。不久前，我询问了一位政治学家，关于这个概念，他的行业今天还有什么要说的，他毫不犹豫的回答也向我证实了这一点。他说："关于这个问题的权威著作依然是米夏埃尔·齐恩（Michael Zürn）的《超越民族国家的统治》[①]。"

---

① 米夏埃尔·齐恩：《超越民族国家的统治——作为机遇的全球化和去民族化》（*Regieren jenseits des Nationalstaates. Globalisierung und Denationalisierung als Chance*），美因河畔的法兰克福，苏尔坎普出版社，1998 年。

好久以来，我再也无法接受这样的观点。我十分忧虑地看 24
到，一些知识分子虽说心怀好意，但却看不清现实，在批判性的
根本态度上变得僵化，对来自于这种无人问津的现实和日益增长
的政治危险出现了判断失误。重塑民族是一个重要任务，值得大
家共同来关注。与此同时，我们不能把民族自然而然地与民族主
义相提并论。这样一来，我们就把这个概念让给了民族主义者，
从而使我们自然而然地变成了现实预言的帮凶。相反，我们应该
更为确切地审视这个概念，重新占有它，以此来夺回它。我们
必须学会把民族同样与一些积极的价值和思想紧密联系起来，
从而使我们也能够在政治危险的时代里积极地投身于民族问题
研究中。

这样的情况正好就发生在美国。在那里，著名的哈佛政治学
家和政论家吉尔·莱波雷（Jill Lepore）新近发表了《一个更好
的民族宣言》①。她的辩护如此接近本书的思想，我想在这里引用
德语版的护封简介为证："在全球化和世界主义精英时代里，民
族概念好像变成了一个过时的僵尸：一个字眼，其内涵在走向世
界共同体的道路上历史性地失去了存在的意义，成为一个反作用
话语。然而，在一个一如既往地由民族国家组成的世界里，民族
始终是法律和法规最可靠的保证，也是控制偏见、不宽容和非正
义权力最有效的手段。谁想要维护自由主义和以此来对付我们这

---

① 吉尔·莱波雷：《这个美国——一个更好的民族宣言》（*Dieses Amerika.
Manifest für eine bessere Nation*），维尔纳·罗勒尔（Werner Roller）译，慕尼黑，
C. H. 贝克出版社，2019 年，第 16 页。

个时代的权威浪潮，那他就必须重新去思考民族概念。"

乌尔丽克·盖罗特不属于那些简单地通过置之不理而要废除民族概念的人。对她来说，"后民族"概念拥有一种斗争意义。它与一个全球-世界主义公民社会的幻想密切相关。这位负有责任心的、一个新的欧洲蓝图的建筑师恰恰也希望赢得年轻一代，使之成为这样一个社会的先锋，让他们为之而感到振奋。后民族的、国际的、跨民族的——不断增多的修饰词标志着一个强烈愿望，即民族在未来不会再起任何作用。此外，盖罗特也以明确的理由争取废除民族国家，取而代之的是一个由区域组成的"欧洲共和国"。通过消除民族内部边界，欧洲应该成为唯一的"公民共同体"领土。在这个公民共同体中，人人都享有同样的权利，能够直接参与政治生活。

盖罗特的欧盟批评来自于左翼思潮。她希望更多的民主，认为迄今的欧盟不够民主。然而，由于她贬低欧盟，因此也遭遇到了来自右翼思潮的批评。但就"我们创造了一个怪物"这句话而言，双方则不约而同，意见相同。这种相似的情况很有启发性：欧盟同样是这两个政治极端势力的眼中钉。左翼思潮批评欧盟依然是由民族国家组成的联盟，而右翼思潮则抱怨欧盟限制了民族国家的权力。双方都一致要求，欧盟不该以现有的方式存在下去。无论乌尔丽克·盖罗特多么确切和专业地描述了新的欧洲共和国的民主结构，但始终模糊不清的是，她想要怎样摆脱这些讨厌的民族国家。可话说回来，在她看来，这不是要讨论的话题，原因在于她的出发点，她认为民族迟早都会消亡，因为它们的历史期限已经走到了尽头，只是它们还没有觉察到而已。

为什么说民族的历史时代已经终结了，作者罗伯特·梅纳塞则能够给予更加确切的说明。像盖罗特一样，梅纳塞也反对由民族组成的欧盟，要用一个由区域组成的欧洲共和国来取代民族国家。为此，他把一个历史理由引入了讨论中。他追溯到欧洲经济共同体创建者一代，要使我们确信，克服民族主义，打破民族国家界限，曾经是那些有远见卓识的男人们梦寐以求的政治蓝图。他们之所以这样做，因为这实质上来自于奥斯维辛的教训。在欧洲经济共同体委员会主席瓦尔特·哈尔斯坦（Walter Hallstein）的文章里，梅纳塞又找到了这样的说法，并且进行了深入的研究，也高度地赞成哈尔斯坦的观点①。

然而，梅纳塞还列举了另一些理由，表明民族在可以预见的将来就会消亡。"民族思想曾经有一个历史开端，像所有在历史上有一个开端的东西一样，它也将会有终结的一天。"②我们中年龄较大的人也许对此难以想象，但年轻人却心领神会，并且将会经历这个时刻到来，梅纳塞这样说。他的期待立足于左翼国际主义历史哲学。全世界无产者联合起来；他们克服了民族，因为他们的自豪感恰好建立在"无祖国的伙伴关系"基础上。这种国际主义也曾经是欧盟的创建思想。今天，也就是在50年后的全球化新时期，欧盟大大地领先于其他任何国家，因为全球化从根本

---

① 正因为如此，在他获奖的欧洲小说《首都》中，梅纳塞也让哈尔斯坦在奥斯维辛登场，并且把这个信息塞进他1958年的就职演说中。罗贝特·梅纳塞：《首都》(*Die Hauptstadt*)，小说，柏林，苏尔坎普出版社，2017年。

② 罗贝特·梅纳塞：YouTube访谈。https://www.youtube.com/watch?v= c6uoWKZ9DOc.

上来说就是要"打破所有国家界限"。由此看来，欧盟不仅必然会被动地遭到这种发展的冲击，而且由于它在克服国家边界的过程中积累了历史经验，拥有一个独特的优势，所以同样能够在政治上有效地促进全球化发展。

同梅纳塞一样，我也是这个欧洲蓝图一个狂热的追随者，在许多方面同样赞同他的观点。我也认为，欧洲蓝图是对奥斯维辛的回应，目的就是要克服民族社会主义。为了达此目的，一个拥有共同市场的联盟经济体蓝图便会成为一个有效的杠杆。它促进了一些民族经济的融合，从而加深了走向国际化的欧洲共同体的发展。尤其是瓦尔特·哈尔斯坦，他致力于这种发展，并且在成员国内部极力争取加快经济的紧密结合以及让出民族主权。此外，同梅纳塞一样，我也认为，欧洲作为跨民族共同体，这是人类历史上独一无二的大胆尝试。这样一个欧洲今天比任何时候都更加受到青睐，而且可以充当其他一些国家联盟的榜样，因为在当今这个时代里，一些国家的单独行动会变得越来越危险，而所有重大问题，比如金融流通、气候变化、难民潮和数字化，也包括监控威胁和损害公民权利等，只能采取跨民族方式进行规划和调整。

然而，有一点我则不敢苟同，那就是梅纳塞所主张的重塑欧洲蓝图。毫无疑问，经历了两次世界大战以后，布鲁塞尔那些具有远见卓识的男人们旨在革新民族观念，但他们并没有想过要废除民族国家。他们恰好不是共产党人——对于这样的选择，他们在冷战时期就有一个明确的看法——而是中产阶层现代化的维护者；他们不是在一个政治意识形态里，而是在一个共同经济体中寻找共同的福祉。与当今的知识分子不同，他们有能力区分民族和民族主义。所谓的民族身份认同是一种"卑鄙的意识形态，因为它违背人性，反复地导致了战争和犯罪"，并且会一如既往地如此继续下去。这样的论点，知识分子为了各自的祖国似乎是不会赞成的。[①] 我也不可能赞同这样一种看法，因为它拒绝区别，固守于论战的强制性抉择中，比如"攻击性的民族主义对抗跨民族的统一国家"。创建欧盟的先辈们绝对不是要打垮民族国家，也不愿意看到它们就这样轻而易举地"消亡"。他们则另有目的，那就是改造民族国家。只有把民族与民族主义相提并论的人，才会对民族抱有如此糟糕的印象，而且无论如何要废除它。但是，世界上也存在着完全不同的民族国家变体。一方面是同类人种民族，它们压迫思想和文化多样性，迫害少数民族，甚至消灭整个族群。但是也有一些民族，它们拥有一个保证言论自由、保护文化多样性和致力于人权的立宪国家。前者被称为专制，后者被称为自由民主。同样都是国家，但绝对不应该一概而论。

28

之所以说把民族与民族主义相提并论是危险的，还出于另外一个原因，那就是我们正在经历着独断的民族声明怎样突破了欧盟框架。在越来越多的国家里，出于政治和教育目的，从上层规定了一个英雄史诗般的民族自画像，越来越无视于什么是国家自

---

① 米夏埃尔·吕策勒（Michael Lützeler）就此说道，民族的不等于民族主义的。参见：《每日镜报》（*Tagesspiegel*），2019 年 1 月 8 日。https://www.tagesspiegel.de/kultur/robert-menasse-und-europa-national-ist-nicht-gleich-nationalistisch/23841226.html.

由公民。国家垄断了强大的社会舆论；凡是反对所规定的集体身份认同的人，都会被污蔑为不爱国，被告发，被审查和受迫害。由此可见，不要笼统地批判甚至废除民族，要认可欧盟历史蓝图的价值显得更为重要，因为欧盟把这些民族聚集和控制在一个民主的国家联盟里。但是，民主不是对付独裁运动的堡垒。因此，

29 为了加强民主国家力量，就需要一个特殊的机制和盾牌。这恰恰就是欧盟的初衷和重要任务。因此，我们需要欧洲，一定要在危机时代捍卫欧洲——应对民主的蔑视者，同样也应对民族的蔑视者。①

"方法论民族主义"与现代化理论的盲点 ②

在现代化理论范畴内，人们早就以此为出发点，那就是民族在走向世界主义"人类共同体"道路上迟早会自行消亡，也就是自行解体。这种发展是由全球化发展势头预先决定的。有人认为，全球化会通过一些新的交流渠道和一个没有边界的市场自动消除国家边界。现代化理论家、技术至上论者、管理者，也包括左翼知识分子共同分享着一幅民族在其中会自行告别历史的历

---

① 为此也可以参见 2019 年 1 月 6 日的《世界报》访谈。https://www.welt.de/kultur/plus186597538/Aleida-Assmann-Menasse-setzt-Nation-und-Nationalismus-gleich.html.

② 方法论民族主义（Methodischer Nationalismus）是社会科学研究一个概念，它把民族国家描写为界限分明、独立自主和协调一致的统一体，因为它是由民族界限、社会机构和法律体系构建起来的。——译者注

史图像。"从帕森斯（Parsons）、默顿（Merton）或者布尔迪厄（Bourdieu）到哈贝马斯（Habermas）和卢曼（Luhmann），在这些伟大的社会学家中，没有一个人系统地探讨过现代社会中民族内涵对国家和社会的意义。值得注意的是，模糊不清的现代民族理论形成于新的民族国家纷纷建立的社会环境里，或者——比如在马克斯·韦伯（Max Weber）和埃米尔·杜尔凯姆（Émile Durkheim）时代——民族主义战争前后。"[①] 这里也会涉及到社会学家乌尔里希·贝克（Ulrich Beck）。作为现代化理论家，他同样密切关注的是民族国家向"世界共同体"的转变过程。在这个世界共同体中，民族国家面对跨国公司会失去其主权，从而也创造出新型的世界主义公民。[②] 为了强调这个新阶段，他创立了"第二现代时期"概念。

现代化理论家的论点显而易见：随着进入全球化时代，民族国家已经被加快的技术发展和跨民族的发展动力以及无限制的人、思想、信息、商品和资本流通所超越。然而，这个论点也可以反过来加以论证，正是这种全球化经验，赋予民族国家新的发展动力和意义。也就是说，从这个角度来看，现代民族国家突

[①] 安德烈亚斯·威默（Andreas Wimmer）/妮娜·格里克·席勒（Nina Glick Schiller）：《方法论民族主义与超越：民族国家的形成、移民和社会科学问题研究》（Methodological Nationalism and Beyond: Nation-State Building, Migration and the Social Sciences），载于：《全球网络》（Global Networks）2/4（2002年），第301—334页。本文引自第304页，阿莱达·阿斯曼译。

[②] 乌尔里希·贝克：《世界主义视角：第二现代时期的社会问题研究》（The cosmopolitan perspective: sociology of the second age of modernity），载于：《英国社会学杂志》（British Journal of Sociology）51（2000年），第79—105页。

然不再是加快的现代化的承载者，而是迎着这种普遍发展趋势反向运动的关键机制。以此为出发点，人们可以采取批判的态度来评判全球化，并使其发展势头受到限制。由此可见，我们为什么还没有进入"后民族"世界，依然存在着许多原因：首先，全球化不仅没有消除民族国家，反而在一定范围内重新证明了它们的存在；其次，1990 年左右，"东欧剧变"以后，在欧洲实际上建立了许多新的民族国家；再则，21 世纪里，"民族国家"模式也在欧洲以外赢得了新的吸引力。比如，弗拉基米尔·普京（Vladimir Putin）在保留斯大林（Stalin）作为主要英雄的情况下，把俄罗斯从一个社会主义国家改造成了一个资本主义民族国家。这些发展表明，民族国家时代尚未消逝，我们对此不仅不能视而不见，而且也要对民族国家进行批判的分析，加以区别对待。

安德烈亚斯·威默和妮娜·格里克·席勒正是做了这样的研究。作为社会科学研究者，他们更为深入细致地观察了民族逐渐消亡的论点。他们 2002 年发表的一篇文章激起了对民族国家现实与未来的新反思[1]。他们重新确立民族概念，始于承认社会科学研究中的一个盲点，这就是社会科学研究在它们的理论大厦建构里从来都没有把民族话题放在一个重要地位。所有现代化理论的出发点全都把民族视为一个过渡现象或者回潮残余，民族似乎会在社会、政治和历史进化过程中让位于一些新的社会结构。按照两位作者的观点，这种被引入社会学宏大理论中的错误看法首

31

---

[1]　威默 / 席勒：《方法论民族主义与超越：民族国家的形成、移民和社会科学问题研究》。

先是由于在学科内部的严格分工而产生的。因为当历史学家、民族学家和心理学家依然把民族当作人类历史的组成部分进行研究的时候，社会科学研究则为现实和未来勾画出了一个个转变和革新的愿景，最终更多相信未来，而不是包围着它们的现实。但也有一些像卡尔·奥托·洪德里希（Karl Otto Hondrich）这样的社会学家是例外。早在上世纪 90 年代，洪德里希就已经因为忽视和忘记了把民族与民族主义作为社会学研究对象公开地表达了歉意。另一个批评声音来自民族主义研究者安东尼·史密斯（Anthony Smith）。他断言说，民族国家的普遍存在导致了学界把这个研究对象看成平庸无用的东西，不值得进行科学研究。现代社会的蓝图界限始终局限于社会学视野之外。

随着"方法论民族主义"概念的引入，威默和席勒实现了他们的目的，即掀起一场关于民族概念的新讨论。他们把迄今流行 32 的民族概念理解为一种未加思考的态度和观察方式，并以此把民族国家的重要意义假设为现代国家形成的自然而然、永恒不变和毫无疑问的原则。两位作者对这样一种将民族"自然化"、"客体化"或者"实质化"的做法提出了质疑，因为这种做法立足于一些盲点，立足于一种因循守旧和僵化不变的思维模式以及顽固地无视于历史语境基础上。他们把这种典型的民族国家模式描述为狭隘地局限于四个组成部分：

——政治层面的民族主权，

——法律层面的国籍，

——社会层面必须履行的团结和

——文化层面的民族同质性。

两位作者感兴趣的是对这种典型的民族国家模式提出质疑，从而能够观察民族国家之间的相互影响和交流，创立一些可供选择的国家形成模式。然而，这里特别需要指出的是，移民潮是一个跨民族事件，而在民族边界范围内，这个跨民族事件是根本不可能进行描述的。更为糟糕的是，从民族这个标准模式来看，移民作为干扰因素和棘手的例外则呈现为负面的东西。在这个背景下，移民便自然被视为"政治安全的危险、文化异者、社会边缘人物，并且违犯了领土主权和定居生活准则"①。

因此，两位作者批评了一种以作为"现代世界一个自然的社会和政治范畴"的民族为出发点、同时也自动地复制出把社会想象为一个封闭的集装箱的思想。他们迫切地劝告人们要摘掉方法论民族主义眼镜，因为它阻挡住了观察当今全球变化所面临的重大问题的目光。这些情况并非同时发生，但却具有矛盾的同时性——这里是日益发展的全球化，那里是日益发展的民族化复兴——这样便迫使人们改变思想，以求达到认识论上的转变。在这样一个时代里，由于市场或移民、生态危机或数字化等一些十分紧迫的问题只有在跨民族层面上才能解决，所以，如果你还沉浸于自我封闭和独立的民族国家观念中，这就变成了一个有问题的、无论如何必须重新界定的因素。

由于现代民族国家模式——如同威默和席勒所描述的——已经越来越难以应对全球化新现实，所以，两位作者主张一种

① 威默 / 席勒:《方法论民族主义与超越: 民族国家的形成、移民和社会科学问题研究》，第 325 页。

"跨民族模式"，提出了新问题和新概念，为了把迄今被遮蔽的历史与现实语境纳入研究中，实实在在地把握"跨民族共同体"或者"疏离家乡"等一些新现象。然而，在这个过程中，他们并不像简单地宣告民族死亡的同行那样草率行事，而是把这个研究对象召回到一个批判性的民族话语中。在这里，他们"化解了国家与民族的对立，但并没有陷入把民族国家宣告为自然命运注定的陷阱里"。他们承认，"民族国家更为强大地经受住了后社会主义、后殖民主义和全球化风暴"，而不像在一些研究中所认为的那样。他们对于大肆炒作世界主义更多持怀疑态度。"我们不能认同于'世界主义'蓝图，无论是作为对后民族阶段的身份认同的描述，还是作为一个要争取实现的政治目标。这样一种观点或许很有意义，目的在于解构民族主义，在构想共同体时勾画出另一些道路。但这种观点不承认，民族依然是一个强大的、会被许多政治活动家抱着不同需要和政治目的占有的符号。"[1]

尽管世界主义是一个美好的幻想和一个重要的、有调节作用的观念，但从民族到世界主义层面的跳跃则存在问题，因为这个跳跃遮盖了所有我在本书里想要研究的具体问题。我感谢学术伴侣赫尔弗里德和玛丽娜·明克勒（Herfried Münkler, Marina Münkler）夫妇为我的思路提供了一个求之不得的模板。他们的著作《新德国人》（2016年）结尾有这样一段话，适合于作为本书非常理想的切入点："毫无疑问，人们可以持有这个看法，民

34

---

① 威默／席勒：《方法论民族主义与超越：民族国家的形成、移民和社会科学问题研究》，第307、326—327页。

族概念在 21 世纪的世界里过时了，因此选择完全放弃民族概念，仅仅采用国家和社会这一对概念。但是，这样会导致两个值得思考的后果：其一，把这个感情强烈的民族蓝图让给了另一些政治上企图利用它的人；其二，放弃了一个能够调动团结和相互帮助、几乎没有任何别的范畴可以与之比拟的政治范畴。事实上，民族归属感和身份认同观念是解救一个在彼此争取最大利益前提下仅仅由交换行为组成的社会的良药。可以预见，我们在一些生存领域将会继续朝着这个方向发展。然而，我们越发需要民族这个团结调节器——当然也是一个充分现代化的民族观念，以便应对我们的现实和未来的种种挑战。"①

民族国家及其去民族化

我们再一次把目光投向历史、现实和未来，这一次则要从法律视角来看。与此同时，我也参照了亚历山大·蒂尔（Alexander Thiele）发表的一本著作，他在其中描述了现代国家从早期欧洲直到当今的发展过程②。现代国家通常被定义为一个由国家版图、国民和国家权力三大要素组成的联合体。蒂尔并不认同于这个观

35

---

① 赫尔弗里德·明克勒 / 玛丽娜·明克勒：《新德国人——一个面对未来的国家》（*Die neuen Deutschen. Ein Land vor seiner Zukunft*），柏林，罗沃尔特出版社，2016 年，第 290 页。

② 亚历山大·蒂尔：《贪食的怪物——现代国家的产生、扩大和未来》（*Der gefrässige Leviathan. Entstehung, Ausbreitung und Zukunft des modernen Staates*），图宾根，莫尔-希贝克出版社，2019 年。

点，因为他首先要把"国民"这个要素搁置到一旁。他把现代国家定义为一个"精神创造物"，其中集合了八个特点：1. 集中权力和统治关系；2. 世俗化和信仰化；3. 划定领土界限和去个性；4. 通过立法治理；5. 培养一个中央政府机构；6. 建立一支常备军队；7. 广泛税收。如果说他扣除了第八个特点，即国民意识的话，那么他的现代国家定义则适合于如此各不相同的统治形式，比如专制主义君主政体、极权主义政体、军事专政、立宪君主政体或者民主政体。

在这本论著里，过了一百页后，时间上推迟了二百年历史，蒂尔又捡起了"国民"这个标志。其原因是，一个新时代伴随着国民与国家之间的特殊关系开始了。在这个时代里，现代国家形象登上了历史舞台："国民并非简单地是一个国家所有成员的总和；它更多被理解为政治共同体民族。"[①]正如蒂尔所强调的，在英语里，"国家"（state）和"民族国家"（nation state）被当作同义词用。事实上，绝大多数学者此间认为民族与国家的相互关系是如此不言而喻，"以至于人们有时遗忘了，现代国家没有民族，没有一个特殊的（形式上的和以法律为基础的）国民也存在了数百年之久"。当然在历史上，新的国家模式后来如此成功，以至于我们早就把它"自然化"了："实际上，当前所有的国家都是民族国家，并且自我想象为一个确定的民族政治联合体。"[②]

36

① P. 阿尔特（P. Alter），转引自：亚历山大·蒂尔：《贪食的怪物——现代国家的产生、扩大和未来》，第212页。

② 同上书，第213页。

29

因此，问题在于：为什么民族国家能以这样的方式持久地存在下去？它从哪儿获得了其持续的说服力和魅力？

在这里，显然又是"方法论民族主义"起了先导作用。人们把国家不再会想象为另外的东西。这种不假思索的想当然特别清楚地表现在蒂尔置于民族国家一章开头的引言里："就像人类被划分成许多民族一样，那么世界应该分解为同样多的国家。每个民族乃是一个国家。每个国家都拥有自己的民族本质。"然而，这句话当时还不是历史上不言而喻的事，而是依靠意识形态力量和雄辩话语强调才提升为一个政治标准。它源自于约翰·卡斯帕·布伦奇利（Johann Caspar Bluntschli）1870 年在柏林所做的一个报告，当时正值普法战争期间。一年以后，德意志帝国建立了，其中包括 25 个截然不同的国家。如果说现代国家——正如蒂尔令人信服地所表述的——可以理解为一个"精神原则"的话，那么就可以把民族定义为一个具有强大的、充满感情和象征意义的亲和力的论据。这个论据叫作："人民大众紧密地结合成一个民族，而这个民族依靠它的意志、活动和苦难被升华为历史的主体。"在战争和创建者年代里，这个论据受到了广泛的关注。

在世界各个地区，民族国家能够变成一个具有这样历史影响的现代国家的新版本，这种情况是怎样发生的？联合组成一个民族，立足于各种不同的、在这里以新型方式共同发挥作用的亲和力。首先，有一定的、能够胜任历史任务的基础，比如地区、建筑或者传统；其次，通过民族象征、政治神话、文化图像和民族叙事实现稳定；再则，依靠对民族自决和确定的历史任务或者特殊的历史使命要求，集体自我图像赢得鲜明的政治特征。

现代民族是 18 世纪随着启蒙运动才产生的。然而，从一开始，它就在世俗时代里同样蒙上了宗教色彩。它以同样的方式就像是克服现代化的产物，因此使得一个已经失去魅力的世界重新获得魅力，让一个社会分散的个体有可能提高到一个集体层面。在这个更高层面上结成的共同体里，民族为个体开启了一个在群体中超越自身死亡的世俗永恒性。

民族观念是地地道道的矛盾体，因为它既包含着大机遇，也包含着大危害：它拥有把人聚拢起来的力量和魅力，但它因此也发明了排除和消灭人的暴力。在这个过程中，包容和排他是同一枚硬币的两面。研究一致认为，民族违背其自我认识，并非是自然而然、永恒不变和不言而喻的统一体，而是一些"建构"。正如蒂尔所强调的，它们"不是历史可证实的事实。从实质上来看，它们是一些精神创造物和传奇。(……) 因此，民族形成的成功与其说取决于实际的历史事件，倒不如说取决于各民族叙事的说服力"。①

许多理论家针对其缺乏事实和客观性的基础对民族概念提出了批评，因为这些基础"实际上在任何一个民族那里都不完全符合科学–历史'现实'"②。这句话中给现实概念打上了引号。事实表明，对科学研究来说，使用这个概念同样也存在问题。批评家们通常用的是一个狭隘的概念"建构"，并且把它与"杜撰"和"谎言"相提并论。但问题只是，所有的社会、文化和政治创造

---

① 亚历山大·蒂尔：《贪食的怪物——现代国家的产生、扩大和未来》，第 216—217 页。

② 同上书，第 217 页。

物都是建构。比如家庭，但是在这种情况下，很少强调它的概念特征，尽管它的概念特征的确在围绕着离婚权利、同性恋共同生活权利或者人工受孕权利的争论中已经显而易见。不管怎样，因为民族在一个国家内部使得历史上全新的团结成为可能，推动了典范的发展，同时也制造了仇恨，在史册上留下了惨不忍睹的血迹。所以，它们依靠建构成就了历史。因此，在我看来，把民族不分青红皂白地"解构"为"不科学"和"不现实"是不可取的。那么，更为有意义的是，似乎要问一问，作为建构的民族到底建立在什么样的思想和原则基础上——是建立在有害还是有益的意识形态基础上，也就是说，这样一些意识形态，要么不人道，要么人道；要么对他者有危险，要么对他者无危险。一言以蔽之：这些思想和原则是否聚焦于一个文明或者野蛮的政治形式。

在英国、美国和法国，民族国家曾经首先是实现公民自由、民主、法治国家和议会制的自由民主运动的载体。蒂尔因此区分为"自由民族主义"和"非自由民族主义"。当然，他认为，不知什么时候，自由民族主义在一个阶梯状历史发展过程中逐渐会演变为非自由民族主义。一旦所追求的统一计划成功地实现了，国家便失去融合力，内部分裂过程随之开始。由于内外敌人的出现，这些分裂过程使得民族思想变得狭隘，沦为政治工具，并且对其进行军事武装。他谈到了"这种与民族思想"密切相关的"潜在危险"，并且认为，"如果你相信任何一个民族国家完全独立于它的组织过程而会受到保护，这是很幼稚的。"尽管我认为他的批评和告诫很有意义，但我不能认同他的观点，即民族国家纲领已经历史地走向失败了。"第二次世界大战结束以后，西欧的民主国家似乎学会了在和平中生存，培养了一种不排斥尊重其他民族的爱国主义，彼此承认边界，让少数民族融入联邦制社会里，通过社会和解来阻止阶级冲突，以防使之蔓延为国际政治事件（……），这种想法显得过于乐观了。"[1]然而，这里不仅关系到乐观主义或者悲观主义，而且也关系到我们不只是等候，而是要共同积极塑造的未来。由于民族主义——正如雅斯查·蒙克（Yascha Mounk）所说的——是一头"半是野性半是驯化的动物"，所以，这里始终存在着各种各样的可能。这个摆锤是否偏移到这一个或者那一个方向，这更多是一个共同决定的事，一个共同意志追求的事，而不是预测的事。这首先需要解释、确立公共机构和联合行动，以便驯服这头野性动物，让民族始终航行在文明的航道上。

第二次世界大战以后，民族国家数量大大地增加了。如果说 40 1950 年还只有 91 个的话，那么 1980 年已经增长到 177 个。铁幕落下以后，联合国（名称就是一个先兆）已经拥有 193 个成员国。除了寥寥无几的例外，蒂尔这样说，"整个地球当下被（现代）民族国家覆盖了"。但他把这种情况并没有评判为成功。相反，他补充说，民族国家思想"总体上必然会被视为或多或少完全失败了"。正如他表明的，"有缺陷的"民族国家例子为数不少——消除了殖民化以后而诞生的绝大多数国家也属于其中。同样像威默和席勒一样，他强调指出，"现有的民族国家体系难以

---

① 亚历山大·蒂尔：《贪食的怪物——现代国家的产生、扩大和未来》，第 223—224 页。

成功地找到一个令人满意的解决全球难民危机的办法，无论在欧洲，还是别的地区都是如此"，因为"民族国家思想（……）无法从建构上进行协调，从而使新来的人能够广泛和权利平等地融入社会里"。①

蒂尔对民族国家的评判结果如此消极，这几乎并不让人吃惊，因为在这个过程中——没有在任何地方对此加以详尽说明——他的出发点是一个非自由的、同一种族的民族国家标准。显而易见，在这样一个民族国家里，其他种族成员只拥有少数民族地位，在最好的情况下，他们的权利受到限制；在最糟的情况下，他们会受到迫害和灭绝。这种从社会结构层面勾画出的暴力升级多次在历史上发生了转化，在德国最为显著：从 19 世纪后半叶的民族思想，经过帝国的民族主义，最后转化为"第三帝国"的民族社会主义。因此，除了现代国家和民族国家之外，蒂尔还提出了国家的第三个类型，即"民主立宪国家"。他承认，当今所有民主立宪国家同时依然是民族国家，但他在其中看到的不过是一个过渡时期。未来属于民主立宪国家，这就是他的观点所在。民主立宪国家与民族国家的区别在于，在民主立宪国家中，不是民族、大多数或者人形成最高权力机制，而是宪法占有行使主权的绝对地位。他把这种国家形式描述为"被驯服的怪物"，使之与"贪食的怪物"形成了鲜明对比。

蒂尔想要维护现代国家，不愿意看到它按照一个欧洲共和

① 亚历山大·蒂尔：《贪食的怪物——现代国家的产生、扩大和未来》，第227页、230—231页。

国模式化解成一种超国家的统治结构。但是他要废除民族国家："使民主立宪国家去民族化，这是一个现代普通国家学说应该面对的任务之一。"去民族化与所谓的后民族存在形式不同；去民族化意味着把民族与国家分离开来。按照蒂尔的说法，凡是18世纪被结合在一起的东西，应该在21世纪里又分离开来。在这个过程中，民族不应该被废除，但不再是被定义为凝聚国家的主要要素。这样一来，在一个国家领土里，能够"有许多民族都拥有在家的感觉"。国家学说应该创立一个去民族化的立宪国家可选择的模式，即使现在很少有人赞成这样的观点，正如作者所说的。就像在世俗化时代里宗教被宣布为私事一样，那么，在去民族化的立宪国家里，民族归属感也应该被宣布为私事。[①]

蒂尔把民族当作宗教的继任机制来讨论，因此也当作精神中心来看待，因为在世俗世界里，神圣的东西依赖于精神中心延续下来了。因此，在他看来，这关系到"借助民族和民族主义，从国家内涵范畴内去除宗教的最终残余"。他自己明白，这样说容 42
易，可做起来就难了。他也不可能毫无替代地抹去民族思想，这是因为，首先，民族思想可以澄清谁属于国民，谁不属于国民；其次，民族思想服务于合法证明；再则，民族思想被用来强化归属感和团结精神。因此，他着手创立能够承担民族这些任务的"另一种认知思想"。在民族叙事中始终被伪造的历史未来不应该再起什么作用。这样一来，历史政治和记忆文化从整体上完全

---

① 亚历山大·蒂尔：《贪食的怪物——现代国家的产生、扩大和未来》，第235、286—287页。

不复存在了。民主立宪国家的合法性应该不再来源于"对历史的观察",而必须建立在现实和可见的未来的基础上。归属感必须限制在"可以学会的特征"中,以便能够实事求是地决定移民问题。①

这种辩护会导致一个非民族的、存在于当今政治制度价值基础中的新叙事。这位国家法学家在这里提出了一个"休戚与共的有效基础"的说法。蒂尔以此陷入了多尔夫·斯特恩贝格(Dolf Sternberger)、尤尔根·哈贝马斯和丹达尼尔·蒂姆,也就是西德战后三代所谓的宪法爱国主义传统里。②

因为"变化是政治文化的本质所在",于是蒂尔告诫说,别"把一个社会的文化持久地确立在历史中,固定在范例上,并且在某种程度上冻结在它的现状里"。他同样反对"文化根源"概念,建议用流逝、变化和革新这些典型的比喻来替代它。依靠这些想法,蒂尔开始了"去民族化"的艰辛研究。与此同时,这位法学家因此也踏进了一个他不太熟悉的文化学领域。他的比喻和概念来自于不仅把确定的世界和人类图像,而且也把自己对时代

① 亚历山大·蒂尔:《贪食的怪物——现代国家的产生、扩大和未来》,第288—289页。

② 同上书,第289—290页。参见:雅斯查·蒙克:《民主的崩溃——平民主义怎样威胁法治国家》(*Der Zerfall der Demokratie. Wie der Populismus den Rechtsstaat bedroht*),慕尼黑,德罗尔默出版社,2018年;扬·维尔纳·米勒(Jan Werner Müller):《宪法爱国主义》(*Verfassungspatriotismus*),柏林,苏尔坎普出版社,2010年;达尼尔·蒂姆/厄兹坎·埃兹利(Ozkan Ezli):《宪法与共同意识》(Verfassung und Gemeinsinn),载于:《德国欧洲思想杂志》(*Merkur*),第832期(2018年),第20—32页。

的理解写入其中的现代化理论。[①] 在时代理解中，历史被视为"逝去了"，历史作为一个可能的资源或者参照源被未来替代了。毫不奇怪，在蒂尔看来，历史并非是需要认真对待的范畴。用已经完结的历史来应对预示着进步的未来，这是现代化理论的符咒。我把这种不假思索的对立建构称之为"强制性抉择"，一个我从莱因哈特·科泽勒克（Reinhart Koselleck）那里引用来的表达。但是，科泽勒克同样深信，历史和未来相互排斥。采用强制的方式断裂、革新、改变和遗忘现代文化，这导致了"经验空间"和"期待视野"彼此越来越疏远。然而，在全球化时代以及文化学和记忆理论转型时期，已经变得一目了然，那就是现代化准则绝对不是万能的，而是自身拥有其相应的来源和历史。

　　去民族化研究应该共同包含着对西方去殖民化研究。显而易见，凡是在文化学中早就思考和讨论的问题，尚未得到亚历山大·蒂尔的关注。因此，这位法学家能够以高超的技艺，在绘图板上创造出了他的白板说，[②] 按照他的原则重新建构世界。这里不是以"流动的现代化"（齐格蒙特·鲍曼［Zygmunt Bauman］）

---

　　① 阿莱达·阿斯曼：《时代乱套了？现代时代秩序的兴衰》（*Ist die Zeit aus den Fugen? Aufstieg und Fall des Zeitregimes der Moderne*），慕尼黑，汉瑟出版社，2013 年。

　　② 白板说（tabula rasa）：白板是拉丁文的意译，本意是未经用刀和笔刻写过的白蜡版，古希腊罗马人曾用来做记事牌，后来指尚未接受外界事物影响或刺激的心灵。英国哲学家洛克（Locke）对白板思想加以发挥，论证了认识起源于经验的基本原则。他认为，人的最初心灵像一块没有任何记号和观念的白板，一切观念和符号都来自后天的经验。阿斯曼在这里采用"白板说"概念，显然不赞成蒂尔的观点。——译者注

方式，断然把一切溶解在变化和逝去的长流中，而似乎有必要
提出几个区别来。就这样，正好有一些事物，它们必然处于变
化之中，比如个人的看法或者职业前景。而另有一些事物，它
们（更多）是恒定不变的，比如名字、性别、家庭和出身。这
里真的要强调的是，文化始终存在于一个不断传承、传授和阐释
的过程中。然而，它们标准规定的物质基础则绝对是确定的，而
继续确保它们的安全和保持它们的存在则是由一些高级别的公共
机构来负责的。面对多种多样的文化基础，"建构'文化身份认
同'是一个不可允许的专横行为"。这是一个对我来说难以理解
的见解。其中对一连串有点混乱的例证（"德国主导文化"、"犹
太–基督教根源"、"希特勒作为非德国人"）的批评，我无论如
何不可能认为这是对文化遗产和罪责这个重要和复杂的研究对象
所进行的严肃认真的分析。在这里，为了再次强调现代化的指
导原则，有人断然、迫不及待和十分讨厌地要与陈词滥调决裂：
"在每一个多元的、被迫面对移民潮的社会里，因此同样始终关
系到，每隔一定时间要与曾经存在的东西决裂，并且不用考虑持
续地、'或许甚至像患强迫症似的去研究历史'。"这里具体要说
什么，作者并未进一步去阐明。对此，我在这里仅仅提几个（有
意挑衅的）问题：难道对大屠杀的记忆会随着最后一批幸存者的
离去，在历史见证者的临界点消失吗？为此现在似乎的确存在着
一个明显和完美的重大转折！难道科隆的多米德博物馆（Domid-
Museum）要被废除吗？其中保存着土耳其移民史最丰富的、可
供研究的收藏品。蒂尔为民主立宪国家拟定了一些节日，比如 5
月 23 日，也就是基本法颁布的日子。悦耳动听，美好迷人。可

是，难道所有能够唤起历史、文化或者宗教事件的周年纪念日都要从民族日历上被抹去，以便它们不再让公众意识承受任何历史负担？那些纪念场所怎么办？难道它们都要关门？或者那些绊脚石——难道它们都要被清除[①]？只有当我们在一个具体的层面上接近去民族化问题时，它才会赢得复杂性、迫切性和严峻性。因为去民族化依旧自然而然地意味着消除文化、历史和记忆。在这里，这一点变得显而易见。这一切——与宗教归属感如出一辙——又要按等级划分而回到私事状态。为了消除共同体归属感障碍，蒂尔要把这样的归属感仅仅限制在可以学会的特征上。由于包容的力量始终也会带来排他的危险，那么这就是一个有益和可以理解的方法。然而，在这个过程中，归属感这个范畴彻底被淡化了；它被削减到法律原则层面上，同时失去了时间维度。法学家蒂尔不仅去民族化，而且同时也砍断了所有的跨民族关系。在他的著作里，他闭口不谈欧洲和欧盟。他的民主立宪国家既无历史，也无盟友。但是这样一来，在他的聚焦点之外，却存在着一个不可估量的、可以用来控制民族国家的资源。

如果说盖罗特和梅纳塞在废除民族和融入一个欧洲共和国中看到了解决民族问题的办法，那么在蒂尔看来，解决民族问题的

---

① 伴随着 20 世纪 80 年代到 90 年代围绕着大屠杀的讨论，在德国也出现了各种大屠杀记忆的新形式，"绊脚石"（Stolpersteine）就是其中之一。这是由德国艺术家贡特·德姆尼格（Gunter Demnig）发起的一个艺术项目。"绊脚石"通常为 10 厘米立方体混凝土块，其中一面贴嵌了一块镌刻着专门纪念文字的黄铜板，铺在城市人行道上，稍微突出地面。这个艺术项目的目的是纪念被纳粹谋杀和迫害的人，让人们永远铭记历史。刻着受难者信息的绊脚石就是他们的纪念碑。——译者注

办法则存在于去民族化和通过民主立宪国家的替代中。我在这里要提出第三条道路，一个少些激进的解决问题的想法。在改革的过程中，这条路不用首先排除一切现存的东西。或许真的也存在着一些有益的发展，值得认可，也值得继续发扬光大？围绕着作为贪食的怪物的民族国家的批评和担忧，我绝对赞同，但我也看到了驯服它的可能性，而且不用立刻去废除它。我觉得，去民族化是一个地地道道的德国梦，它是对德国特有的民族社会主义噩梦的回应。难道不也存在着另外一个克服或者驯服这个贪食的怪物、既考虑到对民族国家的合理批评，又不用废除它的可能性吗？

对症模式：欧盟作为民族国家的保护伞

我的三个欧洲

欧盟是一个蓝图，此间它已经度过了 70 个年头。它没有一个直线发展的历史。更确切地说，在这段时间空间里，这个国家联盟体根据不断变化的世界政治形势和语境已经多次变换了它的存在形式。从我个人视角出发，我要说的是三个不同的、我在其中生活过和现在依然生活在其中的欧洲。当我回顾时，我才发现，它们彼此多么迥然各异。

我成长于其中的第一个欧洲是第二次世界大战后产生的。它从 1945 年延续到 1989 年。在这个欧洲里，人们谈论更多的是"基督教西方"。当时我觉得这样说没有太多的意思。后来我才明白过来，这个惯用的说法在德国首先拥有一个召唤历史延续性和遮盖纳粹时代的任务。我当时也与那个欧洲真正的建筑师还没有什么关系。我认为罗贝特·舒曼（Robert Schuman）是一个作曲家。而 1948 年就准备了人权宣言、1968 年获得了诺贝尔和平奖的勒内·卡森（René Cassin），这个名字，我是很晚以后才知道的。

对我来说，音乐奏响在别的地方，在美国或者英国：公民权和青年抗议运动，电影、流行音乐和披头士。欧洲是西方的一部分，而我要感谢美国给了我精神和文化上的成年礼。相反，东方的大门关闭着，因为笼罩着冷战。第一个两极分化的欧洲依靠资本主义和共产主义对立的意识形态稳定地存在着。但是，超越两个阵营之外，还有一些类似情况：双方都希望赢得未来的一切，抱着技术进步的乐观主义态度，目标指向航天和登月。历史被彼此两方都遗忘了，它存在于月球的另一面。

接着是从 1989 到 2015 年第二个阶段。我称之为走向多元化的欧洲。随着柏林墙倒塌和国家社会主义的侵蚀，两极分化的整合力量已经消耗殆尽了。当欧洲东部越来越靠近时，我觉得欧盟在这种程度上更有吸引力。今天，人们在西方自知有罪地说起"东扩"；而我则认为，冷战的结束以及应运而来的一切就是一种前所未有的视野拓展。在这两极之间，展现出一个新的空间。突然间，我可以跨过边界，与人交往，这样也学到了许多东西。

在欧洲，经历了 40 多年的历史遗忘以后，20 世纪前半叶的历史又回来了，因为这个视野不仅在空间里，而且在时间上不断

48 地拓展开来。东欧的档案突然开放，一个新的历史研究也随之开始。大屠杀的幸存者终于得到了应有的支持。2000 年 1 月，不同国家的代表——其中包括美国、以色列和统一后的德国——齐聚瑞典，为了建立一个大屠杀记忆共同体。随之而来的是建造新的纪念碑和博物馆，改造纪念场所。

这就是说，1989 年，在"这个"西方和"那个"东方之间，欧洲再次重新诞生了，作为一个拥有不同政治远景、历史经验和精神创伤的多元化组合体。它挣脱了西方和东方的束缚，变成了一个多声部的欧洲。就这样，一个立足于世界大国之间并发出新声音的欧洲出现了。与此同时，它继续坚持维护和平、民主化和经济富裕的西方方针，但也增加了对被遗忘和被排斥的历史的反思，以及对遭受损害的生存环境不断增长的意识。

第三个欧洲开始于 2015 年，当下依然在持续发展。它是由全球移民浪潮引起的。移民浪潮具有非常深远的原因，但却随着难民潮一下子引起了普遍关注，因此也制造了一条深深的鸿沟。在这个分裂阶段，欧盟的维系和整合力量急剧下降。由于民族主义歪风邪气和攻击性敌视外国人的声音甚嚣尘上，这个多元化的欧洲到处都经受着严峻的考验。意识形态鸿沟不断出现，分裂日益加剧，现在不再发生在政治制度之间，而是发生在社会和国家内部。第一个两极欧洲的敌人形象是东部或者西部；第二个多元化欧洲的敌人形象是希特勒和斯大

49 林；第三个欧洲内部论战不休，分裂不断，新的敌人形象是难民和外国人，因为他们破坏了社会的同质性，损害了民族的统一。

什么东西维系着欧洲群星？

欧洲梦

好久以来，欧盟这个联合体显得那样稳定和持久，就像蓝色旗帜上一圈群星象征一样。曾经是这样。如今英国之星告别了，其他星星也开始离心离德。旗帜上的象征从自身向外失去了任何维系的力量。所以，问题便越发迫切地提出来，到底是什么东西真的还维系着欧洲群星呢？

欧洲是一个无边无际的话题。但是对我来说，在当今恐怖不断爆发情况下，越来越清楚地展现出欧盟这个"蓝图"的必要性。我把它称为"欧洲梦"。再说，它非常壮实，一目了然。也就是说，它是由四个教训构成的。欧盟成员国共同从历史中吸取了这些教训。在当今危机中，它们也迫切地需要这些教训。

1945 年后，从历史中得到的第一个，也是最重要的教训在于这一次真的结束了战争。这种情况在第一次世界大战后没能如愿以偿，战争虽然在战场上结束了，但是在人们的脑袋和心灵里依然延续。这个和平蓝图是由法国人发起的。他们在经历了德国人的三次进攻以后向对方伸出了和解之手。[1]他们化"干戈"，也就是作为战争工业最重要原材料的煤炭和钢铁为"玉帛"，以此为一个跨民族经济共同体奠定了基础。就这样，死敌变成了持久和平合作的友好邻邦。第二个教训，即自由蓝图也一样重要，一 50

---

[1] 据说，德国少尉领着一连德国士兵挺进巴黎时，有一个年迈的法国女士冲着他说："先生，您已经第三次来我们这里。"

些当年的独裁国家依靠同盟国的支持变成了民主国家。1989年，柏林墙倒塌和铁幕打开后，这两个保卫和平和民主化的教训再次发挥了作用。但鲜为人知的是，还有另外两个教训当属其中。我把新兴的自我批评的记忆文化称之为第三个教训。这个记忆文化拓展了一个完全立足于尊严和自豪感基础上的民族记忆那习以为常的模式，因为它也把历史罪行纳入其中，并且与自己的暴力历史受害者建立起一种积极的关系史。第四个教训是人权现实化。在历史上，一再被宣布的人权却又一再必须通过斗争来取得，比如在中东欧，通过各种民主运动，铁幕终于被撕开了。

依靠这四个教训，经过了这么多年的努力，我们创立了一个新兴的、迄今在历史上还从未有过的民族概念。这就是我的立论。我称之为"文明"民族，它与其他民族一起从毁灭性的历史中吸取了教训，承担起了应有的责任，以防再次滋生毁灭和蔑视人类的暴力土壤。这些从历史中得来的教训——维护和平、加强民主、自我批评的记忆文化和承认人权——同样是民主立宪国家的基础。与一些独立的民族不同，在欧盟里，成员国把他们的经验和法律基础整合在一起，共同管理它们，相互保护它们，因此更有成效地做好了应对专断独裁和任何侵犯的准备。虽然瑞士本身不是欧盟成员，但我们在这里可以拿它来当范式，因为这四个从历史中得到的教训也是对联邦制的有力证明。此外，在这里处于中心地位的不是一个个模模糊糊和流于抽象的"价值"，而是三个层面上可以明确界定和有约束力的原则：

在国家层面上，主张民主法律文化，包括权力分立和同等公民权利（基本法），

在社会层面上，承认多样性，保护少数民族，消除种族同质观念（社会契约），

在民族层面上，倡导明确包括历史演变和多样性在内的文化特质纲领（文化身份认同）。

如果说法治国家原则和民族主义相互排斥的话，那么法治国家原则和民族则是绝对可以相容的。

民族在欧盟中的作用

欧盟这个特殊的历史联合体在国家政权、社会和民族三个层面上创造出了和平民族的新类型。这个财富有多么宝贵，只有在我们面临失去它的时刻，才会——一如既往——变得显而易见、弥足珍贵。也就是说，在"第三个欧洲"里，关于在"第一个欧洲"所确立的、在"第二个欧洲"又进一步所赢得的东西的共识被打碎了。我们每天眼看着民主原则遭到质疑和践踏——这样的情况发生在所有的层面上：在许多国家里，国家法制权力遭到媒体垄断集团和所谓的迫使法官们依附于政治和党派的"法制改革"削减；社会契约遭到一些煽动反对移民和外国人的种族-民族主义运动背叛；民族最终成为一些民族主义党派的猎物，因为它们把自己的历史叙事建立在自豪感和尊严基础上，嘲笑历史罪行受害者，排斥外国人，并且使欧盟本身成为它们的敌人形象。

正是这种右翼势头，当前在许多欧盟成员国四处蔓延，从而导致欧盟原则被取消。像欧盟原则遭到蔑视一样，各个民族在

52

45

欧洲纷纷展现出它们的另一个面目，也就是它们不文明和民族主义面目。核心问题不是说：欧洲失灵了？而是：人们怎样有效地去对抗民族主义发展趋势？正如所看到的，有许多知识分子自然而然地以此为出发点，即民族本身始终是仇恨、煽动和暴力的温床。他们的依据是，在 20 世纪上半叶，像德国这样的民族以制造创伤的方式偏离了正道，而且在 20 世纪末——人们会想到塞尔维亚和卢旺达——依然爆发了一次又一次令人震惊的灭绝种族的暴力事件。这些暴力事件都是由民族主义和种族意识形态引起的。出于这个原因，他们把民族当成一个邪恶的根源，并且在概念上也不区分民族与民族主义。

在这些知识分子看来，现在有两个对策。一些人要让欧盟摆脱邪恶，因此坚持不懈地要求废除民族，主张让欧盟成为由区域组成的超级国家。另一些人则全面怀疑民族概念，认为可以通过置之不理使之从世界上消失，或者提出"去民族化"观点，但却不阐明怎样才能在实践中实现去民族化。在一些大学里，人们还始终遵循着这样的话语规则；凡是谈论"民族"的人，全都犯有一种"方法论民族主义"欺骗行为。也就是说，在这里，人们依然以此为出发点，那就是我们生活在一个世界主义的世界共同体里。在这个共同体里，民族迟早会自行消亡，我们已经生活在后民族或者跨民族世界里。在这种看法中，民族和文化身份认同被视为一种返祖现象的残留物，必然会被扫进历史的垃圾堆里，因为它不再符合时代发展的需要。

毋庸置疑，一种特别的威胁成为当今形势的一个标志。不仅在欧洲，而且在世界范围内，民族又变成民族主义，变得暴力和残忍。然而，怎样才能成功地把民族召回到一个文明宪法里，让人感到十分茫然。在这种形势下，当前右翼民族辩护士与否定民族的左倾世界主义者或者普遍主义者之间的对立显得极其危险。比如，在欧盟里，出现了一个十分危险、非常有效地跨民族组织起来的同盟，目的是要采用新手段、新方法和新理由，让传统的民族主义死灰复燃。而与他们形成对立的理论家始终还不愿意承认，由于他们断然否定民族，或许会使得这样危险的发展趋势愈演愈烈。

这样的理论家对一些十分重要的现象视而不见。而在无先入之见的人看来，这种情况其实是明摆着的事：这就是说，也有一些文明民族，它们创造了为法治国家原则和人权负责的民主国家，比如英国、法国、美国或者加拿大。欧盟也属于这个传统。此外，这个国家共同体拥有一个不同寻常的特点，那就是借助于一种特殊的"鲁特利誓言"来保护各民族免遭危险的民族主义伤害。[①] 54

欧盟作为瑞士式联邦

我说欧盟是"民族国家的保护伞"，我想到的是那个条约，因为它在三个层面上支撑着欧盟各民族组成的瑞士式联邦，即在国家、社会和民族层面上。上世纪90年代里，欧盟简洁明了的

---

① 鲁特利誓言（Rütlischwur）：1291年8月1日，瑞士乌里州、施维茨州和下瓦尔登州的特使在位于乌里州的鲁特利草地秘密宣誓缔结永久同盟，共同反对和摆脱哈布斯堡王朝的统治。这就是瑞士历史上著名的"鲁特利誓言"，因此，8月1日也被视为瑞士建国之始，成为瑞士国庆日。——译者注

表达形式叫作：多样性统一体。因此，我也把我的"第二个欧洲"称作多元化欧洲。由于接收了拥有完全不同历史与经验的后苏联时代的民族，已经适用于第一个欧洲的民族语言和文化多样性又极大地增加了。对这些民族来说，欧盟不仅作为新的经济区域具有吸引力，而且在欧盟里，那些在苏联时代被压制的民族历史与文化终于又能够自由发展和得到象征性展示。当我们在欧盟正在忙于多样性融合的时候，随着移民危机，出现了一个不仅中断了这种融合的努力，而且也把形势的发展推向了反方向的新格局。一些早已准备在欧盟内部把自身再建为"文明民族"的国家现在改变了它们的航向，走向"民族主义国家"道路。

因此，面对业已存在的、越来越变得危险的民族主义与世界主义之间的强制性抉择，我主张在两极之间为第三个选择创造空间。因为民族有两个面孔。它不仅是一个贪食的怪物，一个迟早会显露出其狰狞和残忍面孔的怪物；它也是一个十分平常的东西。在这个地球上，所有人现在都生活在民族范围内，因为对此还不存在一个具体的选择。但是，真的可以断言，世界上存在着各种不同类型的民族。比如，2000 年以后，有一些当年的帝国获得了民族模式，但绝对没有使之变得更自由和更多元，完全不是这样。比如，俄罗斯通过一个种族民族史替代了其革命史和阶级斗争史。这个民族史追溯到更加遥远的过去，把东正教也纳入其中。这期间，民族可以与一切可以想象的统治形式联系起来，从法西斯主义专政和独裁国家直到左倾帝国和民主政体。因此，有必要消除把民族与民族主义相提并论，也不能一味地把民族想象为只能朝着两个方向发展的东西：作为种族同质的、朝着民族主义发展的民族和作为多元化、承认所有不同出身的公民享有同等权利，并且把社会开放性宣布为其准则的民族。

多样性统一体

在欧盟内部，起作用的是一种双重纲领：一方面，法治国家原则被整合在一起，紧紧地维系在一个共同的声明里；另一方面，在塑造各自的文化和历史自我认识方面，各民族则保留着很大的自由。在上世纪 90 年代里，欧盟简洁明了的表达形式叫作"多样性统一体"。这个表达很快就变得令人厌倦，因为它被肆意滥用，随心所欲地一再挂在嘴上。而它今天又赢得了意义，因为它处在越来越激化的紧张关系中。作为欧盟的历史特点，甚或独一无二的特点，这个"多样性统一体"今天则需要进行重新评价。也就是说，这个表达表现出一些使欧盟区别于其他像美国或者加拿大这样的大区域的特点，那就是不可避免的多元书写性；欧盟是一个拥有不同语言和传统、历史和地区的独立民族联合体。独立并不意味着完全"独立自主"，因为政治行动权力已经形成了一个共同体。独立涉及的是在欧盟法律统一规定准则外，各个国家可以自由发展文化和自我定义。因此，作为多样性统一体，欧盟的多元形象也不可能达到一个统一和普遍被接受的叙事。因此，我们要在这里通过四个有约束力的、"从历史中吸取的教训"来替代所缺少的欧洲叙事，并且承认它们为普遍适用和这个国家联合体一致认可的原则。在欧盟里，这些统一、有关联和有约束力的民主原则与各民族明确的异质性相伴相随，无论

56

如何也不可能找到一个共同的基础。欧洲历史之家长久的准备过程也表明了这一点。在那里，人们恰恰看不到欧洲叙事，但更多能了解到有关跨民族层面上的文化联系和对立。

像四个从历史中吸取的、我已经概括在"欧洲梦"概念中的教训一样，语言、历史和文化的"多样性统一体"也属于欧盟的基因之一。它们是欧盟各民族不可缩减的差异和多样化的共同基础，同样对欧盟产生影响。

此外，这里还有必要区分文明和不文明民族。民族主义民族的宏图建立在一种同质的、恒定不变的、不可缺少的身份认同基础上，与之密切相关的是排斥"他者"和种族主义式的爱国主义，因为它鼓励自己的族群要有自豪感、尊严和牺牲精神，要时刻为战斗做好准备。不文明民族以区分、拒绝和排除一个被妖魔化的他者为生存根本，而文明民族则把尊重他者和与他者共存作为生存基础。尊重包含着跨越界限和有成效的交流。像语言一样，各种文化也千差万别，自成一体。这些文化虽然不可避免地存在差异，但绝对不会产生完全分离的后果，因为这里存在着多语种与翻译以及语言借用、融合和重叠等。由于交流、多样性和时代变迁，文明民族的民族身份认同处于持续的变化中。从这个意义上来说，欧洲边界则呈现为强化欧洲肌体的交流和翻译的文化交融区域。

然而，人们当前关注的焦点与其说是欧洲内部边界，倒不如说是欧洲外围边界，因为它们在移民潮冲击的"第三个欧洲"陷入了巨大的压力下。在受到军事威胁的时代里，各民族始终守卫着它们的边界，防止敌人入侵。这时，欧洲国家正在和平旗帜

下回忆着第一次世界大战的开始。但这些都是例外。民主国家彼 ₅₈
此再也不会发生战争，而是力图通过外交途径解决它们存在的问
题。入侵的形势从根本上发生了变化：现在，无助的战争难民替
代了武装的敌人。他们聚集在欧盟外围边界上请求进入，要拯救
他们赤裸裸的生存，实现他们的"欧洲梦"，过上富裕生活，获
得国籍。在全球化框架下，民族的地位大大地产生了错位。欧盟
各民族自愿放弃了它们在经济和文化上的闭关自守，以利于畅通
无阻的世界市场政治、接受技术成果以及数字化发展。但与此同
时，面对难民和移民，政治和文化自主权同样应该得到保证和捍
卫。这就是说，一方面，这里存在着货币、商品和原材料流通，
另一方面，难民们被阻挡在边界以外，没有相应的卫生条件、医
疗保障，也缺少教育，过着艰难困苦的日子，这一切同样意味着
没有任何未来前景。这种双重道德一方面宣扬休戚与共，口口声
声赞扬开放边界，另一方面实施的则是重新建立和巩固边界的利
己主义，这是欧洲民族国家典型的特征，因为它们担心，由于接
收移民，不仅会损害它们的经济，而且也会损害它们的文化，首
先会损害它们的政治合法性。欧盟的多样性还会因为接收移民而
大大地增加，这种情况不再出现在成员国之间，而是出现在成员
国内部，而成员国的民族自我认识会随着移民的新经验和新观点
而发生变化。在这个发展过程中，民族文化身份认同要么被加
强了，变得越来越排他，要么会发生变化，遭到批判性的质疑， ₅₉
进行必要的改革，从而变得更完善，但不会简单地被取消或者
被废除。

　　欧盟当前处在一个转折点上。在这个转折点上，我们还无法

有把握地断言何去何从。但可以肯定地说，当前，欧盟70年来建设和继续发展的一切都遭遇到危险。欧盟到底是会继续作为一个从其历史中吸取了教训，从中赢得其未来方向的文明民族联合体，还是会变成一个欧洲堡垒，制止全球化咎由自取的后果，并且把自己封闭在民族统一和纯正的怀旧幻想中，这依然是一个悬而未决的问题。恰恰在这种形势下，如果欧盟今天把它的联合不仅建立在保证经济成效，而且也建立在"欧洲梦"基础上，那它就有可能再次呈现为"民族国家的保护伞"。作为这样一个瑞士式联邦，欧盟能够保护它的民族，建立应对日益蔓延的民族国家的民族主义发展趋势的屏障。

2. 关于身份认同规则

布鲁塞尔欧洲历史之家

20世纪90年代中期，在欧盟议会里，诞生了在布鲁塞尔建
立一个"欧洲历史之家"计划。但计划的实施显得出乎意料地艰
难。经过了十年深入细致地献计献策后，第一个团队最终被解散
了，因为人们断定，对欧洲来说，似乎不存在一个统一的主导叙
事。第二个团队则卓有成效；大家的意见统一到另一条道路上，
聚焦于19和20世纪以来欧洲的发展、运动和联合过程上。博物
馆于2016年开馆，展示出一个有意识的跨民族框架下的欧洲文
化与历史，同时也强调发明、经验和远景的多元性[①]。这个信息引

---

① 格奥尔格·克莱斯（Georg Kreis）（主编）：《作为博物馆项目的欧
洲》（*Europa als Museumsprojekt*），"巴塞尔欧洲融合论文集"（Basler Schriften
zur europäischen Integration），第85辑，巴塞尔，巴塞尔大学欧洲学院，2008
年；卡罗琳·伯纳特（Caroline Bernert）：关于布鲁塞尔欧洲历史之家的评论
（Rezension zu: Haus der Europäischen Geschichte, Brüssel），载于：《史学对话和专
业信息杂志》（*H-Soz-Kult*），2019年9月28日。www.hsozkult.de/exhibitionreview/id/
rezausstellungen-302.

起了媒体非常积极的关注。博物馆里展览的图片和实物附有 24 种语言说明，也给参观者留下了深刻的印象。

于是，人们就认可了这样的做法。直到 2017 年 8 月，有一群来自维谢格拉德集团①的政治家前往布鲁塞尔参观博物馆。他们对在那里所看到的东西心存不满，并且用十分严厉的口气批评了博物馆，因为他们在其中找不到关于各民族的任何说明。凡是他们真的认为最重要和最神圣的东西，也就是他们各自民族最重要和最神圣的东西，却根本没有出现在博物馆里。他们觉得博物馆没有体现出各民族的价值，指责博物馆伪造和毁灭历史。波兰总理马泰乌什·莫拉维茨基（Mateusz Morawiecki）准备好了一个特别声明。由于完全缺少民族视角，他施加给欧洲历史之家一个共产主义角度。他把欧盟看成了一个新版苏联，再次看到波兰人以受害者的角色面对一个意识形态大敌。他把展览评价为是在向苏维埃人②——"同一化民族的同类人群中一个没有民族身份的人"——致敬。这种批评与其说是指向布鲁塞尔实际存在的欧洲历史之家，倒不如说是偏见和妄想的直接披露。对这些参观者来说，这个博物馆变成了一面集体痴呆症的投影屏。这一事例表明，一个没有真正理解的历史是怎样再现的。从波兰视角来看，

---

① 维谢格拉德集团是由中欧的捷克、匈牙利、波兰和斯洛伐克四国组成的政治文化合作组织，成立于 1991 年 2 月 15 日。其成员国均在 2004 年 5 月 1 日加入欧盟。

② 苏维埃人（homo sovieticus）指的是苏联统治时期苏联和东欧其他国家的普通顺从者。这个词是由苏联作家和社会学家亚历山大·季诺维耶夫（Alexander Zinoviev）于 20 世纪 70 年代发明的，是当时苏联政权批评者使用的一个贬义甚或侮辱性术语。——译者注

布鲁塞尔是一个新型的莫斯科[1]。

当我们思考民族时，历史经验和情感毫无疑问会参与其中。在波兰，保护民族处于至高无上的地位。而在德国，许多知识分子则把民族概念从他们的词汇里抹掉了，也是出于同样与历史记忆息息相关的原因。在纳粹时期，当国家政权变成了凶残的纳粹政权时，这个国家经历了泛滥成灾的民族主义——给其他民族和欧洲犹太人造成了灭顶之灾。而在波兰，这样的历史经验则导致了相反的教训：这个国家遭到敌人入侵和被占领以后就彻底从地图上消失了。第一次世界大战后，波兰这个国家几乎刚重建起来不久，便在第二次世界大战期间经历了长时期的蹂躏和占领。因此毫不奇怪，在波兰与在德国不同，民族纲领拥有另外的意义。对德国来说，欧盟提供了一个很受欢迎的机会，既可以加入这个国家共同体，也可以把民族问题囊括其中。德国人遵照的格言是："我不是德国人，我是欧洲人"。但在其他像波兰这样的国家看来，欧盟则变成了他们的民族国家的担保者。然而，当自由价值和欧洲移民政策对民族主权提出质疑时，担保者又会变成敌人。

在德国，对于民族概念的怀疑具有一些负面影响。其中一个负面影响是，右翼党派轻而易举地占领了这个被拱手相让的领域。他们把民族概念据为己有，给其中塞满他们的价值、形象、情感和诺言。对于民族概念的怀疑还有另一个负面影响，一个没

---

① 马蒂亚斯·克鲁帕（Matthias Krupa）：《这个博物馆在庆祝共产主义吗？》（Feiert dieses Museum den Kommunismus?），载于：《世界报》（Die Welt），2018 年 5 月 3 日。

有清晰的自画像和一定程度的共同意识的国家要想归化新来的移民，则面临着巨大的困难。移民亲身经历过一些事，到了一个新地方，他们不仅期待受到保护和拥有工作机会，而且也希望有一个属于其中的新家园，同样也希望能够依靠他们的经验和才智，共同塑造和改造民族。然而，如果民族停留在空缺状态，那么身份认同会变得越发困难，因为呼唤从前的家乡始终是标准的价值取向，新的奉公守法关系也几乎难以发展起来。我们今天必须要扪心自问：对自由民主国家和多元化社会来说，存在着适合于个体和集体身份认同的积极价值吗？而记忆在这个过程中会起到什么作用呢？

这些问题值得关注和研究，因为在欧洲，反对移民的斗争是由右翼党派吵吵闹闹地发起的；他们要求采取简单的解决问题的办法，要求关闭边境，要求不负责任的领导者上台，因此也在选举中获得了成功。这种新型的民族主义恰恰忘记了那些欧盟从历史中吸取的、过去70年里卓有成效地使其民族得到驯化并使之走向民主化的教训。如果说民族是实现融合的一个重要资源，而融合又被理解为一个国家新老公民一个共同蓝图的话，那么我们怎样改变对民族的想法，才能使它驾驭这个重要任务呢？

"民族"和"身份认同"两个概念不仅在内容上密切相关，而且也有一个非常相似的接受史。它们之所以在内容上相关，因为只要说起民族问题，总是同时也关系到集体身份认同问题。然而，能不能和可不可以真的提出这样一个集体身份认同概念，是当前学界激烈争论的焦点。德国知识分子对民族和身份认同两个概念的态度是同一个。因为对个体和自由国家来说，有一种威胁起因于这两个概念，所以它们遭到否定，被弃之不用，遭到破坏。如同民族概念一样，身份认同概念同样在现代化理论中鲜有地位。在这个问题上，并非每个身份认同定义都会被视为有问题。身份认同概念在上世纪 80 和 90 年代获得新意义之前，在哲学中已经有了悠久的历史。新意义关系到一些族群，他们发现一个确定的共有特征作为身份认同资源，并且加以强调，以免不公正地被他们的生存环境同化。这种社会和政治斗争谋求各种有效范围的集体身份认同在社会公众中得到了承认，但它并未进入研究视野里，"诗学与阐释学"（Poetik und Hermeneutik）这个传奇的研究小组就是一个例证。1976 年 9 月，他们举办了一场关于身份认同的学术研讨会，并于 1979 年发表了以身份认同为题目的系列丛书的第 8 集。当时，"身份认同"还意味着"差异"、"变化"、"反复无常"或者"混淆"的反面，此外也涉及到固定的社会角色或者现有的民族统一。身份认同在这里再次成为谈论的对象，展现出其逻辑、哲学和社会的方方面面——在后来的身份认同策略产生之前。类似的东西也适用于现代文学研究。它受制于一个主体，而这个主体与自身并不一致，它把卡夫卡（Kafka）抬高到现代派一个充满激情的形象。并非归属问题，而是个人主义和怎样对待归属的过分要求是文学及其以现代化理论为导向的科学研究的一个主要母题。

　　归属问题严重地分裂了美国的民权运动。在黑人运动中出现了一些像马丁·路德·金（Martin Luther King）和詹姆斯·鲍德温（James Baldwin）这样的声音，他们不仅要求得到公共汽车前排的座位，而且要求在美国民族历史上占有一席之地，还有像马尔科姆·艾克斯（Malcolm X）那样主张自我-排除、并在美国彼岸，也就是非洲，发现了他们根源的人。上世纪60年代，苏珊·桑塔格（Susan Sontag）也已经在她的日记里使用了这个新的身份认同概念。在她那里，这个概念代表着发现另类存在，代表着面对社会主流保护她的同性恋倾向。另一个归属形式源于历史创伤，比如存在于20世纪最后20多年的后大屠杀时期的身份认同，作为分担犹太人集体创伤的表现。因此，一些新的身份认同产生于抗议和反抗形势中，产生于种族灭绝影响下，但也产生于创造和证实了可供选择、但还没有得到社会接受或者文化承认的生存形式的地方。

尽管出现了多样性发展，但过去存在，现在依然存在着对身份认同概念强烈的怀疑。其原因在于，如今在种族主义意识形态中，这个概念越来越经常地被利用为政治上排除移民的一个限制，或者贬低他者的手段。事实上，这个概念此间已经包含着如此负面的东西，以至于许多人会扪心自问，它还能不能使用。然而，正好就像我们不应该把民族概念拱手让给民族主义者一样，也不应该把身份认同概念拱手让给玩弄身份认同的人。正因如此，这一章要论证两个值得关切的问题：一方面要还原身份认同概念的历史，另一方面重新赢得如何批判性地对待这个概念的准则。

身份认同概念的历史回顾

在描述身份认同概念及其历史思考前，我先讲一个小插曲。这里要说的是克里斯蒂安·波尔坦斯基（Christian Boltanski）的一个艺术作品。这个作品产生于 1972 年。当时，"身份认同"这个研究对象还不太出名。在一幅条幅画上，可以看到 10 张表现这位艺术家童年和青年时期的照片。但是在这里，这个系列的统一恰恰不是通过照片上的人的身份认同，而仅仅是通过系列图解实现的。在这种情况下，其实只有最后一张照片是真实的，其他所有照片都与这一张相映相衬。在最后一张照片上，采用的是人物的身体姿态——一个垂吊手臂站着的人——，尤其是背景——绿色中阳光照耀的梯级道路。也就是说，这 10 张照片并非表现的是一个人经历了不同的年龄阶段的变化，而表现的是10 个不同的、部分区别很大的人；他们出现在一个立刻就会被看成为"变化中的统一"的文化图解框架里。

画面上附加的文字属于照片的一部分："克里斯蒂安·波尔坦斯基 1946—1964 年 10 张人像摄影"。这个时间段引出了一个精确的时间顺序，但仔细一看，也有可能是通过游戏式地改变数字 4 和 6 的位置实现的。在这里，附加文字像照片系列一样重要。它所展现出的作用是观察提示和视角导向，这样导致的结果是，这些照片——其中也列入了一个金发少年的照片——之间巨大的变化和差别会自然而然地被遮蔽起来。波尔坦斯基使我们注意到，接受照片取决于各种因素。属于其中的有丰富的内心猜想，还有对照片文献价值的看法或者"变化中的身份认同"的文化图解。这些因素通常毫无疑问会被采用。

借助这个艺术品，波尔坦斯基触及到了探讨图像与时间、记忆与身份认同关系的根本问题，其哲学来历可以追溯到 17 世纪。当时，哲学家开始了这样的讨论，进行了一些区分。比如，戈特弗里德·威廉·莱布尼茨（Gottfried Wilhelm Leibniz）区分为"实质"、"个体"和"道德"身份认同。如果说实质身份认同以同样的物质证明为基础的话，那么个人身份认同则建立在一些确定的自我意识、自我定位和自我调节形式基础上。此外，还需要有能力把各种感知彼此联系起来，有能力去记忆，也有能力去展示愿望和意志。"感知在实质上的延续和联系会构成身份认同的个体。但是统觉（这就是说，当你会意识到过去的感知时）也会证明一种道德身份认同，并且使实质身份认同显露出来。"①这里两次提到实质，一次涉及到个体身体认同的实质连续性（这在波尔坦斯基的艺术拼接中恰恰是不存在的）；一次出现在心理上产生一种人的自我意识超越时间间隔的延续性的时候。实质上的身份认同在感官上是具体的，而个体意识身份认同则是看不见的，因为它是由精神行为产生的，只能作为其结果而呈现出来。

同一性身份认同和个性身份认同（保罗·利科）

在近代，身份认同话语开始区分为两个基本的身份认同形式：一个身份认同关系到无生命物体或者身体，另一个身份认同关系到有生命和自我意识的人。比如，哲学家约翰·洛克（John

---

① 转引自：安德雷亚斯·布兰科（Andreas Blank）：《莱布尼茨形而上学的逻辑建构》（*Der logische Aufbau von Leibnitz' Metaphysik*），柏林／纽约，德古意特出版社，2001年，第65页。

Locke）看到，挑战在于超越一个人在时间中的变化而解释其身份认同。什么东西始终是相同的，什么东西在现象的变换中始终不变？洛克的回答是记忆。借助跨越时间的桥梁，个体建立起一种自我关联，由此确立他的身份认同。洛克思想今天的变体叫作：我们就是历史，我们能够叙述自己的历史。洛克的同胞大卫·休谟（David Hume）在这样的历史中看到的是他当作"杜撰"而拒绝的建构。波尔坦斯基的艺术介入——如果你想这样说的话——立足于伟大的怀疑论者休谟的传统里。休谟批判地说明了洛克的身份认同概念："我们杜撰出一个在我们的感官感知中的连续性，为了遮盖断裂；我们杜撰出一个心灵、一个自我、一个本体，为了让人看不见变化。"① 在这里，前者指向意识的建构力量，而后者则聚焦于差异、断裂和变化，正好无视于被他当作建构和杜撰驳回的连续性。休谟不想对一个自传体叙事建构和想象框架的积极力量有任何了解。

　　自传体记忆，心理学家和社会学家这样强调说，是一个意识成就，它不是人们天生就有的，而是在具体的社会语境中的文化内部学来的。在这种相互关系中，他们提出了"交谈记忆"（conversational remembering）或者"记忆对话"（memory talk）的说法。这样的记忆形式在自发或者按照仪式的家庭交流中会产生某些如同"家庭记忆"的东西。而家庭记忆是些与家庭档案不同的东西；家庭记忆利用家庭档案，但却发展成为一种与之独

①　大卫·休谟：《人性论》（A Treatise of Human Nature），哈蒙兹沃斯，企鹅出版社，1969年，第302页（阿莱达·阿斯曼译）。

立、共同和想象的建构。我们在此可以采用类似于联合国教科文组织的说法，也把建构称作"非物质家庭遗产"。比如，在依据相册的对话和讲述中，就会建立这样一个家庭身份认同。构建社会"框架"是一种建构工作。照片总是已经镶了相框：然而，恰恰不仅通过椭圆形或者长方形照片镶框，而且也通过首先赋予照片其内在关联的叙事。正是这种促成关联的叙事所看不见的框架，波尔坦斯基以其伪自传体展示引起了我们的关注。

　　我们感谢保罗·利科（Paul Ricœur，1913—2005）为身份认同话语奠定了一个新的基础。他潜心研究了哲学上对身份认同的长久讨论，得出了一个简单和实用的表达形式。在利科看来，身份认同概念明显地拥有一种内在张力，可以把它想象为具有两个聚焦点的椭圆形。这两个聚焦点是

　　作为物质同一性（拉丁语为 idem）的身份认同和

　　作为精神个性（拉丁语为 ipse）的身份认同①。

　　当我们试图把实质和个体身份认同两个聚焦点相互联系起来时，我们便进入到时间层面。在这个层面上，身份认同是作为"变化中不变的东西"被经历和被感受的。同样在这里，又有两个思考身份认同的不同形式。一方面，利科谈到身份认同与某些在时间维度上坚持不变的东西相关。他为此提出的例证就是受过训练的仪表、牢固的性格特征，但也包括约定以及契约或者诺言的约束。另一方面，身份认同是通过个体和集体认知过程的建

---

　　①　保罗·利科：《作为一个他者的自我》（*Das Selbst als ein Anderer*），慕尼黑，威廉-芬克出版社，1996 年，第 144—155 页。

构成就产生的。在这种情况下，由于甘愿认同于一定的共同价值、准则、理想、榜样或者英雄，便会产生一个对个体和群体有约束力的行动方向，这样同时也开启了在其中又认识自我的可能。因此，认知过程是身份认同一个根本前提，因为身份认同支持获取和内化价值，由此也使得归属感和奉公守法关系成为可能。

　　并非人人都在时间维度上经历过身份认同概念从经历的人 71 的物质同一性到精神个性的拓展。我已经提到过休谟引入了"身份认同幻想"概念，他把一切与想象力和信仰观念相关的东西统统都斥之为杜撰①。而我称之为建构成就的说法今天依然争论不休。我在这里要以开头所提到的民族权威话语引以为证。贝内迪克特·安德森把像民族（没有因此而对民族提出质疑）这样的集体组合体定义为由共同价值、实施方式、象征和叙事建构起来的"想象共同体"，而艾瑞克·霍布斯鲍姆和特伦斯·兰格则批评这种互相协调的形式是"杜撰的传统"。这也就明确地指出，文化建构在个体和集体身份认同建构中的作用尚未真的得以实现。尽管批判地阐明怎样实现这些建构是多么的重要，但在我看来，笼统地怀疑这样的建构，并把它揭示为"杜撰"，这种做法是很幼稚的。这是因为，如果没有文化建构部分，也就根本谈不上什么个体或者集体身份认同。为了进一步阐明这一点，我必须简明扼要地说一说上世纪 90 年代世界图像从现代化理论到文化理论的转变。

---

　　① 保罗·利科:《作为一个他者的自我》，第 158 页。

从现代化理论到文化理论

概念史是历史研究一个专门领域。第二次世界大战后，概念史研究被有效地推动起来了。人们首先在人文科学领域里批判地阐明了研究媒介本身，也就是语言；在经历了被纳粹扭曲和滥用了多年以后，一定要把语言置于一个新的基础上。特别是莱因哈特·科泽勒克为概念史研究做出了重要贡献，这是战后时期一个创新和影响深远的项目。在他与奥托·布伦纳（Otto Brunner）和维尔纳·孔策（Werner Conze）共同编辑出版的长达9000多页的《历史基本概念》（*Geschichtlichen Grundbegriffen*）辞书中，一共分析了122个概念。

在对身份认同概念史的思考过程中，我发现了一些在概念史里尚未得到足够关注的东西。在所有情况下，对一些概念彼此孤立地进行了研究，结果是一个独立于其他概念的历史，一个作为其历史传记被复制的历史。然而，这样的研究有悖于实践经验，即一些概念的存在与别的概念密切相关，相互依存，并且在相互影响中历史地构建和改变它们的意义。这里有必要把身份认同概念从其孤立的境地里解救出来，并且把它作为身份认同、记忆和文化三位一体概念群的组成部分来观察。那么引人注目的是，在上世纪90年代里，这三个概念同时都改变了它们的意义。这里所说的不只是微小的意义偏移，也就是说结构和语义上的转换，而是涉及到更多的内涵。它们共同、同时和相互依存地从根本上改变了自身的意义。《历史基本概念》辞书出版团队还不了解这三个概念。在他们的辞书里，既找不到关于"身份认同"词条，也找不到关于"记忆"词条。"文化"词条虽然出现在其中，但只有传统意义上的解释，即作为高雅文化或者民族文化，它是对"文明"的补充。①

身份认同、记忆和文化三个概念在语义上的变化影响深远，引出了一些全新的话语领域。比如，身份认同概念将其重点从个体身份认同转向集体身份认同，由此从一个心理学研究对象转向为一个社会学和政治学研究对象。1950 年到 1970 年间，艾利克·埃里克森（Erik Erikson）的研究成果又一次大大地激发了人们对个体身份认同的兴趣。这位精神分析学家的认知模式针对的是个体在一生中经历的危机、阶段和发展梯级。在这个过程中，埃里克森将心理-性发展与心理-社会和心理-历史发展联系在一起。他的身份认同概念完全指向个体及其各种社会角色。这种身份认同话语的关键概念叫作"发展"，牢固地确立在西方社会现代化理论中。在记忆概念上，发生了一个类似的转变：意义大大地被拓展了，这个概念同样被从个体转化到群体和整个文化。与此同时，记忆研究也进入了历史、社会、政治和文化学领域，但并没有脱离其心理学和精神分析学本源。文化概念最终完全被转化为一个新的文化学研究对象。高雅文化及其价值和艺术品的狭隘意义不仅拓展到流行和消遣文化方向，而且也赢得了新

73

①　约尔格·菲施（Jörg Fisch）关于这个主题长达百页的论文首先论述了（欧洲中心主义）文化在希腊和罗马的产生，然后追踪了这个概念的演变过程，经过中世纪和 17 世纪人文主义时期"文明"这个概念对它的补充，直到第一次世界大战准备阶段扩展为"文明"和"文化"作为政治斗争概念的对立。

的理论前提。比如,其中包括对文化知识生产形式以及纲领、话语、象征力量和构建的探讨。除了话语和象征外,分析的兴趣也日益指向策划和表演意义,以及争取在社会上引起关注和承认的努力。

74 　　这三个新概念改变了人文科学学科格局。它们相互照应的意义偏移影响可以概括为四步。

　　1. 在这三个概念中,不仅部分意义发生了偏移,更多是它们共同都发生了"突变"。

　　2. 与此同时,三个概念相互搭接和交叉。从此以后,它们再也无法彼此截然分离开来,因为每个概念都支撑和解释另一个。

　　3. 20世纪90年代,随着世代交替,三个概念实现了跨民族传播,为一些新的研究领域和学科奠定了基础,比如性别研究、文化研究或者记忆研究,这一切与身份认同策略具有紧密关联。

　　4. 这些新意义在学术圈里赢得了全球共鸣,但并未创立一个统一的范例。

　　为了增强对我们这些概念在语义学上切入的关注,在此似乎可以说一说"第二过渡期"。众所周知,莱因哈特·科泽勒克独有见地指出了多元概念的单一化发展,以此来强调第一过渡期①。多元精神变成了单一精神;多元艺术变成了单一艺术;多元历史变成了单一历史。在科泽勒克看来,这种变化与认识飞跃密切相

---

　　① 第一过渡时期(die erste Sattelzeit)是德国历史学家莱因哈特·科泽勒克(1923—2006)在20世纪70年代提出的一个概念,用来表示早期近代和现代之间的过渡时期,指的是启蒙运动后期和法国大革命前后这个时期,大约从1750年到1870年。——译者注

关，并于 1770 年左右开创了现代时期。我们今天必然会相应地断言：随着身份认同-记忆-文化三组合概念，开始了第·二·过·渡·期·。它的标志就是把一些概念从最初仅仅在个体身上研究的现象转向一些集体过程，并且与之密切相关，使单一化的概念变为多元化——从单一文化变为多元文化，从单一历史变为全球历史相互联系的多元历史。身份认同-记忆-文化三组合概念打破了现代化理论的框架，这同时也意味着，它在这个思维体系里难以找到自己的位置。继续存在的现代化理论可能不理睬、否定和反对这些文化学前提，但它无法除掉它们。由于现代化理论不再可能毫无选择地自我理解为观察问题的万能形式，所以，这个认识包含着有可能把自我-历史化和自我感知当作一种意识形态形式。当然，这些意识形态不再是传统意义上的政治纲领，而是指向我们感受和对待世界的不同基础。因此，从这种关系来看，我们宁可说成是世界和人类图像的一个变化。如果采用诸如"进步对抗反动"或者"现代对抗后现代"之类的对立概念，便再也无法理解这个认识论上的转折。

集体身份认同（卡罗琳·埃姆克，卢茨·尼特哈默）

集·体·身·份·认·同·是卡罗琳·埃姆克（Carolin Emcke）在法兰克福大学哈贝马斯的学生阿克塞尔·霍奈特（Axel Honneth）那里完成的博士论文题目。她以此直接回应了多元文化主义新经验以及当时与之相关的 20 世纪 80 和 90 年代活跃于英美学界的身份认同讨论。她 1998 年在坎普斯出版社出版的著作于 2010 年又再版，因为这个主题依然具有高度的现实意义[①]。集体身份认同这个在艾利克·埃里克森的思维视野里尚未起什么作用的新概念不再首先指向个体的未来及其在一生中干了什么，而是把源于过去的个性部分重新置于特殊的地位，比如遗传特征或者历史创伤，以及偏离主流标准和被自信地抬高为反主流文化形式的性取向特征。一方面，这种在美国随着公开游行和讨论而开始的深刻的文化转向拓展了个体自我形象得到社会承认的选择可能。但另一方面，由于相悖于西方解放史的自由激情，从而导致了一种自愿重建有限制的民族或者宗教义务的结果。埃姆克在其著作中概要地描述了当下的社会文化变化，勾画出了自我决定和他者决定的身份认同之间一个充满张力的类型学。"自我决定的身份认同"的产生需要一个集体自我形象借助个体对群体价值的认知得到证实。相反，"他者决定的身份认同"则是通过一些从外部投射到群体的严格规定而产生的。也就是说，埃姆克不仅看到了身份认同策略充满机遇的前景，而且恰好也看到了个体、群体和媒体公众之间难以解决和趋于尖锐化的相互作用。她对这些问题的关注贯穿于该著作及其所有论文，关系到保护独立和容易受到伤害的个体。而个体要在群体中寻求保护，只能在一个由相互认可、拥有差异自由和一种无恐惧的伦理承载的民主政体中找到。

两年以后，又出现了一本几乎题目相同的著作。该著作并

[①] 卡罗琳·埃姆克:《集体身份认同——社会哲学基础》(*Kollektive Identitäten. Sozialphilosophische Grundlagen*)，美因河畔的法兰克福/纽约，坎普斯出版社，1998 年。

未提及埃姆克具有独创见解的博士论文，因为它立足于一个截然
不同的专业传统，不是社会学和英美学科传统，而是历史和德国学科传统。它出自于卢茨·尼特哈默（Lutz Niethammer）之手；副标题"集体身份认同——一个令人毛骨悚然的发展势头的隐秘根源"就已经表达出作者对这个概念的极大不满。尼特哈默在这里论述的不是现实，而是历史，对一个历史学家来说，似乎理应如此。他从事概念史研究，想要表明，这个概念的影响"从1980年以后与它1930年前的产生息息相关"①。他并未探讨上世纪90年代新出现的多元文化主义，而论述的是20世纪初身份认同概念的使用。他认为，身份认同话语和概念损害了现代化理论所取得的成果。因此，这个概念应该被批判地清除掉有害的东西；这个新偶像应该被揭露为空想。"身份认同必然存在。在我们的日常语言使用中，它是一个有益的社会形式，它会满足人们的渴望，使之摆脱日常经验不协调的东西。（……）然而，由于身份认同——下面还会说明——在社会层面严格意义上说根本不存在，或者由于——用霍斯特·艾伯哈特·里希特（Horst Eberhard Richter）的话说——把身份认同挂在嘴上的人表明，他本身就缺少身份认同，因此，身份认同才会有滋有味，就像是

---

① 卢茨·尼特哈默：《集体身份认同——一个令人毛骨悚然的发展势头的隐秘根源》（*Kollektive Identitäten. Heimliche Quellen einer unheimlichen Konjunktur*），汉堡附近的莱因贝克，罗沃尔特出版社，2000年，第34页。乌法·严森（Uffa Jensen）在评论中把这本书说成是"一种具有历史基础的意识形态批判概念史"，其目的是要揭示"这个概念的政治工具化过程和内容的空洞"。https://www.hsozkult.de/publicationreview/id/reb-5452.

一个忍饥挨饿的人的幻觉。"① 在长达近 700 页的鸿篇巨著中，尼特哈默费尽了心思，反对一切听起来像是保守地武装起一个"民族的我们"的东西。对一个具有批判性的"68 人士"来说，这似乎是理所当然的事。尼特哈默批评身份认同这个"有表现力的词语"（乌韦·波尔克森［Uwe Pörksen］），其矛头指向集体主义神话和统一虚构，因为它们要以某一个身份认同的名义把反抗和难以撼动的个体聚拢起来。

78　　在这本书里，尼特哈默不仅批判地阐释了身份认同概念，对此抱有反感和强烈的看法，而且同时也是一个卓越的历史学家；他非常精确地表明了一个同时发生的深刻的精神转折。与之相关的重要片段没有写入发起对身份认同概念斗争的正文里，而是加在注释里；他在其中综述了大量的调研，记录了许多事实。在刚刚开始的网上调研时代里，尼特哈默想到了一个好主意，从纽约公共图书馆的图书目录里打印出了 500 本书名一览表，其中都涉及到"身份认同"概念。在审阅这些清单时，他可以确定两个方面：

　　1. 绝大多数书名"涉及各种各样的集体和文化身份认同"（而没有涉及——如同他好像猜测的——个人或者心理身份认同）。

　　2. "几乎近三分之二书名涉及到犹太人身份认同的方方面面，或者出自犹太裔作家之手"。②

---

　　① 卢茨·尼特哈默：《集体身份认同——一个令人毛骨悚然的发展势头的隐秘根源》，第 36 页。

　　② 同上书，第 15 页，第 11 条注释。

几页以后，这个调查结果又通过对德语图书生产的关照得到了补充。如果说在 1970 年间有将近 200 本书名包含身份认同概念，那么到了 1990 年间，这个数字增长到了 1700 多本。尼特哈默不得不说明："关于身份认同的新出版物每过十年就翻一番，这的确赋予这个主题一个独一无二的地位。"在他的论著里，对我来说，这句话也许是最重要，但却掩藏在第 21 页一个很长的注释里。

尼特哈默在其著作里没有提出这样的问题：怎样解释身份认同概念引人关注的发展势头？如此突然地提高了使用这个概念的频率原因何在？我试探性的回答在这里只能列举几个与我之前所阐述的概念史观点相关的方面。身份认同概念与记忆和文化联合组成了一个跨学科和跨民族的核心概念。这个概念的发展势头显然会持续下去。在大学内部，现代化理论科学研究的阐释框架已经失去了说服力，因为它聚焦于自由个体以及像革新、进步或者生存关系日益增强和不可避免地趋于具体化这样的价值。上世纪 90 年代，取而代之的是文化学，从而提出了新问题、新概念和新任务。在大学以外，"身份认同"概念的发展势头与冷战结束后政治意识形态的分崩离析以及全球化时代对新的归属形式的寻求密切相关。显而易见，只要还有人主张加强宗教、社会、民族、种族和文化传统的联系，而不是废除它们，那我们就不可能实现现代化理论家所承诺给我们的世界主义共同体。也就是说，对没有料到这个转折到来的现代化理论家来说，身份认同概念的发展势头首先"令人毛骨悚然"。诚然，变得强大的身份认同策略让我们面临着困难的任务。但是只有一点确信无疑：如果我们

79

71

把这个研究对象列为禁忌，无视于它的存在，或者任意"解构"它的话，那么，与之相关的问题就不可能得到解决。尼特哈默已经为我们提供了一个研究身份认同概念令人印象深刻、具有思想批判性的成果。但是，他却把下面几个重要问题留待于我们来解决：为什么要使用身份认同概念？怎样使用它？什么样的潜力和危险与之密切相关？

作为补偿的集体身份认同——柏林德国历史博物馆

如果我们要谈论千年转折的民族身份认同问题，这正是举出另一个具体例证的好时机。在尼特哈默的著作背后，上世纪 80 和 90 年代，围绕着德国民族问题，也出现了一些他并未涉及的激烈的身份认同争论。当美国因为社会政治身份认同争论受到震撼时，在转折前后的德国，围绕着国家身份认同政策的争论成为关注的焦点。其中一个争论关系到首都从波恩迁往柏林的问题。对战后这个权宜之计的留恋当属波恩怀旧症，与拒绝国家象征和国际政治责任息息相关。首都搬到柏林以后，随着在那里重建皇宫象征，实现了德意志民族的普鲁士化。但是，文化历史大转折并非绝对与历史事件大转折同时发生。因为文化精神转向已经在 20 世纪 80 年代初期就开始了。这一点可以从西柏林建立的德国历史博物馆看出来。东德已经有一个国家博物馆，而坐在总理位子上的历史学家赫尔穆特·科尔（Helmut Kohl）需要在这里展现出同样的象征。他在西德这样做了，因为在这里，知识分子生活在身份认同的禁忌中，并且引以为豪。"我们的大学没有身份认同！"我有一次听到海因茨·迪特尔·基特施泰纳（Heinz Dieter Kittsteiner）以其独有的反讽口气说起奥德河畔的法兰克福欧洲大学。按照当时实行的哈贝马斯-科尔贝格（Kohlberg）-模式，也就是一个现代化理论定理，有必要向普遍水平和世界政治看齐。与之相关的标准要求人们建立一个越来越变得抽象的世界关系，同时持续地超越归属界限。身份认同这个返祖概念坚守负有责任的集体特征，因此就像一个制动器一样，成为这个发展势头的障碍。 81

知识分子的共识是一致的：一个像科尔希望建立的历史博物馆被感受为与民主自由背道而驰。人们担心出现一个按照东柏林模式由上层规定的历史形象。1983 年 5 月 4 日，科尔在一个政府宣言里说明了他的计划轮廓：

> 我们德国人必须接受我们的历史，包括她的伟大和苦难，什么都不能抹去，什么都不可添加。我们必须接受我们过去和现在的历史：大陆中心一个欧洲存在的重要部分。在其欧洲关系和框架条件下，德国历史必须又成为年轻一代的精神家园。①

---

① 克里斯托夫·斯托尔兹尔（Christoph Stölzl）（主编）：《德国历史博物馆：理念—争论—展望》（*Deutsches Historisches Museum. Idee—Kontroversen—Perspektiven*），美因河畔的法兰克福／柏林，普皮莱恩出版社，1988 年，第 249 页。参见：萨拉·切尔尼（Sarah Czerney）：《民族与欧洲——作为欧洲媒介的国家博物馆》（*Zwischen Nation und Europa. Nationalmuseen als Europamedien*），柏林／波士顿，德古意特出版社，2019 年。

在那个所有标志都被调整到指向未来的时期，人们对历史没有了任何期待。历史话语被视为专业历史学家的事，并于 20 世纪 80 年代初远远地告别了公共领域。不管怎么说，在 1976 年举办的历史学家大会上，联邦总统瓦尔特·谢尔（Walter Scheel）强调说明了这一点，他在会上提醒大家要把目光投向社会，敞开这些历史话题。事实上，依照比勒菲尔德模式建立的社会结构史并不是德国人可以认同的东西，而且在学校里也难以传授。它恰恰就是现代化理论一个抽象的身份认同的产物。观念、理想和身份认知难以从这个研究方向获益，同样就像无法从法国的编年史历史学派那里获益一样。在法国，历史学家皮埃尔·诺拉（Pierre Nora）——正好同时发生的——以其"记忆场"（Lieux de me'moire）宏大项目回应了这个学派——我在下面还会回到这个话题上。科尔也要为社会和政治重新占领历史阵地，既要把历史确立在柏林的德国历史博物馆（DHM，1987 年）里，也要确立在波恩的联邦德国历史之家（HDG，1994 年）中。前者应该包含从最初公元前世纪到现代西方基督教基础的德国文化史；后者应该展现出联邦德国 1945 年以后的政治史。从一个新的身份认同政策意义上来说，这两种情况都关系到民族历史的传承。在这里，对科尔来说，重要的是走出第二次世界大战和国家社会主义阴影，并且使德意志民族这段短暂和毁灭性的历史融入一个漫长的、西方的、基督教信仰和欧洲这样一些积极的概念占主导地位的历史视野里。博物馆所追求的目的于 1985 年采用了一种传统的身份认同说辞取得了合法化："这是要创立一个自我反思和自我认识的场所，特别是我们国家的年轻公民在这里可以感受到一些东西（……），作为德国人，我们从哪里来，我们是谁，我们处于什么地位和我们将去何从。"①

当时，这个身份认同计划伴随着对东德的讥讽，作为实实在在和"无意识形态的东西"兜售给了西德人②。尽管如此，西德的批评之声却一浪高过一浪。人们批评这个计划是"把纳粹时期和大屠杀相对化和美化了"，理由是计划建立的博物馆规定了"一个保守和统一的历史形象，为了加强不加批判的民族身份认同"。③

当时，科尔没有预料到的东西妨碍了他，即所谓的历史学家争论。在这场争论中，西德的历史学家于 1986 年和 1987 年围绕着纳粹罪行会不会从历史档案中消失，或者大屠杀该不该在公众历史意识和对德国人的身份认同中起到独一无二的新作用这个问题争论不休。这场历史学家争论引起了一个不是科尔本来所想象的"自我

① 克里斯托夫·斯托尔兹尔（主编）:《德国历史博物馆：理念—争论—展望》，第 641 页。

② 汉斯–约尔格·杰克（Hans-Jörg Czech）:《德国图像和见证历史——持久展览的目的和结构》（Deutsche Geschichte in Bildern und Zeugnissen—Ziele und Strukturen der ständigen Ausstellung），载于：汉斯–约尔格·杰克 / 汉斯·奥托迈尔（Hans Ottomeyer）（主编）:《德国图像和实证历史》（Deutsche Geschichte in Bildern und Zeugnissen），柏林，密涅瓦出版社，2009 年，第 9—17 页，此处引自第 9 页。

③ 布克哈德·阿斯穆斯（Burkhard Asmuss）:《德国历史博物馆永久展览——来历、批评和反批评》（Die Dauerausstellung des Deutschen Historischen Museums. Vorgeschichte, Kritik und Gegenkritik），载于："时代历史在线"（Zeitgeschichte-online），2007 年 7 月，第 5 页。http://www.zeitgeschichte-online.de/thema/die-dauerausstellung-des-deutschen-historischen-museums.

反思和自我认识"话语①。探讨大屠杀在德国人意识中的地位是科尔有意不提的德国身份认同主题的一个方面。关于这个问题，公开激烈地争论了20多年，直到欧洲受难犹太人中心纪念碑揭幕。

这就是说，历史学家赫尔穆特·科尔与其说对历史和研究，倒不如说对记忆和身份认同感兴趣。在这其中，他正好使用了尼特哈默15年以后所批评的身份认同说法。这里再次要引用1987年德国历史博物馆开幕式讲话中的一段，因为这篇讲话重新采用了与民族身份认同话语相关的所有惯用概念：

> 只有通过研究分析我们的历史，我们才会变得有能力理解现实和塑造未来。如果我们不知道我们从哪里来，如果我们不了解自己民族的历史，或者我们忘记它——它的辉煌和低谷——，那我们就不能正确地看待前辈和后辈。我们要接受全部真相，并以此接受全部历史，这当属真诚之举。只有这样，我们才能找到自我（……）。②

84 这个身份认同蓝图关系到自我意识和自我认识，关系到长期有效的历史关系，关系到辉煌和低谷。这同时也意味着：关系到避免把德国历史归结为12年纳粹统治时期。在长达将近2000年的历史中，这段历史应该收缩到一个无关紧要的次要舞台上。

在这里，我依然要使用"记忆"这个概念，为了加以说明，

---

① 克里斯托夫·斯托尔兹尔（主编）:《德国历史博物馆：理念—争论—展望》，第611页。

② 同上书，第651及下页。

要让哲学家赫尔曼·吕贝（Hermann Lübbe）来说话。他的一些思考也可以用来评论对赫尔穆特·科尔的博物馆计划。吕贝题为《身份认同》（Identität）的论文1979年发表在研究小组的《诗学和阐释学》（*Poetikund Hermeneutik*）论文集里。吕贝和同事奥多·马夸特（Odo Marquard）同属所谓的"补偿理论家"之列。一个补偿理论家是一个现代化理论家，他明确地判断出现代化的问题，但却不揭示或者批评它们，而是通过相应的措施"加以补偿"。一个这样的措施就是规定身份认同；在吕贝看来，身份认同是通过显示确保统一、稳定和团结的象征符号产生的。从这个意义上来说，吕贝认为，"历史身份认同的展示作用"是对现代社会中持续蔓延的传统缺失和个体在一个越来越变得朦胧不清的世界里的不安全感的补偿。他的结论是："当前对德国地位的确立存在着日益加剧的不安全感，从而导致了寻求确立政治和社会身份认同。在这里，历史应该拥有一个重要任务。"①

历史对抗记忆（皮埃尔·诺拉）

20世纪80到90年代，在法国发生了从身份认同抽象的历史研究到历史展示的身份认同具体形式的转折。这个转折是由一个历史学家推动的；他注意到，同行的出版物越来越远离法国人的兴趣和重要关切。皮埃尔·诺拉同样想要加强"历史身份认

85

---

① 克里斯托夫·斯托尔兹尔（主编）:《德国历史博物馆：理念—争论—展望》，第61页。

同的展示作用"，但是，他不像科尔那样采取建立一个新博物馆的方式，而是以一个独创的新出版计划给予了回应。这个计划应该使历史重新变得在感官上鲜明、具体，特别可以记忆。他的"记忆场"计划不仅包括地理方位，而且包括事件、人物、仪式、建筑、艺术品和美食特色等。对法国人来说，这一切都拥有一种深刻的象征意义和情感共鸣，因此不像历史本身那样逝去了，而是一如既往地属于法国民族自我认识的基础。在 7 卷本著作里，诺拉收集了这样一些惯用概念，并且以此为法国人提供了一个认知民族特点内容丰富的系列丛书。诺拉的伟大研究成果很快就表明，他以这种方式不仅研究了法国民族记忆，而且对其反思、自信的稳定和革新做出了贡献。不仅法国的民族记忆研究成果通过这位记忆研究者重新出版了；随之而来的研究计划纷纷出现在意大利、荷兰、奥地利、比利时、波兰、瑞士、匈牙利、俄罗斯和中欧国家。在德国，历史学家哈根·舒尔茨（Hagen Schulze）和艾蒂安·弗朗索瓦出版的《德国记忆场》（*Deutsche Erinnerungsorte*，2001 年）为之做出了特别贡献。他们之中有一个带着法国人的纲领越过国界，并且使之在双边和跨国语境下继续发展，这也并非偶然。弗朗索瓦把不同的记忆场理解为"两个文化空间之间一个象征性交汇点，（……）但它们对相邻国家和记忆文化来说同等重要"。[1]

---

① 艾蒂安·弗朗索瓦:《一个全体欧洲的记忆文化可以想象吗？——引言》（Ist eine gesamteuropäische Erinnerungskultur vorstellbar? Einleitung），载于:伯恩德·亨宁森 / 亨德里特·克里曼 / 斯泰凡·特布罗斯特（主编）:《跨民族记忆之场——南北欧视角》（*Transnationale Erinnerungsorte. Nord- und südeuropäische Perspektiven*），柏林，柏林科学出版社，2010 年，第 13—30 页，此处引自第 19 页。

20世纪90年代，关于文化和民族记忆研究出现在许多地方，形成了历史书写一个新分支。皮埃尔·诺拉被视为这个方向的开拓者。同时也有其他学科加入了记忆研究新形式，比如考古学、文化历史、文学研究、社会学或者媒介理论等。有一部分历史学家认为，通过记忆媒介拓展出一个"次等历史"，从而丰富了历史研究，而另一部分同行则依然反对历史研究领域这个新生事物。他们认为，新兴的记忆研究与严格的科学研究前提互不相容，并且和作为历史研究合法对象的记忆建构和身份认同划清了界限。尽管记忆研究在全球广泛地传播开来，得到了普遍的认可，在年轻一代中发生了研究主题的转移和巨大需求，但在机构内部，依然忍受着合法性的亏空。在20世纪90年代，对于记忆研究的专业性批评集中在"历史对抗记忆"的论战对立中。记忆并未被历史研究承认为伙伴和助手，而是被当成了对手。

然而，对于记忆研究的批评不仅来自外部，而且也来自内 87 部。到了21世纪初，在记忆研究中出现了一个跨民族转折。皮埃尔·诺拉在记忆研究学者中失宠了，因为他以其记忆场强化了法国人的民族记忆，因此犯了"方法论民族主义"错误。然而，正如不久后表明的，这样的批评显得有点草率，因为人们也可以使记忆场纲领服务于跨民族问题研究，关于德国−波兰或者欧洲记忆场卓有成效的研究成果也证明了这一点。于是，对立不再叫作"历史对抗记忆"，而是"民族记忆研究对抗跨民族记忆研究"。这个转折可以追溯到2001年出版的论著《全球时代的记忆——大屠杀》。作者丹尼尔·莱维（Daniel Levy）和纳坦·斯奈德（Natan Sznaider）以大屠杀为例，令人信服地指出，记忆

ML:

是怎样从"民族国家的集装箱"[1]里爆发出来并在全球舞台上传播开来的[2]。这种传播媒体是受人欢迎的大众媒体以及建立人与人之间新型联系的数字化渠道本身,也包括跨民族活动家以及从上和从下改变全球世界的网络。

在一篇题为《旅行记忆》的纲领性文章中,阿斯特里德·埃尔(Astrid Erll)批评了文化记忆研究中的"方法论民族主义",主张最好去研究记忆在民族框架或者集装箱之外是怎样生产和流通的[3]。她的《旅行记忆》纲领指向一个交际渠道和移民流动的世界。由于媒体和人类不断地处在运动中,安妮·里格尼(Ann Rigney)也在研究中看到了新的可能。里格尼的研究聚焦于后民族时期公民的权利形式,探讨的是全球社会中团结的新路线[4]。埃尔和里格尼预先推定出一个场景,在这其中,种族民族主义束缚被克服了,取而代之的是一个世界公民的普遍记忆。记忆研究中的跨民族转折具有重要意义,并且依然是一个有创造性的研究视角。然而,以全球领域来抗衡民族领域,并非不存在问题,因为

---

① 民族国家集装箱(*Container des Nationalstaates*)是文化记忆研究中一个象征性术语,用来形象地比喻全球化过程中民族国家出现的危机状态。——译者注

② 丹尼尔·莱维/纳坦·斯奈德:《全球时代的记忆——大屠杀》(*Erinnerung im globalen Zeitalter. Der Holocaust*),美因河畔的法兰克福,苏尔坎普出版社,2001年。

③ 阿斯特里德·埃尔:《旅行记忆》(Travelling Memory),载于:《视差》(*Parallax*)Nr. 4(2011年),第4—18页。

④ 基亚拉·德切萨雷(Chiara De Cesare)/安妮·里格尼(主编):《跨民族记忆——循环、联接、等级、媒介和文化记忆》(*Transnational Memory. Circulation, Articulation, Scales, Media and Cultural Memory*),柏林/波士顿,德古意特出版社,2013年。

这一步跳越和遮盖了许多依然可能具有批判性记忆研究的对象。

从世纪转折以来，诸如"身份认同"和"民族"之类的概念又出现在日常教育政策和历史课程教学计划中。2007年，德国文化部长会议向学校提出了促进欧洲意识的意见。这关系到"不仅要传授关于欧洲的知识，而且也要起到形成身份认同的作用，使得学生有可能积极地对待欧洲的传统和价值"[①]。刚好就在这时，有两个德语作为外语的教授也发文介入其中，他们在文中指责把已经废掉的民族概念用于教学，合乎期待地分析了乌尔里希·贝克的全球化叙事，也就是"方法论民族主义"和"社会集装箱理论"。他们所主张的与文化相关的学习计划旨在使学生获得话语能力和参与话语实践的本领。他们因此重新发现了民族认识层面。"作为概念，民族国家首先在19和20世纪也产生了一个显然一直延续到当下的强大影响力。尽管处在由全球化决定的文化相适应的过程中，但过去20多年的发展依然让人看不出来民族国家在未来似乎会退出历史舞台。"[②] 他们认为，无视于民族国家 89

① 玛雅·冯·盖尔（Maja von Geyr）等人：《德国联邦州教学计划中的欧洲维度——欧盟委员会德国代表处委托比较研究》（ *Die Europäische Dimension in den Lehrplänen der deutschen Bundesländer. Vergleichende Studien im Auftrag der Europäischen Kommission-Vertretung in Deutschland* ），柏林，2007年，第296页。

② 罗杰·福诺夫（Roger Fornoff）/乌韦·科莱克（Uwe Koreik）：《文化学和文化方法学与民族的关系过时了吗？——一揽子-区域国情、全球化和记忆场——一种干预》（ Ist der kulturwissenschaftliche und kulturdidaktische Bezug auf die Nation überholt? DACH-Landeskunde, Globalisierung und Erinnerungsorte. Eine Intervention ），载于：萨拉·哈吉-米德（Sara Hägi-Mead）等人（主编）：《继续思考吧！——实践中的一揽子-原则》（ *Weitergedacht! Das D-A-CH-Prinzip in der Praxis* ），哥廷根，大学出版社，2020年，第37—67页，此处引自第43页。

的现实是草率的，并且引用了卡洛斯·克尔布尔（Carlos Kölbl）的观点。克尔布尔对生活在德国有和没有移民背景的年轻人的历史意识进行了实践分析。他深信，"即使在日益增长的国际交流融合时期里（……），无论在什么地方，绝对始终也不能说民族的东西失去了意义"。恰恰在移民社会里，属于一个"确定的民族"的归属感具有"突出的意义"。他们在教学中也恢复了皮埃尔·诺拉的记忆场；他们把记忆场理解为文化知识的重要结晶点和"社会话语的浓缩和关键"①。凡是被跨民族记忆研究所剔除的东西，又被要求进入学校课堂里：一个充满活力和容易理解、立足于一种有批判性的民族自我认识视野基础上的记忆场纲领。

文化身份认同是不存在的（弗朗索瓦·于连）

正如我们所看到的，在学术话语圈里，民族和身份认同被视为无论如何必须回避或者解构的概念。不久前，这样一个彻底的身份认同批评又一次被法国古希腊文化专家和汉学家弗朗索瓦·于连（François Jullien）激情洋溢地摆在了我们面前。2017年，他发表了题为《文化身份认同是不存在的》的论著②。在这引人注目的论战著作中，一个个指向"身份认同"纲领的利剑全都

---

① 福诺夫／科莱克：《文化学和文化方法学与民族的关系过时了吗？——揽子-区域国情、全球化和记忆场——一种干预》第 49 和 53 页。

② 弗朗索瓦·于连：《文化身份认同是不存在的——我们捍卫文化资源》（ *Es gibt keine kulturelle Identität. Wir verteidigen die Ressourcen einer Kultur* ），埃尔文·兰德里希特（Erwin Landrichter）译，柏林，苏尔坎普出版社，2017 年。

来自于现代化理论的炮制者。继卢茨·尼特哈默 16 年后，重复 90
这种话语行为，首先说明一点：在 2000 年左右发生了精神和学
术转向以后，现代化理论思维和阐释模式作为一个不言而喻、规
范和万能的阐释模式依然在起作用。这个思维模式绝对具有一些
我在这里肯定不想拒绝或者贬低的潜力。但是，我的批评矛头则
指向以盲目的态度宣布这个模式是万能的行为，指向缺少承认其
历史和文化界限的意愿。如果我在下面阐明现代化理论轮廓，便
有可能产生这样的影响，仿佛我在推行意识形态批评。但是，我
不会这样来理解我深为关切的问题。我们都有意识形态，我们都
需要意识形态。让意识形态彼此对抗，或者一味地把意识形态强
加给他者，这样做是得不偿失的。在全球化世界里，我们需要一
个中立的意识形态概念，它既有责任采取自我批评态度、限制自
己立场，也包含着转换认识视角和承认其他思维方式的认知能
力。同样用他者的眼睛来观察自己，这并不意味着放弃自我的东
西，同样也不意味着放弃批判性的评判准则。但是这则意味着，
限制霸权要求，同时或许会在精神上变得更灵活、更移情，更少
些盛气凌人，更少些霸凌专断。

　　于连为他的著作选择了上面所说的三位一体概念中的两个：
文化和身份认同。他想要把这两个概念去本质化。因此他完全顺
应了发展趋势。问题只是：他反对什么呢？在我看来，他似乎非
常笼统地把文化身份认同禁锢在民族界限内的危险中。如果说民 91
族拥有明确的领土界限的话，那么文化则沿着语言界限超越了民
族。它们同样像语言一样是可以互相转换的。在这个过程中，它
们彼此会接受许多东西，彼此会不断搭接。这一切也适用于文化

身份认同。为什么就不许它们存在呢？

于连写了一本关于怎样正确对待文化的书。他以此取代了流行的看法，也就是皮埃尔·布尔迪厄所说的"作为资本的文化"，或者作为财产和存在的文化，因为有人认为"文化就是资源"。这是一个非常美妙的想法。毫无疑问，没人会反对的。这个概念让人注意到隐藏在文化中的、只有通过对文化内涵的积极研究和分析才会确定的潜能。在你真的能够感知、欣赏和评价文本或图像、传统或表演之前，你必须对其进行深入钻研，必须学习和理解某些东西。接受理论家早就明白这一点。然而，于连却走得太远了；有一些过分极端的东西浮现在他眼前。在他的著作里，于连向读者表明，必须怎样使用作为资源的文化。在于连那里，接触文化越来越尖锐地集中到与一个伟大的思想家不同寻常、引人注目和改变世界的交流。柏拉图（Plato）和巴门尼德（Parmenides）是这样一些英雄的典范；他们永远在向我们说话，而阅读和接受他们的思想绝对需要一些革新的回应，需要一些改变我们的生存和世界的回应。他认为，作为资源的文化意味着，这样来阅读古代哲学大师的文本，以便实现与他们面对面的交流，从而产生完全新潮的思想。与精神伟人交流只有一个目的，那就是直接推动革新和变化。于连把文化这个广泛的概念限制或者极端化到从天才到天才的交流，从精神火花到精神火花的互动。这个星光闪耀的时刻，谁都不愿意错过的。然而，把这种神思翱翔的形式，这种从巨人到巨人——正如尼采（Nietzsche）所表达的——呼唤的方式抬高到一个有约束力的规则上，这看上去颇似一种毫无节制的夸张。

于连的论证太过偏激。为什么？因为他明确地要排除，甚或不允许这样说，那就是一个人与文化、传统或者生存形式的关联会以某种方式促进和加强他的身份认同。文化在这里首先不许是一点：赞同与身份认同存在联系。正因为如此，不言而喻，他才会特别强调他的资源概念："被理解为资源的文化最终追求的目的恰恰相反，即促进主体的生存能力，首先是脱离能力，因为良知（conscience）就是从脱离中产生的。这个促进主体能力的想法恰好就在于主体被文化置于这样一个境界，即克服自我局限、将其与世界的融合抛到脑后，由此而脱离压迫境地，从而达到一种绝对自由——也就是说，正如我或许要说的，从实际意义上说，为了实现'超然于生存现实之外的生存'"①。

这话听起来棒极了，但是由于远离现实，因此也令人吃惊。这种情况表现在"压迫"和"自由"的极端对立中。身份认同到处和压迫相提并论。相反，文化到处和自由相提并论。这种对立制造和复制了一个作为准则和崇高道德要求而出现的"强迫性选择"。于连的全书充斥着"作为资源的好文化"和"作为身份认同的坏文化"之间的对立。对文化和身份认同概念来说，这意味着什么，怎样理解于连所涉及到的自由？

于连始终把文化与运动联想在一起，而身份认同——你可以想象到——则蒙上了发育停滞和静止不动的含义。凡是无法使运动和自由成为可能的东西，便自然而然地会导致被封锁和被禁

---

① 弗朗索瓦·于连:《文化身份认同是不存在的——我们捍卫文化资源》，第63页。

锢在一个钢铁般坚固的牢笼里。正如我们听到的，运动是通过脱离、革新和与熟悉的立场断裂而产生的。作为资源的文化对普通大众来说什么都不是，因为它提出了至高无上的要求。关键作用与其说要提升"自身受到局限的个人主义，倒不如说要提升作为'自我'的主体；自我提高自己的声音，并且以此为出发点，在世界里采取主动，由此推动一个有兴趣突破世界局限性的规划的实现。自我从而置身于这个封闭的世界之外，如此开始了从实际意义上所说的'超然于生存现实之外的生存'"。①

在这里，人们会一下子恍然大悟，这里以文化名义向个体提出了什么样的要求：个体应该摆脱其受限制的"自身"，脱离所有的社会束缚。只有当个体直接作为自由自在和独立自主的主体时，他才能彻底改造世界。但是，这个主体只有一个使命，那就是：你必须通过革新使世界始终处于运动状态。这只是因为，凡是"偏离规范、偏离合乎期待和习以为常的准则"，并使"持续的革新"处于运动状态的东西，才会对文化有重大意义②。

于连的研究显然采用的是一个迥然不同的、从 20 世纪 90 年代以来流行的文化概念，即文化是人类在世界各地作为其专有的生存环境而相互建立的生存方式和实践、思想和共同经验的总和。它也排除一切我们使之与文化记忆思想相联系的东西，即有益于保存物质性和象征性文化遗产和资源的研究工作。于连就这

---

① 弗朗索瓦·于连:《文化身份认同是不存在的——我们捍卫文化资源》，第58—59页。

② 同上书，第49和79页。

样一字不提地跳过了那些重要的文化记忆和传承的公共机构，比如承担着这个任务的档案馆、图书馆和博物馆。他也完全闭口不谈阅读和阐释文本的前提。在它们的背后，存在着选择和变成典范、保护和继续传承、学习和继承的一个个过程，这里仅举几个方面而已。出于害怕接触"身份认同"这个不当之词，作为资源的文化被从这些语境和实践中分离出来，从而导致文化概念变得十分狭隘。

于连的论据并不新颖；他又接受了贯穿于整个 20 世纪的现代化理论的要求。比如在德国，20 世纪初，恩斯特·特洛尔奇（Ernst Troeltsch）就创立了一个"存在历史主义"纲领，为了批判对一个"死去的"、过时的历史进行创造性的研究。像后来的于连一样，他主张一种有生命的文化，因为它必然会"一再打破传统的历史，只要它一形成"。接着，这种全力以赴实现个性的革新必然"又会出于同样的理由被打破和替代"。"这里不可能是任何个性赤裸裸的游戏，也不可能是所有个性在平均水平上达到最终的平衡，而是需要一种斗争。"[①] 20 世纪末，文学批评家哈罗德·布鲁姆（Harold Bloom）在阅读经典作家莎士比亚（Shakespeare）和弥尔顿（Milton）时就支持一个类似斗争性的文化和艺术概念。他同样关注的是，通过断裂和打破方式，使得 95 传承下来的传统蒙上局限性。"推翻神圣的真理"，这就是他从

---

① 转引自：汉斯·约阿斯（Hans Joas）：《人的神圣性——一个新的人权血统学》（*Die Sakralität der Person. Eine neue Genealogie der Menschenrechte*），柏林，苏尔坎普出版社，2011 年，第 188—189 页。

尼采那里继承来的西方文化崇拜独创性和天才的表达形式："每个伟大的海伦都会把斗争的火炬传递下去；在每个伟大的道德上，都会燃起一个新的伟大火焰"①。显而易见，在特洛尔奇、布鲁姆或者于连那里，分享文化打上了男子气概的烙印。

如果于连不是谈论"文化"而是谈论"艺术"的话，那我似乎会赞同他的描述和要求。因为他十分详细地描述了"现代艺术体系"的活力，正如20世纪前20多年里尤里·N. 廷严诺夫（Juri N. Tynjanow）或者 T.S. 艾略特（T. S. Eliot）所表述的。现代派艺术理论家当时创立了一个有活力的传统概念构想。在这个概念里，每个艺术革新内部都存在着一种广泛的体系转变力量。于连坚定不移地站在这种现代派审美立场上——他引以为豪——，但是，他却犯了把这个非常局限的艺术概念普遍化和与文化相提并论的错误。这样便导致了一种荒诞的曲解。他显然对20世纪最后10年所发生的文化–身份认同–记忆三位一体概念的全球转向充耳不闻，或者像当年的尼特哈默一样，依然愤世嫉俗和坚定不移地与身份认同这个风车进行抗争。

我在这里想要强调的是，我对于连这本著作的许多描述和观点非常熟悉，并且完全抱有好感。但是，我现在越来越坚定地反对普遍主义要求和以此所支持的西方现代化理论原则。我看到其中从根本上缺少自我说明。在于连的论述中，缺少自我批评态

96

---

① 哈罗德·布鲁姆：《推翻神圣的真理——从圣经到当下的诗学和信仰 》（ *Die heiligen Wahrheiten stürzen. Dichtung und Glaube von der Bibel bis zur Gegenwart* ），美因河畔的法兰克福，苏尔坎普出版社，1991 年，第 33 页。

度。他对文化的认识受制于历史偶然性和地理局限性。于连再次使主体变得强大，摆脱了民族、种族和性别的所有束缚和联系。现实地来看，这种自由、独立和获得解放的主体的作用范围毕竟是非常有限的。这位作者大声呵斥在意识形态上滥用身份认同，却没有意识到他的文化概念完全充满了意识形态。他要求作为普遍准则的东西，对所有人来说不可接受，或者不合适。从20世纪80和90年代以来，我们学到了不少新东西，同时也明白过来，西方现代化和自我解放、加速和进步的特殊之路不再适宜于作为普遍的世界模式。

"身份认同规则"总结概述

在身份认同概念理论中，对比起到了重要作用，一部分用于区分，一部分用于论战防守："同一性对抗个性"/"个体对抗集体"/"压迫对抗自由"。这里我想要补充一下另一对概念，即"自我批评对抗自我抬高"。卢茨·尼特哈默担心，集体民族身份认同会自然而然地蜕变为沙文主义和一种过分抬高的我们-感觉。与所有的担忧相反，这个被赫尔穆特·科尔列入计划并由克里斯托夫·斯托尔兹尔实施完成的德国博物馆并没有造成这样的后果。在一个讲求批判地反思自我和自我认识的民主政体里，必然不会从这样一个博物馆里引发出一个直接的政治威胁来。

但是在当下，一些国家，这种发展在其中走到另一个方向。⁹⁷ 我们对欧洲邻国的民族主义猖獗具有丰富的直觉。比如，克罗地亚女作家杜布拉夫卡·乌格雷西奇（Dubravka Ugrešić）描述了在她的国家里所出现的危险的民族身份认同狂潮。她在一篇传记体杂文中写道，身份认同是一个她在此间已经产生了过敏反应的词语。其原因是，她在自己的家乡遭受着超剂量的身份认同的折磨，她把这个词语像花粉一样吸了进去，从而导致了一种生理上的疾苦和巨大的身份认同过敏症：

> 在我的家乡，人们久久地、坚持不懈地拿这个词语攻击了我的耳道和鼓膜，以此痛击我。毫不奇怪，在我的心里产生了一种慢性厌恶感。为了捍卫他们的身份认同，我的同胞们如此声嘶力竭，如此满腹牢骚，如此大声狂吠，如此怨天尤人，戴着他们的狗脖套显得神气十足的样子。起初（……），我尊重他们追求身份认同的努力。我自己没有身份认同，而我也不缺少身份认同。但是后来，他们以各自身份认同名义，像一群疯狗一样互相攻击。他们也向我露出了獠牙。如果你没有身份认同，那你怎么能活着呢，他们发牢骚说。谢谢，我不需要身份认同，你们想干什么就干吧，但是我过敏，我客气地回应道。这样也无济于事。他们带着标志来攻击我，甚至要给我套上一条狗脖套（……）。但庆幸的是，我不知怎样就摆脱掉了。[1]

---

[1] 杜布拉夫卡·乌格雷西奇：《身份认同》（Identität），载于：《欧洲的晚餐》（*Europäisches Abendmahl*），维也纳学术剧院宣传册，演出时间：从 2017 年 1 月 27 日开始。

在另一个欧洲国家里，民族身份认同压力危险地甚嚣尘上，这个国家就是波兰。在这里，高压恰好明显地来自于上层。2018年2月1日，波兰政府颁布了一项法令，禁止任何形式的历史书写把波兰人描绘成大屠杀的帮凶。这样一来，为了净化历史，"叛国"研究主题便正式被列为禁忌，要受到惩罚。法律与公正保守党（PiS）的政策视其任务是创立一个集体民族自我形象。这个形象完全建立在自豪感、尊严和其他积极情感基础上，不许受到自我批评的历史说明"污染"。这种民族身份认同因此充满了伪宗教内容，被提升为一种神圣不可触犯的东西。民族的圣物一定要得到保护，一些自我批评形式被当作不爱国，甚或亵渎罪而遭到制裁。然而，并非作为这样的身份认同的身份认同是问题，而是方式方法，那就是身份认同在一个社会里是怎样形成、展现、规定和实践的，从而给这个国家的民主和少数民族带来了灾难性后果。

为了能够更有区别地应对我们所面临的问题，我们应该停止妖魔化作为这样的身份认同的身份认同。不然的话，身份认同概念会变得狭隘和无意义，甚或被扭曲。身份认同使得自我反思和价值取向成为可能。因此，身份认同是一种自我关系，是作为构思、提议、规划和框架的意识和想象活动，无论对个体还是全体都是不可或缺的。个体和集体身份认同绝对不会彼此排斥。我们与身份认同怎样息息相关，这已经表现在我们随身带来带去的名字上。名字指向不可混淆的个体，而姓则指向从遗传学上说我们生于其中、而从历史来说又定位于其中的群体。身份认同从我们出生开始就是由他者确定的，而我们后来会成为什么样的人，则

是我们自己的事。除了家庭和朋友外，我们的身份认同会通过地
域、民族、跨民族、文化或者宗教群体的归属性得以拓展和趋于
多样化。无论我们知不知道，无论我们愿不愿意，我们都是越来
越大的我们-群体的一部分。群体——不管是遗传下来的，还是
自我选择的——决定着我们的生存，因为它们把特殊的东西与普
遍的东西以及个体的东西与共同的东西联系在一起。

　　毫无疑问，除了身份认同的潜力和机遇，我们还必须更加详
细地研究它的问题和危险所在。为了达此目的，我们必须更好地
理解它的历史，更加清楚地探讨其有害后果。一种身份认同在什
么样的前提下真的会得到什么样的人承认或者不承认？这个本来
只是归属形式的东西怎样会成为争取选票、权力和其他资源的政
治斗争的武器？作为包容的身份认同什么时候会倾覆为排斥、迫
害和灭绝少数民族的一个手段？一个身份认同是建立在什么样的
情感和经验基础上？身份认同要完成什么样的需要和任务？谁能
从中获取利益？首先：谁会像克罗地亚女作家杜布拉夫卡·乌
格雷西奇那样遭受身份认同折磨？我们需要一个批判性的问题和
可以普遍化的标准清单。简而言之：我们需要一个"身份认同规
则"，为了在一个有区别的层面上来讨论这些问题。

3. 关于民族叙事规则

当民族主义者在欧洲强占历史叙事时，在美国则可以观察到相反的东西。在那里，一个自我关联的身份认同政策导致了民族团结的瓦解。创建神话断裂了，失去了凝聚力。1880 到 1920 年间的移民大潮之际，要成为美国人的梦想产生了无比巨大的影响。当时，这个国家每年接收近百万移民，特别是来自东欧地区的犹太移民，因为他们在正教占统治地位的沙皇帝国遭受了宗教迫害，在那里既不能享受教育，也不能参与国家的经济发展。他们在合众国这个"希望之乡"里找到了一个新的未来，并且有机会在一个大熔炉里变成真正的美国人中的一员。熔炉（Melting pot）这个表达出自于一个名叫以色列·茨旺维利（Israel Zangwill）的犹太移民（1908 年）。经过一代人以后，也就是到了 1931 年，历史学家詹姆斯·特鲁斯洛·亚当斯（James Truslow Adams）发明了"美国梦"这个流行说法①。它使得所有

---

① 詹姆斯·特鲁斯洛·亚当：《美国史诗》（*The Epic of America*），新不伦瑞克，专业出版社，2012 年。

美国人，不管什么出身和社会地位，只要取得相应的成就，就有望获得一个更好的未来和经济上的成功。美国梦特别使一些胸怀抱负的白人移民感到满意，但并未使民众中的非裔美国人群从中受惠。当美国的民族团结在 20 世纪最后几十年里受到一个新的身份认同政策损害时，民族同化的保证断然失去了吸引力。因此，美国形象从根本上发生了改变。个体在从现代化文化中解放出来的家庭和出身关系被强化了；种族、历史经历和文化传统重新被发现和得到评价。与此同时，一些由于性取向和其他特征而被社会排除、被边缘化和长久被剥夺了权力的人群要求关注度、可见度、承认和法律上的平等。这种生存方式和关系以及法律要求的变化导致了差异性在社会上突然变得比共同点更重要。

身份认同与泰莫斯（弗朗西斯·福山）

弗朗西斯·福山（Francis Fukuyama）当时属于信念坚定的现代化理论家之一。现代化理论家有一个共同的出发点，那就是共产主义崩溃以后，不仅民族会消失，历史也会随之立刻走到它的终点。在他的畅销书《历史之终结与最后一人》（*The End of History and the Last Man*，德语版译为《历史之终结》）发表 30 年后，这位斯坦福政治学家看到了自己面对着思考他的研究前提的挑战。在他的新书《身份认同——当代身份政治与争取承认的斗争》（*Identity. Contemporary Identity Politics and the Struggle for Recognition*，2018 年，德语版译为《身份认同——失去尊严怎样伤害我们的民主》）里，他转向去关注一些新发展，把美国民族危机变成了他的研究主题①。与此同时，他也修正了之前所遵循的黑格尔（Hegel）和亚历山大·科耶夫（Alexandre Kojève）的历史哲学，承认现代化和全球化不会自然而然地导致一个和平的世界公民共同体的结果，而恰恰相反，更多会导致身份认同的多样化以及争取身份认同的斗争。因为不是承认个体的尊严，而是承认被压迫、被歧视和被忽视的群体的尊严，此间表现为历史发展瞄准的目标。他断言说，创建时期的惯用语"e pluribus unum"（合众为一）已经失去了凝聚力，能够把多样性的、以自我为中心的、分崩离析的群体团结起来的东西也越来越少了②。他的判断是：由于强行实施的身份认同政策，民族的一致性被碎片化了，被削弱了。这样便把国家撕裂了，使之陷入一种寻求社会承认的持久争论中。与此同时，美国公民也失去了对某种统一和具有决定意义的东西的识别力。

像许多学者一样，福山抹去了个体和集体身份认同的重要区别，一再采用惯用的"身份认同策略"，把二者聚合在一起。"身份认同"，他这样写道，"可能千差万别，这要看具体情况而

103

---

① 弗朗西斯·福山：《身份认同——失去尊严怎样伤害我们的民主》（*Identität. Wie der Verlust der Würde unsere Demokratie gefährdet*），伯恩德·鲁尔科特（Bernd Rullkötter）译，汉堡，霍夫曼-卡姆佩出版社，2019 年。

② 安德烈亚斯·艾格斯（Andreas Etges）对此做了进一步研究：《合众为一？——多样性和单一性之间的美国国家历史博物馆》（E pluribus unum? Nationale Geschichtsmuseen in den USA zwischen Vielheit und Einheit），载于：《同时代历史研究》（*Zeithistorische Forschungen/Studies in Contemporary History*），线上版，16（2019 年），第一册，URL：http://www.zeithistorische-forschungen.de/I-2019/id=5689，打印版：第 128—139 页。

定，它涉及的是民族还是种族，是性取向，还是性别问题。但它
们统统都是一个共同现象，也就是身份认同策略的变体"。这种
身份认同策略是由情感驱动的，福山如是说。说到这个地方，他
引入了一个在现代化理论中不存在的新概念；他把这个概念真的
理解为激发人的积极性的关键概念，这就是所谓的"泰莫斯"。
福山是从芝加哥新保守主义列奥·施特劳斯（Leo Strauss）学派
那里接受了柏拉图式的泰莫斯概念。这个术语源于古希腊以三个
不同力量为出发点的心灵学说：逻各斯代表理性；厄洛斯代表欲
望；泰莫斯代表各种情绪的总和，比如勇气和活力、愤怒和狂
热。随着"泰莫斯"概念被引入政治理论中，其坐标和指向也发
生了变化。它完全脱离了现代化理论的前提，因为现代化理论建
立在把人看成理性和自私、一味追求有用思想和利益最大化的生
物的狭义基础上。随着泰莫斯概念的引入，强大的集体情绪也首
次开始开花结果。在这种情况下，这些情绪源于一种非常尊重男
子气概、激情和爱国主义的战争英雄文化，因为它们是至高无上
的集体财富，也就是伟大的英雄行为的前提。福山把这个确立英
雄的概念转化到普通心理学中，直接运用到我们的当下："泰莫
斯是愤怒和自豪感的基础。今天它是身份认同策略的动力。"①

　　记忆研究始终与情感相关，但是过了一段时间后，一些哲
学家、经济学家、政治学家和历史学家也搭上了这列车，开始对
情感在人的思维、评价、行为和抉择中所扮演的角色产生了兴

---

　　① 弗朗西斯·福山:《身份认同——失去尊严怎样伤害我们的民主》，第9
和18页。

趣。因此，福山引入这个概念很有意义，也大有希望。当然，他从古希腊直接走到当今身份认同策略的捷径也存在问题，因为他把"泰莫斯"概念用作抹去差异和脱离历史语境的万能钥匙。在他的定义中，一个英雄的男性社会道德成为"要求得到社会承认的人的一个普遍准则"，而要"得到社会认可的愿望（存在）于每个人的心灵里"。于是，承认原则在福山那里变成了第二个纲领，它既延伸到承认英雄精神（megalo-thymia），这就是说，要求在一个高尚的武士社会中承认杰出的英雄行为；同样又延伸到承认个体（iso-thymia），这就是说，要求个体在自由民主政体中得到承认，因为所有人在其中原则上被承认是平等的。福山将泰莫斯和得到社会承认联系在一起，以此认为找到了一把开启解决身份认同策略问题的钥匙："当今的身份认同策略是由一些被他们的社会边缘化、现在要求得到平等承认的群体驱动的。然而，这个要求得到平等承认的愿望可能很容易突然变换方向，从而导致要求承认群体的优势。"[1]

福山有理由批评身份认同策略的种种形式，因为在这个策略中，一个群体会牺牲另一个群体的利益，占用更多的可能性，并且失去对民族和他们的社会整体的识别力。身份认同策略中也存在着一个危险的发展趋势，那就是彻底屏蔽自己周围的界限，从而使相互交流和相互合作变得困难。福山接受了德国哲学家威廉·狄尔泰（Wilhelm Dilthey）的"经历"概念，把它翻译成了

105

---

[1] 弗朗西斯·福山：《身份认同——失去尊严怎样伤害我们的民主》，第22—23和37页。

"生存经验"（lived experience），并且引入到身份认同话语中[①]。如果这个纲领被神化的话，那么说什么便不再重要，而只有怎样说才重要[②]。承认被边缘化和被剥夺权利的群体"经历过的经验"是一回事。但是，在他们周围筑起壁垒，把他们的经验定义为不可侵犯，不可理解和无法转换，这样的做法确实存在问题。这个屏障阻碍交流、艺术、移情、分享价值和共同规划。

福山采用泰莫斯概念时存在的问题则在于，他把三个在历史上互不相干的传统混为一谈：

1. 希腊的泰莫斯概念，追溯到一个古老的武士文化争强好胜的战斗精神；

2. 早期现代派一个独立内在的自我纲领，在宗教改革及其书刊印刷文化中得到了发展，并且导致了尊重个体的结果；

3. 人的尊严纲领，追溯于18世纪的启蒙运动，最终变成了人权基础。

"泰莫斯"在字面上意味着激情、勇气和有所作为的欲望。我在这里绝对不想否认，早期希腊武士文化的种种道德也可以富有裨益地应用到一些现代关系上，特别是一些民族和群体，因为他们利用诸如尊严和耻辱、自豪感和愤怒、力量和勇气等情感

[①]　弗朗西斯·福山：《身份认同——失去尊严怎样伤害我们的民主》，第116页。

[②]　这里引用一个例子对此加以说明：我们的儿子从事电影剪辑，他和一个朋友在芝加哥拍摄了一部关于两个年轻黑人拳手的纪录片并陪伴了两个拳手长达9年之久。有几个白人批评家对此提出异议：这两位电影制作人没有权利拍摄这部电影，因为他们没有相应的肤色；他们的作品因此是一种"文化冒犯"。当这部电影2019年在芝加哥的成功驱散了这些怀疑、这个表现拳手肯尼和德斯蒂尼的艺术作品得到公认和赞扬时，两位电影制作者才如释重负。

来召唤他们的战斗精神，鼓励大众行动起来，创造强大的群体凝聚力。而承认内在的自我则不能应用到集体上。恰恰相反，面对社会及其机构，比如教会和国家，这个自我会授予个体行动的权力。而要说尊严纲领，我们则离不开一个道德准则，也就是在所有个体中发现和保护共同人性的道德责任，不论性别、种族、地位、民族以及其他群体归属。

由于这种在纲领上存在的偏差，福山自始至终抹去了自豪感与尊严的区别。这一个是情感，那一个是伦理原则。民族自豪感无非只需要在自己的集体成员中通过支持和参与得到承认。在更高形式上，民族自豪感会对其他族群的观点有免疫力。出于这个原因，扬·阿斯曼洞察到民族神话的影响，中肯地提出了"神话-运动机能"说法。而彼得·斯劳特戴克（Peter Sloterdijk）的说法是"自动-催眠术"。自豪感是人类学的一个基本需求，在世界范围内使个体精神振作和建立群体，那么，承认所有人无条件的尊严则是后来取得的成果；作为价值，尊严属于一个民主政体的基础。第二次世界大战后，尊重人的尊严被规定写入人权和基本法中，成为文明民族的一个普遍标准。因此，将自豪感和尊严笼统地称为打破一个民主社会框架的"身份认同策略"形式，这是极其迷惑人的。

福山要让作为引擎的泰莫斯承担起一个左翼身份认同策略新形式的责任。在一个变得普遍千篇一律的社会里，这个新形式强调一些新的差异，因为它会指出存在的问题，并且通过争取承认的斗争而推动产生一个新的雄心。按照福山的观点，少数民族和不断出现的受到歧视的新群体的承认需求不可阻挡地会导致一个

107

99

社会的分裂。在他的著作结尾，福山提出了一些重要建议，希望在身份认同策略和新的同族意识时代里，重新确立身份认同。在寻求推动身份认知朝着更大的统一体反向运动的道路上，福山提出了"信仰民族"（creedal national identity）概念[1]。那么，怎样才能加强不仅让个体与其受到歧视的群体分享，而且也使之与社会和民族整体联系在一起的纽带呢？福山对于多元社会中持续的丧失团结的回应就是借助西方"主导文化"实现融合。福山从德国话语体系中接受了这个概念，但并非采用的是弗里德里希·默茨（Friedrich Merz）或者托马斯·德迈齐埃（Thomas de Maizière）提出的形式，而是政治学家巴萨姆·提比（Bassam Tibi）1998 年首次引入的概念。这位叙利亚移民学者主张一种民主的、政权归还世俗界和遵循欧洲价值共识的主导文化[2]。

福山洞察美国的实际状况，立足于另外两个资源基础上：宪法和民族自豪感。比如，新移民既要坚决拥护自由原则和宪法价值，又要接受一个积极的集体美国自我形象嫁妆，因为这个自我形象在一个长久和成功的移民史上不断地发展和经受了考验。"成为美国人立足于一些信条和一种生存方式，而不是一个种族身份

---

① 弗朗西斯·福山：《身份认同——失去尊严怎样伤害我们的民主》，第166 页。

② 巴萨姆·提比：《没有身份认同的欧洲？——多元文化社会的危机》（*Europa ohne Identität? Die Krise der multikulturellen Gesellschaft*），慕尼黑，贝塔斯曼出版社，1998 年（简装本的副标题是：《主导文化或者价值的随意性？》（*Leitkultur oder Wertebeliebigkeit?*，柏林，2000 年）。巴萨姆·提比的主导文化立足于一个世俗民主的基本秩序，但不是人权基础，因为这样的人权与要把像头巾这样的非欧洲生活方式排除出公共领域的同化压力互不相容。

认同基础上。"他想要改革这些信条，从而使成为美国人的幻想恢复其魅力："这个在内战以后诞生的信仰民族今天必须重建起来，得到保卫，使之免遭来自左右两翼势力的攻击。"在他看来，信仰美国身份认同就是信仰法律原则，比如宪法基础、法治国家和人人平等的要求。这个国家虽然从多样性中受益匪浅，但多样性不许抬高为一个绝对的准则。因此，福山主张一个应该向明确和积极的"美国本质"准则看齐的同化政策。他认为，无论是充满白人至上的种族意识形态的右翼民族主义，还是左翼主张的"种族主义、性别歧视和其他系统的排外形式都是美国基因固有的一部分"，但二者都是"非美国的东西"。在反对移民的右翼党派的斯库拉和欢迎所有移民的左翼派别的卡律布狄斯之间[1]，他在第三条道路，也就是信仰民族之道上看到了美国和移民的未来。[2]

这就是说，在福山看来，存在着两条通向身份认同之道，即驱动身份认同策略的泰莫斯之道和由上层规定的同化政策和美国主导文化以及支撑信仰民族之道。对这位政治学家来说，民族统一只有通过满足与规定才能实现，但不是通过社会辩论和争论，因为它们表达的是一个多样化的社会深为关切的问题。福山投向民族团结问题的目光是移民的目光。因此，他为这一部分民众创

---

① 斯库拉（Skylla）是希腊神话中吞噬水手的女海妖；卡律布狄斯（Charybdis）为希腊神话中坐落在女海妖斯库拉隔壁的大漩涡怪，会吞噬所有经过的东西，包括船只。英语习语中"between Scylla and Charybdis"即有"左右为难"之意。——译者注

② 弗朗西斯·福山：《身份认同——失去尊严怎样伤害我们的民主》，第170—171页。

立了令人信服的愿景，但不是为那一部分民众，因为他们已经在白人移民到来之前，违反他们的意愿，被当作奴隶强迫来到新世界里。在他的美国里，只字不提16世纪以来欧洲白种人对1200万非洲人所造成的"中间通道"的历史创伤[①]、掠夺、流放和剥削，以及后来所发生的一切。美国移民神话忽略了美国社会这个占多数的群体的经历和历史。

民族叙事是不存在的（吉尔·莱波雷）

如同我们在"方法论民族主义"一章里所看到的，民族形成与移民政策之间存在着紧密关系。非自由民族存在移民问题，而自由民族则从移民那里受益匪浅。本身源于移民的民族迫切地需要移民。福山的祖父母移民到了美国。哈佛大学历史学家吉尔·莱波雷的身份同样如此。像福山一样，莱波雷也思考在美国民族中破碎的团结问题。她的著作《这个美国———一个更好的民族的宣言》发表于福山著作出版一年后。莱波雷把这本书献给了她父亲："怀念我的父亲，他的父母亲于1924年，也就是在国会颁布了阻止像他们这样的移民入境法令这一年，赋予他 Amerigo 这个名称。"[②]

[①]　中间通道（Middle Passage）：是大西洋奴隶贸易的舞台。从1500到1866年，有1200多万非洲奴隶被强行运往美洲。中间通道指当年贩运奴隶的船只从非洲西海岸越过大西洋到西印度群岛或者新大陆这段航路。——译者注

[②]　吉尔·莱波雷：《这个美国———一个更好的民族的宣言》（*Dieses Amerika. Manifest für eine bessere Nation*），维尔纳·罗勒尔（Werner Roller）译，慕尼黑，C. H. 贝克出版社，2019年，第6页。

随着献词，我们已经进入了莱波雷所讲述的复杂的移民史的核心。如果说政治学家福山以"美国的"和"非美国的"之分而使美国历史呈现为直线发展，使之完全表现为"美国梦"有益的神话的话，那么这位女历史学家则讲述的是历史事实，并且如此广泛庞杂地公之于世。莱波雷是一个富有批判精神的历史学家，她不仅写历史，而且对美国国内历史书写的历史也很感兴趣。与此同时，她同样也发现，从 20 世纪 70 年代以来，民族主题已经被学术话语圈打入了冷宫。她引用了历史学家卡尔·德格勒（Carl Degler）的观点；他 1968 年在芝加哥做的一个报告中就指出了这个缺陷。德格勒断言说，同行们出于对民族主义的恐惧，从他们的议事日程上抹去了美国民族。但这样做是非常危险的，因为一个民族国家不能放弃它的历史书写。因此，他提醒同行们："如果我们这些历史学家玩忽职守，不能提供一个民族定义上的历史，那么另一些并非如此有批判精神和缺少专门知识的人就会从我们的手里抢走这个任务。"像德国的历史学家争论一样，德格勒的演讲也发生在同一年。这个演讲险些引起了一场美国历史学家大争论。但结果没有出现这样的情况，因为知识分子的气氛处于像福山在其著作《历史的终结》中展现的状态中：人们把民族视为一个过时的残余物，已经在现代世界里失去了存在的理由，将会自行退出历史舞台。三十多年以后，德格勒的警示传到了吉尔·莱波雷的耳际，她随之第二次提醒同行们。她为此而使用的言辞既强烈，又恳切："民族，如果它们想要赋予自身一个意义，则需要一个可以探讨的历史。它可以从科学研究者那里获得，或者可以求助于民众领袖。但不管怎样，它会获得这样

111

103

的东西。(……)民族主义不会消亡,即使科学研究者不考虑试图去为一个民族书写一部共同的历史。民族主义非但不会消亡,反而会吞噬自由主义。"[1]

这就是说,如果历史学家想要解救民族免遭民族主义者伤害,那他们就应该研究民族。然而,这是一个什么样的民族,怎样才能书写一个由它的公民承载的历史呢?莱波雷选择了一条与福山不同的道路,主张一种肯定的、自由的民族叙事。相反,她采取自我批评方式研究了存在于美国的民族话语历史。因此,在她的综述中,无论是"美国的东西",还是"非美国的东西"全都成为谈论的对象。我们从中了解到了进步的北方国家和以民族主义为导向的南方国家的叙事。我们从中看到了白人居住区的景象和北方国家军队怎样驱赶印第安人部落,看到了19世纪后半叶一个新的种族科学研究领域,看到了1880到1920年间自由移民政策以及种族主义、法西斯主义、反犹太主义和白人殖民幻想回潮,也看到了罗斯福(Roosevelt)多元文化的世界开放主张。莱波雷记录了对立的民族幻想始终游移于遵守和违背宪法承诺之间。在她看来,一部民族历史,甚或一个支撑民族的叙事是根本谈不上的。她认为,民族话语的多样性和矛盾性不允许给"我们是谁?"这个问题一个界限分明的回答。她的论著更多表明,在历史进程中,这个问题一再得到了怎样不同的回答——既有排斥的,也有包容的;既有自由的,也有非自由的;既有种族主义的,也有世界主义的。

---

① 吉尔·莱波雷:《这个美国——一个更好的民族的宣言》,第12和16页。

在民主国家中，美国扮演了一个特殊角色。在这个国家里，走的不是从民族到国家，而是从国家到民族之路。在这里，禁止移民来到这里的美国人像其他欧洲民族一样，把自己想象为具有共同出身和悠久历史的种族同盟。在美国，只有土生土长的印第安人部落才能被视为严格意义上的民族。当关系到领土和土地权利时，这些部落又作为棘手的竞争者出现在美国的自我定义中。因此，美国民族的合法性建立在两个支柱上：一个是反对祖国的独立战争，它符合民族自我解放模式；另一个是宪法，它统领各个不同的联邦州，作为支撑联盟的基础。美国就是从这些事件中起源的①。莱弗雷详细地介绍了美国的历史书写及其几个从 17 到 20 世纪支撑和形成民族历史的神话：决定命运争夺土地的殖民占领神话（天定命运论 manifest destiny），接受地球上的受迫害者、为他们提供保护的自由移民国家的世界主义神话（避难所 the asylum of refuge，大熔炉 melting pot）和保证每个新来的公民拥有发展机遇的移民国家神话（美国梦 American dream）。

莱波雷同样把民族建立在承认美国宪法，而不是美国历史基础上。这位女历史学家既不想涉及神话，也不想涉及美国历史。她心知肚明，从 19 世纪以来，历史学家是民族大厦行业中最重要的服务者，用霍布斯鲍姆的话来说，历史学家就是为有毒瘾的人提供罂粟。无论民族什么时候需要一部历史，历史学家都

---

① 后来，一些文化政策措施增强了一个集体的美国自我形象，比如，诺亚·韦伯斯特（Noah Webster）的美国英语正字法研究项目，或者拉尔夫·沃尔多·爱默生（Ralph Waldo Emersons）要求替换欧洲文化的"独立自主"-哲学。

能完成这个任务，提交一个赋予历史新意义的范本，作为对当下的辩护。凡是始终被排除在历史之外的人绝对没有相信过神话，正如詹姆斯·鲍德温表明的。作为替代，他要求对历史进行"诚实的评价"（"an honest reckoning"），以此顾及到那些长期不得不沉默的声音①。吉尔·莱波雷在另一本著作里专门研究了这个问题②。在长达 1100 页的巨著里，她书写了一部从克里斯托弗·哥伦布（Christoph Columbus）发现新大陆直到唐纳德·特朗普（Donald Trump）政府时期 500 多年的历史，探寻了在日益走向分裂和衰落的困难条件下，什么东西能够使民族团结起来的问题。正是"这些真理"——她的历史鸿篇巨著的书名——她在美国民主创建文献中找到了，也就是说，在 1776 年的独立宣言和 1787 年颁布的宪法中。她把美国文献的经典之言重新呈现给自己的同胞，因为她坚信，这些奠定基础的经典之言具有持续不断的重要意义、规范力量，因此也是永恒不变的真理。

114

　　神学家和反对奴隶制的斗士台奥多·帕克（Theodor Parker）的一句话可以当之无愧地充当这本著作的座右铭："只可惜民族是其伟大思想的背叛者，这个思想就是人人天生平等，拥有不可转让的权利。"③莱波雷的历史著作不仅展示出这些指导原则对美国民主所产生的深远影响，而且同时也表明，它们在美国历史上

　　① 吉尔·莱波雷:《这个美国——一个更好的民族的宣言》，第 107 和 132 页。

　　② 吉尔·莱波雷:《这些真理——一部美国史》（*Diese Wahrheiten. Eine Geschichte der Vereinigten Staaten von Amerika*），维尔纳·罗勒尔译，慕尼黑，C. H. 贝克出版社，2019 年。

　　③ 吉尔·莱波雷:《这个美国——一个更好的民族的宣言》，第 56 页。

一再被割裂。书中讲述了那些被遗忘的英雄，作为美国人，他们坚守宪法基础，为国家的解放历史奋斗不息，但迄今却得不到支持。她以此强调反对种族主义和种族隔离斗争乃是整个社会一个深为关切的民族大事，与创建者的基本原则如出一辙。因为在莱波雷看来，关键问题在于，背叛在宪法里得到保证的基本权利并没有毁坏美国，因为它同时也造就了真理见证者，引起了争取民主的斗争。莱波雷认为，这种信仰使得民族在分裂的身份认同政策时期依然团结一致。民族历史说到底不是任何别的东西，而是持续不断地争取"这些真理"的斗争。

宪法爱国主义

吉尔·莱波雷陷入两难选择的境地。一方面，她深信，民 115 族需要对共同的历史拥有统一的认可，这是历史学家必须关注的话题，不然的话，蛊惑民心者和民族主义者就会把这个主题据为己有。另一方面，她把自己理解为一个有责任心的启蒙者。在可选择事实和数字信息操控的时代里，她的真理概念遵循于自然科学、法律文化、事实新闻媒体和科学历史书写。因此，她根本不看好通常的民族国家类型，因为在这其中，公民把自己"（想象）为具有一个共同历史的人。在绝大多数情况下，这个历史会被抬高到神话地位"。这个女历史学家不可能，也不想成就这样一个共同的历史叙事，而她所收集的历史事实无论如何也不可能组合成一个统一的美国历史。

因此，她走出进退两难困境的出路是完全可以理解的。像亚历山大·蒂尔一样，她也表示支持宪法爱国主义，同时一味地立足于美国创建者的法律文本基础上。她称自己的立场为"文明爱国主义"，并且以论战的方式使之与民族主义划清界限。民族主义"与其说热爱自己的国家，倒不如说仇恨其他国家及其民众，仇恨自己国家里不属于民族、种族或者宗教多数的群体"。对她来说，区别十分清楚："爱国主义充满仁爱，而民族主义则充满仇恨。把这一个与另一个混淆起来，这就意味着，把仇恨提升为仁爱，把恐惧提升为勇气。"①

116　　　这样的区分十分流行。法国总统埃马纽埃尔·马克龙（Emmanuel Macron）在一次演讲中就表达了类似的看法："爱国主义恰恰是民族主义的反面。"马克龙之所以发表这样的演讲，并非随便在什么时候和在什么地方，时间是 2018 年 11 月 11 日，仅次于 7 月 14 日最隆重的法国国庆日这一天，是第一次世界大战结束 100 周年纪念日，地点在香榭丽舍大街巴黎凯旋门旁的无名战士纪念碑前，也就是说，在十分具有象征性的一天，在十分具有象征性的地方。由此可见，他的爱国主义演讲具有浓厚的民族色彩；对历史和民族文化的意识绝对不可与"民族主义"相提并论。这些概念和对立模式是不可取的，因为你不可能那样轻而易举地脱离自己国家的民族象征和历史；它们通过历史建筑和纪念碑始终历历在目，并且通过纪念日一再被重新回忆起来。但是，你也不会轻而易举地听任这种象征摆布，因为你有自由一再批判地审视自己与历史的关系，并且在不断变化的历史格局中重

---

　　① 吉尔·莱波雷：《这个美国——一个更好的民族的宣言》，第 21—22 页。

新定义这个关系，但却不会改变那些历史事实。马克龙的前任弗朗索瓦·奥朗德（François Hollande）四年前正好就这样做了。当时，同样在 11 月 11 日，他在法国北部城市阿拉斯附近为第一次世界大战阵亡将士新纪念碑"记忆环"揭幕。这个纪念碑把各种不同的民族记忆融合在一个具有重要意义的欧洲记忆中。在凡尔登周围的民族阵亡将士公墓以及与之相连的民族纪念基础上，他创立了一个跨民族和埋葬了民族主义敌对者的象征。

在像艾雷纳乌斯·艾布尔-艾贝斯菲尔特（Irenäus Eibl-Eibesfeldt）或者威廉·格拉哈姆·萨姆纳（William Graham Sumner）这样的行为研究者看来，对自己族群的热爱和对他者族群的仇恨不过是事情的两面。然而，无论是人类学的归纳层面，还是一再出现的对立模式都解决不了这个问题。更确切地说，重要的是要认识到，如今有一些民族国家，它们不再建立在"敌对政治"基础上，也就是阿基里·姆贝姆比（Achille Mbembe）所说的残暴的民族主义结构形式[①]。民族国家是绝对能够与民主政体并存的，民主政体不会相互发动战争，正如统计学方面所确定的[②]。如果不区分民主和反民主民族国家，那我们在这里也就无从谈起。令人

117

---

① 阿基里·姆贝姆比：《敌对政治》（*Politik der Feindschaft*），米夏埃尔·比朔夫（Michael Bischoff）译，柏林，苏尔坎普出版社，2018 年。

② "民主和平"这个理论可以追溯到政治学家阿马蒂亚·森（Amartya Sen）和查尔斯·利普森（Charles Lipson）。它今天受到一些年轻研究者的批判，因为其中包含着一种盛气凌人的危险，会助长新的两极分化。哈罗德·穆勒（Harald Müller）：《"民主和平"及其外交后果》（*Der „demokratische Frieden " und seine außenpolitischen Konsequenzen*），载于：《政治与时代历史》（*Aus Politik und Zeitgeschichte*）43（2008 年）。https://www.bpb.de/apuz/30908/der-demokratische-frieden-und-seine-aussenpolitischen-konsequenzen?p=all#footnodeid_1-1.

遗憾的是，在莱波雷的著述里缺少这样的区分，因而不必要地限制了她的思考空间。

像亚历山大·蒂尔一样，莱波雷也一味地援引宪法法律文本，断然地排除了其他证明和认知民族合法性的根源。如果说法学家蒂尔绕过了作为可能的民族资源的历史，一味地想要把民族的合法性建立在现实基础上的话，那么，历史学家莱波雷则撰写了一本内容丰富的美国历史书，其中明确地把那些民族创建时期共有的文本当作参照标准，但这并不是福山所希望实现的一本完整和圆满的成功史。福山的叙事指向证明、进步和自豪感，而在莱波雷那里，恰恰是那些被排除在外的人发出了声音。因此，她的历史书写形式接近詹姆斯·鲍德温所要求的"诚实的评价"形式，这就是说，诚实地研究自己的历史、它的高潮和低谷，它的倒退、成就和失败。莱波雷的历史书写不仅把美国民主的法律和道德基础置于叙事中心，而且也使之成为历史叙事本身的标准。

118　　莱波雷的历史著作不仅向美国人讲解了美国宪法的基本原则，而且也让他们看到了争取实现这些基本原则的斗争尚未结束。这本著作恐怕会成为新的民族叙事的一部分。但是，为此还有必要补充黑人的历史经历，比如，她的同事，哈佛历史学家哈利勒·穆哈默德（Khalil Muhammad）最近在其著作《黑人的谴责》中就呈现出了这样的描述①。他在书中把种族和犯罪之间的

---

① 哈利勒·纪伯伦·穆罕默德:《黑人的谴责——种族、犯罪和美国现代都市的形成》(*The Condemnation of Blackness. Race, Crime and the Making of Modern Urban Ameirica*)，剑桥，马萨，哈佛大学出版社，2019年。

密切关系描述为一种精神反应和美国想象世界中一个有害的"内存"。他研究了黑人在美国北部城市白人眼中的形象。在那里，黑人与欧洲移民形成了强烈的反差，被看成潜在的犯罪和危险分子，导致了迄今比例过大的黑人蹲在白人的监狱里。在一次采访中，穆哈默德也提醒人们，别把那些带有典型的时代偏见的创建者偶像化和神圣化①。他不是继续颂扬民主的创造者，而是要求超越美国宪法的基本原则，主张向欧洲标准看齐。这似乎是一个特别的历史手段：美国应该向欧洲国家看齐，可欧洲国家今天还依然感谢 1945 年后从美国人那里学来了民主啊！

总而言之，两条进入美国历史的通道似乎能够描绘出一个复杂的冲突和关系史，从而使社会的凝聚力得到强化。这样的历史似乎能够改善对美国黑人的认可和参与机会，使美国白人有可能更好地了解自己的暴力史和赢得准则，以便批判地与暴力和优越性神话保持距离。与认为历史总体上已经完结，并且只为现实留出空间的蒂尔不同，我在历史认识中看到了一个重要的民族资源。因为未来伴随着记忆。与一个建立在神话、谎言和仇恨基础上的民族不同，民主民族可能是一个建立在自由和平等公民权利基础上的经验、记忆，特别是学习的共同体。它要保证宪法基本原则得以贯彻实施，让肤色不同的人能够享有自由财富。

宪法爱国主义概念在国家法律基础和民族历史之间构建了一

119

---

① 2020 年 6 月 18 日与米利亚姆·扎多夫（Miriam Zadoff）的访谈。https://www.youtube.com/watch? time_continue=1731&v=3DpkhQuM3zI&feature=emb_title.

个鲜明的对立。这种法律与历史的对立会受到质疑，这是我从同事雅伊·温特（Jay Winter）那里学来的。从这个关系来看，他引用了英国法律历史学家罗贝特·卡弗尔（Robert Carver）的观点："任何法律机构或者规定都不可能独立于说明其存在的理由和赋予其意义的叙事而存在。每部宪法都有一部史诗。"[①] 这个思想可以延伸到民族叙事上：法律是作为国家基础的宪法，而民族历史就是一部史诗，其中讲述的是，法律基础是怎样奠定的，它为什么需要改革，目的就是要克服其排除他者的影响。

以色列——一个拥有三重叙事的国家

120　　　　下面一章则把目光从跨大西洋西方转向近东，聚焦于构成了以色列国家与巴勒斯坦人政治冲突基础的三重叙事。其中一个叙事是大屠杀，其他两个则涉及到对 1948 年战争的记忆。这场战争不仅导致了以色列国家的建立，而且也导致了两个对立、作为胜者和败者的历史而势不两立地并行存在的叙事。接下来我们更加关注的是遗忘和记忆的实际做法，既为了理解对立的叙事是怎样在近东继续引起冲突的，也为了描述一些新的观点，因为它们具有发掘对 1948 年的历史更全面和更广泛的民族记忆

---

　　① 雅伊·温特：序言，阿莱达·阿斯曼／琳达·肖特（Linda Shortt）（主编）：《记忆与政治变迁》（*Memory and Political Change*），伦敦，帕尔格雷夫·麦克米伦学术出版社，2012 年，第 vii 页。在这个意义上，温特把 1948 年人权的普遍声明称之为"记忆文献"："隐藏在这个声明背后的'史诗'是巨大的努力，那就是通过一个联盟摧毁纳粹统治。联合国就是从这样的联盟中产生的。"

的潜力。

首先要从概念上简单地区分一下"空间"和"地方"的差别。这样一来，才能描述在对待一片业已存在的领土时不同的看法、对策和利益。从实际意义上来说，"空间"是某些由将军、殖民军官和政治家依靠武器、版图或者界桩形成的东西，也包括建筑师和投资者，因为他们投入资本，受到委托，以和平方式，按照他们的想法转化人为的地理概念。另一方面，同一空间又会被城市居民、文物保护者和旅游业理解为"地方"，作为拥有名称、品质和历史独立的统一体①。如果说"空间"概念更多指向"工具和宗旨，手段和目的"的话，那么"地方"在时间层面的历史延续中始终被居住、被经历、被保护、被摧毁、被转化和被改造。凡是谈论"空间"的人，他们首先把空间看成是可塑的，可改变的；凡是把空间视为"地方"的人则倾向于保持与所建造或许失去的生存环境在情感上的联系。

像战争这样的极端断裂和政治制度的更替可能会导致抹去历史痕迹的结果。一个典型的事件就是巴勒斯坦人的村庄和遗产在1948年战争后完全从以色列的版图上消失了。以色列国家的政治幻想可以用一些"空间"概念来勾画：它的方案就是把一个地区从之前的标记中解放出来，并且作为一个换上新标记的场地据为己有。这种感觉的官方版本叫作："一个没有人的土地就是为了一个没有土地的民族存在的"。相反，"地方"概念在这里会

121

① 亨利·列菲弗尔（Henri Lefebvre）:《空间的建立》(*The Production of Space*, 1974)，牛津，布莱克威尔出版社，1991年，第410—411页。

涉及种种努力，那就是要在以色列社会内部强化人们对那些被磨灭和遗忘的地方的意识。这种缓慢但持久的意识过程似乎会引起历史敏感性的改变，并且为两个生活在同一领土上的以色列人和巴勒斯坦人族群开启新的未来愿景。

历史与现实之间的垂直联系

耶路撒冷是一个多元宗教城市，其中居住着犹太人、基督教徒和穆斯林。在这座城里，每个族群都生活在自己的世界里，无视或者否认其他族群，而旅游者和朝圣者穿过的是一片神圣的、投射出基督教历史的土地。在巴勒斯坦区域里，曾经发生了许多一直可以追溯到遥远过去的故事。"仅仅在地表之下几米深的地方"，艾阿勒·魏茨曼（Eyal Weizman）写道，"羊皮纸埋藏在5000年古老的废墟里，按时间顺序叠加起来的文化和生活、叙事、战争和毁灭的垂直层面浓缩在泥土和石头里"[①]。然而，以色列的考古学家感兴趣的不是多层沉积的历史本身，而完全是更深层的青铜器和铁器时代，因为它们代表的是公元后最初四个世纪的圣经和犹太教法典历史。考古学家绕开穆斯林和奥斯曼时期，把这个新国家的历史构建为一个鲜明的来源史。这种考古学开始于20世纪50和60年代，作为一个世俗的民族项目，今天作为

---

① 艾阿勒·魏茨曼：《空心土地——以色列的占领建筑》（*Hollow Land. Israel's architecture of occupation*），伦敦，纽约，维尔索出版社，2012年，第40页（阿莱达·阿斯曼译）。

一个宗教-民族主义项目还在继续进行。一些常常由退役将军进行的考古项目依靠铁锹继续着依靠武器开始实施的东西。发掘历史的圣经层是一个可能，那就是要让这片土地成为民族和文化财产①。在一个遍布历史遗迹的地区，考古学会被用来建构各种宗教身份认同和政治叙事的物证。在这个过程中，选择什么样的发掘和评价分别取决于占主导地位的宗教神话和民族叙事。"以色列考古学家，无论是专业的还是业余的，发掘的不仅是知识和对象，而且也是他们在古老的、遍布整个国家的以色列遗迹中找到的历史根源证明。"②

从地方到空间：创立一个 1948 年后的白板说

以色列国家与其领土历史分层的关系是矛盾的。这种关系 123 具有两个鲜明的特征：与其遥远的历史存在着一种强大的情感关系；对其当代历史具有强烈的反感。为了抹去这段不受欢迎的历史，又存在着两种实际选择："要么发掘，要么建造！"③1948 年

---

① N. 阿布·哈吉（N. Abu EL Haj）：《地上的事实：考古实践和以色列社会中领土的自我确立》(*Facts on the Ground: Archaeological Practice and Territorial Self-Fashioning in Israeli Society*)，芝加哥，芝加哥大学出版社，2001 年。

② 阿莫斯·埃隆（Amos Elon）：《以色列人：创始人与子孙后代》(*The Israelis: Fouders and Sons*)，纽约，霍尔德、里内哈特和温斯顿出版社，1971 年，第 280 页。

③ 乔·罗伯茨（Jo Roberts）：《争取土地，争取记忆——以色列犹太人和阿拉伯人以及灾难的幽灵》(*Contested Land, Contested Memory. Israel's Jews and Arabs and the Ghosts of Catastrophe*)，多伦多，邓敦出版社，2013 年，第 144 页。

战争以后，也就是以色列军队取得胜利和脱离英国托管独立以后，一个新国家建立了。在这个身份认同的地理区域里，这个国家必须取得一片新领土。在这种情况下所推行的战略符合那久经考验的"创造性毁灭"的文化实践。"创造性毁灭"也被转化到欧洲掠夺和殖民历史上，但同样也被转化到现代化项目中[①]。在以色列，1948 年在政治上的胜利标志着一个全新的开始，一个以色列民族诞生的"零点时刻"。从公元 135 年以来的历史中，这个民族第一次建立了一个独立国家，又赢得了政治上的身份认同。1948 年，以色列开始了一个新的编年史。为此，人们需要一个能够在其基础上建设一个新的未来的白板说。采取这种方式，一个处女国和一个可塑的地区才会变成一个拥有新象征、名称、构想和可能的相关空间。

在以色列的新公民中，有许多人已经几十年来作为"巴勒斯坦"犹太人生活在这个国家里，所以他们无疑意识到，在以色列军队占领前，巴勒斯坦阿拉伯人曾经居住在这里。这就是与他们一起生活过的、他们所熟悉的、童年时在他们的农家院里玩过的邻居。在发生了战争重大事件和巴勒斯坦阿拉伯人被赶出自己的家园、城市、乡村和农家院以后，在巴勒斯坦共同生活的早期时代无疑突然间被集体遗忘了。在这种情况下，遗忘意味着消除历史留下的痕迹，并将其驱逐出谈论范畴。这个无用的历史不再

124

---

① 阿莱达·阿斯曼：《时代乱套了？现代时代秩序的兴衰》（*Ist die Zeit aus den Fugen? Aufstieg und Niedergang des Zeitregimes der Moderne*），慕尼黑，汉瑟出版社，2013 年。

适合于新国家的叙事，因此必须消失。当胜利者倾心于遗忘的时候，失败者则专注于记忆。

领土占领被现代建筑和一些常常建在被摧毁的巴勒斯坦人居住地的居民点继续向前推进。与此同时，以色列的历史确立在新建筑、新纪念场所和新街道名称中。一个名称委员会负责使巴勒斯坦语地理名称希伯来语化。"剥夺财产与（国家）没收、毁灭和重新创立的地方更名亦步亦趋。"[1] 巴勒斯坦人的历史就这样从人们的视线中消失了。

一个国家，三重叙事：大屠杀，独立战争，巴勒斯坦人浩劫

1948 年，以色列效仿西方民族模式，作为"迟来的民族"，创立了一个现代民族国家。一个民族国家，就要有一个民族叙事。在民族记忆建构中，精神形象会成为圣像，而叙事则会成为神话。神话最重要的特征就是在情感上的号召力。这样的神话使得历史经验脱离开它的语境，并且把它改变成一种不受时代限制的叙事，因为它支持群体的自我形象，并且会世世代代传承下去。这样的叙事影响并不取决于它们是真是假（它们始终和必然是可选择的），而是它们有没有用，这就是说，它们是不是支撑着一个群体的政治利益。只有当人们认识到它们的功能失灵时，它们才会被转换，才会被更具对话性和更具自我批判性的叙事所

125

---

① 伊兰·帕佩（Ilan Pappe）：《巴勒斯坦种族清洗》（*The Ethnic Cleansing of Palestine*），牛津，寰宇出版社，2006 年，第 225 页。

取代。

1948 年战争与另外两个事件息息相关，其中一个是 3 到 6 年前发生在欧洲的大屠杀，而另一个就是巴勒斯坦人浩劫，也就是同一场战争的另一个名称。大屠杀，也就是屠杀欧洲犹太人，使得犹太复国主义计划，即找到一片领土，建立一个犹太人在其中可以过上自由和受到保护的生活的新国家，变成了一个迫在眉睫和具有生存意义的头等大事。因此，1948 年战争有两个面孔：对犹太人和以色列人而言，这是解放和胜利战争。而对巴勒斯坦人来说，它则意味着遭受失败、驱逐、物质损失和持久的精神创伤。1948 年战争并非简单地是另一场制造了胜利者和失败者的战争，而是一个包含着两种创伤的暴力事件。这个事件有一个巴勒斯坦人不承认的根源——大屠杀，也有一个以色列人不承认的后果——巴勒斯坦人浩劫，也就是巴勒斯坦人的"灾难"。这些事件彼此交织在一个戈尔迪之结中①，难以轻而易举地理出头绪来。为了更好地理解这个错综交织的问题，仅仅把大屠杀和巴勒斯坦人浩劫彼此并列起来是远远不够的。这些事件必须就像借助一个望远镜那样从时间上被解开、被阐明和被拓展，从而有可能更广泛地去观察这个错综交织的问题的三个维度及其相互作用：

126

---

① 戈尔迪之结（Gordischer Knoten）：希腊神话中弗吉尼亚国王打的难解之结。按照神谕，能入主亚洲者才能解开，后来马其顿国王亚历山大挥剑将它斩开。戈尔迪之结常用来比喻复杂而难以解决的问题。——译者注

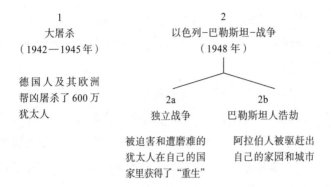

以色列民族建立在两个创建神话基础上。一个是胜利（Triumphs）的英雄叙事，主要聚焦于独立战争和新国家的诞生，另一个是创伤（Traumas）叙事，涉及大屠杀和 600 万犹太人，他们沦为德国灭绝政治的牺牲品。艾希曼（Eichmann）审判以后①，创伤叙事成为以色列民族集体自我形象的中心。修建犹太大屠杀纪念馆奠定了一个全面的犹太人苦难记忆场，要以此告诉全世界，纳粹实施的大屠杀使人类文明遭受了前所未有的断裂之灾。这种反人类罪行能够以如此令人愤怒的规模得以实施，这当然也与整个世界要么视而不见，要么或多或少被动地袖手旁观脱不了干系。建立强大的民族记忆文化，这对以色列与邻国的关系产生了直接影响。这种记忆文化使得以色列人加倍地难以说出和承认巴勒斯坦

127

---

① 阿道夫·艾希曼（Adolf Eichmann, 1906—1962）：纳粹德国高官，也是在犹太人大屠杀中执行"最终方案"的主要负责者，被称为"死刑执行者"。二战后，艾希曼逃亡到阿根廷，一直到 1960 年，被以色列情报机构摩萨德追查到下落，并于 5 月 11 日强行绑架并通过飞机运到以色列，最终于 1961 年因反人类罪等 15 宗罪名一并被起诉，1962 年 6 月 1 日被处以绞刑。——译者注

人的苦难；一方面，因为 1948 年的英雄创建时期叙事不会因为
懊悔而受到抑制；另一方面，因为自己的创伤看上去像盾牌一样
抵制他者的创伤。

以色列的地貌拥有极其丰富的圣经共鸣，但不可能提供大屠
杀罪行的痕迹。这种欧洲式的记忆场景是在最近几十年里才象征
性地重新建立起来的，并且把成千上万的以色列游客以及世界各
地的犹太人和非犹太人观光者引领到奥斯维辛、其他当年的纳粹
死亡集中营纪念地以及波兰和东欧的纪念地。如果说大屠杀创伤
的历史痕迹存在于以色列这个国家以外的话，那么，巴勒斯坦人
浩劫的历史创伤痕迹则存在于以色列的领土范围内。这些痕迹在
其中被冷落、被掩盖、被抹去和被否定了。这样便导致了一种难
以解决的非对称性，因为它是由对立地观察同样的历史事件视角
而引起的。两种错综交织的暴力历史的集体经历、叙事和阐释之
间的鸿沟简直深得无法再深了。

阿隆·孔菲诺（Alon Confino）着重研究了"大屠杀"和
"巴勒斯坦人浩劫"两个概念，为了说明二者的相似与区别。他
断言说，这两个概念代表着两个造成创伤的根本事件。对两个民
族集体来说，两个事件是各自历史最重要的转折点。然而，对犹
太人来说，历史这一页已经翻过去了，而巴勒斯坦人浩劫的条件
和后果依然在延续，并且决定着生存现实。巴勒斯坦人对犹太人
的历史创伤没有责任。但以色列军队和持续的占领政策却对巴勒
斯坦人遭到驱赶的创伤以及不断的毁灭和剥夺巴勒斯坦人财产
负有必然的责任。要承认巴勒斯坦人的悲剧，使之进入以色列
的记忆，这样做实在显得太昂贵，而且后患无穷，因为这似乎意

味着，要开始一次政治转变，结束持久的镇压。这一切表明，为什么以色列人选择了遗忘。这事说来容易做来难。孔菲诺描述了各种矛盾重重的排斥努力。不言而喻，无论怎样排斥巴勒斯坦人浩劫，但它却一再不可避免地回到以色列人的意识里："巴勒斯坦人浩劫是以色列历史不可分割的一部分，而且是很重要的一部分：以色列人回忆巴勒斯坦人浩劫，不管他们否认也好，还是在文学艺术中叙事也罢。仅仅企图抹去对巴勒斯坦人浩劫的记忆，这就是一种全面动员的结果，是在政治、经济和文化上努力的结果。抹去记忆是一种极其有效的意识结果。在一定程度上，犹太人注定会想到失去了家园和祖国的巴勒斯坦人，并且采取不同的方式叙述这段历史，因为这与他们本身失去了家园和祖国的方式密切相关。"[1]

以色列民族勇敢地摆脱了大英帝国的统治，但它有一个天生的缺陷：驱逐了 70 万巴勒斯坦阿拉伯人。因此，有两个矛盾的、继续相互挑衅的叙事与 1948 年紧密相关：新国家以色列高歌猛进的创建叙事和巴勒斯坦人失去家园、文化、生存和身份认同的创伤叙事。大屠杀造成了一个双重后果，即结束了犹太人苦难史的独立战争和开始了巴勒斯坦人苦难史的浩劫。这些错综交织的历史事件是两个民族叙事的对象。两个民族叙事分别排除了这个综合征一个关键阶段：巴勒斯坦人忽视或者否认这个冲突的

129

---

① 阿隆·孔菲诺：《关于巴希尔／戈德贝格"大屠杀和巴勒斯坦人浩劫"一文的评论》（Rezension von Baschir/Goldberg, The Holocoust and the Nabba），载于：《史学对话和专业信息杂志》，2016 年 4 月 22 日。https://www.hsozkult.de/publicationreview/id/rezbuecher-25731.

来历（大屠杀），而以色列人则否认或者忽视这个冲突持续的后果（巴勒斯坦人浩劫和占领）。就这样，两个种族群体生活在同一片土地上，相互对他者的历史感知受到了一些盲点阻碍。

曾经有过一个短暂的时间窗口。当时，看样子，好像这些问题似乎终于会得到解决，以色列人和巴勒斯坦人似乎彼此会靠近。这就是 1998 年，在以色列建国和巴勒斯坦人浩劫 50 周年纪念日这一年，巴勒斯坦领导人第一次成功地把巴勒斯坦人浩劫提到更高的议事日程上。巴勒斯坦民族开始向全球呼吁。1998 年 7 月 14 日，在一次纪念游行后，马哈茂德·达尔维什（Mahmud Darwish）[①]在拉姆安拉宣读了这个呼吁。他要求一个世俗、多元和民主的巴勒斯坦国家拥有历史和独立权利，并且把对自由与和平的希望与要求相互承认当时的历史创伤联系在一起："我们愿意承认犹太人在恐怖的大屠杀期间所遭受的无法言说的苦难，但我们不能接受我们的民族苦难被否认或者被低估。"[②]两个月之前，一个巴勒斯坦和以色列历史学家团体撰写了一份声明，他们在其中要求巴勒斯坦民族应该获得生存、独立和自主权利。声明第五条包括相互承认对方民族历史创伤的必要性。"欧洲的反犹太主义、迫害犹太人和纳粹的灭绝集中营是人类历史上惨绝人寰的罪孽和野蛮透顶的暴行。然而，只要巴勒斯坦人的历史记忆被抹

---

① 马哈茂德·达尔维什（Mahmud Darwish，1942—2008）：巴勒斯坦阿拉伯人，著名诗人。——译者注

② INAMO（近东和中东信息季刊——德国，译者注）:《巴勒斯坦人浩劫 50 年——千人声明》（*50 Jahre Nakba. Die Erklärung der Tausend*），第 14/15 期，1998 年夏季／秋季，第 72—73 页。

去，那就不会出现和平。以色列必须开始承认 1948 年对巴勒斯坦民族所犯下的罪行：屠杀、驱逐、毁灭村庄和替换现存城市和村庄名称。"[1]双方开始了一个与"新型的历史学家"大有希望的对话。他们属于新一代，与战争一代父辈保持距离，愿意打破沉默，采取自我批评方式来审视民族神话。然而，这个时间窗口很快又被关上了。这期间，窗口全给堵死了。

非营利组织 Zochrot[2]——导游媒介中的记忆工作

除了考古发掘、主动拆除和被动毁坏行为以外，以色列国家还采用了第四个抹去当代历史的策略。这就是农业和林业。1967年"六天战争"后，犹太人国家基金会在全国新建立了一些国家公园。伊兰·帕佩评论说："在那些树林里，否定巴勒斯坦人浩劫如此普遍存在，如此卓有成效，以至于对留恋那些被埋葬在树林下面的村庄的巴勒斯坦难民来说，这些树林变成了主要斗争区域。"[3]郁郁葱葱的公园遍布四处成荫的树林，这就是以色列国家的绿肺和休养地。凡是被展现为以色列国家和旅游业引以为豪的东西，同时都遮掩了重要的历史遗迹。比如说，比利亚-森林"是以色列最大的人工森林，而且也是一个很受欢迎的旅游胜

131

---

① INAMO：《巴勒斯坦人浩劫 50 年——千人声明》，夏季 / 秋季，第 73 页。

② 以色列的非营利组织（Zochrot）：成立于 2002 年，总部设在特拉维夫。该组织致力于教育以色列民众了解"巴勒斯坦人活动"的历史，它的口号是"回忆、见证、承认和修复"。——译者注

③ 伊兰·帕佩：《巴勒斯坦种族清洗》，第 227 页。

地"①。这个旅游胜地的网页引导人们把目光投向大自然的奇迹和魅力，但却掩盖了一个事实，那就是在树林下面掩埋着一个个巴勒斯坦人曾经祖祖辈辈居住过的村庄。在这样一些地方，历史变成了大自然。比如艾因扎伊通这个村子，它是 1948 年一个屠杀地，如今被标榜为"这个养生胜地内最具魅力的地方"，"因为这里为残疾人建立了一些很大的野餐桌和足够的停车场"。

有一个名叫艾坦·布朗斯坦-阿帕里西奥（Eitan Bronstein-Aparicio）的人曾经在国家公园里当过导游。他不仅专注于这里的大自然，而且对空间和地方维度以及从这些地方被抹去的历史变得越来越敏感。作为导游，他为自己确定了一个计划，既要指出一些历史遗迹，也要让人记忆那些在这里被掩埋和遗忘的东西。"我要采取批判的方式，让人们看看加拿大公园怎样建构起了以色列的风貌，但却抹去了巴勒斯坦人的历史，或者让人对此保持沉默。（……）在以色列有成千上万的地方，人们在那里可以竖起各种以色列标牌，不仅有 1967 年的，而且也有 1948 年的。"②

2002 年，布朗斯坦创建了以色列非政府组织 Zochrot。这个组织以强化以色列人对巴勒斯坦人浩劫的认识为己任。Zochrot 为此制定了一些策略，发掘历史遗迹和以色列地貌的羊皮纸-结

---

① 伊兰·帕佩:《巴勒斯坦种族清洗》，第 230 页。

② 艾坦·布朗斯坦 /N. 诺玛·穆西（N. Norma Musih）/M. 沙阿（M. Shah）:《不同的记忆：采访 Zochrot》（A Different Kind of Memory: An Interview with Zochrot），载于:《中东报道》（Middle East Report）244（2007 年），第 34—38 页。

构。其中一个名叫诺玛·穆西的非政府组织领导人解释了这个
希伯来语名称："Zochrot 是女性复数形式的回忆行为：我们在回
忆。在希伯来语中，你一定要在男性和女性之间作出抉择。通常
情况下，人们选择阳性的'Zachor'。这是未强调的标准形式。
我们则选择了'Zochrot'，因为我们想要促进另一种记忆形式。
这不仅关系到对战争和勇敢的英雄的回忆。这也是一个记忆场，
在这里还会叙述别的历史，比如，巴勒斯坦人浩劫历史。"① 这个
组织的标志具有无与伦比的象征意义：一把门钥匙。这个图像补
充了巴勒斯坦人的核心象征；他们把自己被毁掉的房子钥匙变成
了纪念的遗物和圣像。

为了声援布朗斯坦针对以色列社会集体遗忘的斗争，这个
组织在耶路撒冷和其他城市定期提供导游服务。由于采取了这种
方式，几年里，出现了一种新的文化记忆实践。这样的记忆漫
步并非被构想为政治游行，而是"表演艺术"②。伊法特·古特曼
（Yifat Gutman）着重指出了参观旅行的艺术特征 ③。寓于这样的
导游和漫步路线的思想是恢复一些被抹去和从官方地图上被清除

---

① 布朗斯坦 / 穆西 / 沙阿：《不同的记忆：采访 Zochrot》（A Different Kind
of Memory: An Interview with Zochrot），第 34—38 页。

② 乔·罗伯茨：《争取土地，争取记忆——以色列犹太人和阿拉伯人以及灾
难的幽灵》，第 227 页。

③ 伊法特·古特曼：《冲突中的跨文化记忆：以色列-巴勒斯坦真相与和
解》（Transcultural Memory in Conflict: Israeli-Palestinian Truth and Reconciliation），
载于：《视差》（Parallax）17，第 4 期（2011 年），第 64—71 页；《记忆行动主
义：以巴为未来重构过去》（Memory Activism. Reimagining the past for the future in
Israeli-Palestine），纳什维尔，范德比尔特大学出版社，2016 年。

的地方。参观了一个确定的地方后，这个组织便在新的希伯来语地方名牌旁立起一个牌子，上面写着早年的阿拉伯语名称。这些积极的记忆者希望以这样的方式来强化人们对今天的以色列城市和乡村被抹去的巴勒斯坦历史的认识。这样的记忆漫游强调直观性和情感表现。它们包含着对巴勒斯坦被驱逐者的记忆，并且通过歌曲、故事和报告激励人们去研究这个国家被抹去的历史。这样的漫步抱有一个目的，那就是改变感知，以此在共同的地理空间里，为一个共同的未来奠定必要的基础①。

有 100 多名参观者参加了这样的观光旅行。以色列犹太人和巴勒斯坦人在漫游时相逢。就这样，在这个更确切地说种族隔离的社会里，出现了个人之间的交往，巴勒斯坦人浩劫在以色列社会里也越来越广为人知。这是些值得注意的行动。但问题依然是，这样的记忆工作怎样才能被转化为一个更大的政治计划，从而开启一个精神、社会和政治变革。只可惜今天几乎看不到会进一步实现这个和平计划的迹象。恰恰相反，形势的发展则朝着另一个方向。2011 年 3 月，以色列议会颁布了一个《巴勒斯坦人浩劫法》。这个法令证实了以色列的民族神话，严禁任何有关驱逐巴勒斯坦人的记忆，违者必惩。2018 年颁布的民族国家法也表明，国家的政治身份认同不允许重新商谈创建神话。结果是，在公开场合，不许谈论战争罪行，比如发生在位于耶路撒冷西北部的代尔亚辛、加利拉或者坦图拉村庄的大屠杀。甚至连这方面的科学研究也被禁止了。诸如巴勒斯坦人浩劫、"巴勒斯坦难民"

---

① http://zochrot.org/en/booklet/all.

或者"犹太人居住点"这样的表达被禁用①。在民族话语中没有地位的事实和问题都以这样的方式被当作垃圾清除了。

　　然而，也有迹象表明，年轻一代提出了新问题。其中一个例证就是丹尼勒·施瓦茨（Danielle Schwartz）制作的纪录片《镜像》②。它在国际电影节上获得了许多奖项。这是一部表现一个以色列三代之家的秘密和沉默的电影。女电影制作者在其中记录了对祖父母的一次访谈。在这次访谈中，她试图去解开围绕着一面巨大镜子来历的谜团。这镜子是祖父母家家具中一个引人注目的东西。有一点很清楚：镜子不是一个传家宝。祖父母年轻时不得不从欧洲逃亡出来，于 20 世纪 30 年代来到巴勒斯坦，他们的行李中显然不可能带大件家具。当问到这面嵌镶在一个非正式的"中世纪天主教审判异端的宗教法庭"框架里的镜子时，祖父讲述了镜子的历史，它是在一个名叫扎努卡的村子里捡来的。他1948 年到过那里。但他没有说出其他细节。我们也得知，祖父童年时成长在一个巴勒斯坦农家附近，喜欢在那里度过时光，与动物和孩子们一起玩耍。关于镜子的对话似乎变成了一次值得注意的关乎整个民族的家庭秘密交流。在跨代交流中，孙辈和祖父母都努力要找到一个共同语言，为的是获得对被禁止的历史一个

134

---

① 奥夫·阿什肯纳兹（Ofer Ashkenazi）：《隐藏在众目睽睽之下——巴勒斯坦人浩劫与以色列历史学家争论的遗产》（Hidden in Plain Sight. The Nakba and the Legacy of the Israeli Historians' Debate），载于：《时代历史研究》（*Zeithistorische Forschungen*）3（2019 年），第 1—28 页，此处引自第 11—12 页。

② 丹尼勒·施瓦茨：《镜像》（Mirror Image），纪录片（2013 年），11 分钟。https://vimeo.com/user4379737.

共同的解释。镜子是战后合法得来的，还是抢来的？诸如"抢劫""掠夺""夺取""购买"的词语都被试用过，并且继续并存，作为叙事选择。"夺取比掠夺好听些"，祖母插话说。"我们虽然不能否认这事，但我们与之毫不相干。"在对话中，有某些被深深遗忘和让人闭口不谈的东西过了几十年后才被召唤回到家庭交流中。

135　　克服持续和日益变得尖锐的冲突也与民族叙事的变化和彼此接近息息相关。这样就"要求巴勒斯坦人愿意了解一些大屠杀的史实。（……）同时也要求犹太人愿意了解一些巴勒斯坦人浩劫的史实。"[1] 由于双方的观点接近创伤暴力史，所以才有可能克服使彼此分离的东西，从而会成为一个和平未来的基础。然而，另一方的顽固不化、片面遗忘和狂热记忆则会进一步激化不公正，加深受害者的创伤。Zochrot 创建者的目的绝对不是要损害自己的民族利益，而是服务于它。"谁观察了此间持续了 7 年之久的阿拉伯-以色列冲突，那他很快就会深信，只要各个当事方不会无条件和完全承认对方，冲突就永远无法得到化解"[2]。

　　不承认对方的历史是不行的。这似乎就意味着，民族叙事要变得越来越宽容，越来越全面。只有在一个把冲突双方的观点聚

---

① 孔菲诺:《关于巴希尔 / 戈德贝格"大屠杀和巴勒斯坦人活动"一文的评论》。

② 约尔格·施佩特（Jörg Später）关于阿克塞尔·霍内特的文章《承认——一部欧洲思想史》（Anerkennung. Eine Europäische Ideengeschichte）的评论，载于:《南德意志报》（Süddeutsche Zeitung），2018 年 7 月 26 日。https://www.sueddeutsche.de/kultur/soziologie-der-groesste-ist-doch-unser-hegel-1.4070864?print=true。

合在一起的对话式记忆中，才有可能赢得相互对地方历史全部真相的理解，因为地方是由两个民族继承和居住的。但是，这种情况需要一个强化相互信任和支撑这样一种彼此接近的政治和文化语境。由于德国人及其历史是这三个彼此交织的叙事戈尔迪之结不可分割的一部分，所以，他们对这段历史负有不可推卸的历史责任。如果说大屠杀的责任是德国身份认同的核心部分，那么德国人迄今对巴勒斯坦人浩劫及其后果几乎一无所知。这个责任必然会延伸，会继续存在下去。既然国家利益至上原则赋予以色列国家拥有存在的权利，那么它应该由第二个国家利益至上原则加以补充，同样要赋予巴勒斯坦人在一个国家里生存的权利。作为德国人，我们是一个"道德三角关系"不可分割的一部分，正如赛义德·奥斯坦（Sa'ed Atshan）和卡塔琳娜·嘉洛（Katharina Galor）所说的[1]。

136

民族叙事的建构和转换

亚历山大·蒂尔认为，民族"不是可以证明的事实，而从其实质来看是精神创造物和传奇"[2]。吉尔·莱波雷也始终明确地认

---

[1] 赛义德·奥斯坦/卡塔琳娜·嘉洛：《道德三角关系——德国人、以色列人和巴勒斯坦人》（*The Moral Triangle—Germans, Isrealis, Palestians*），杜哈姆/伦敦，杜克大学出版社，2020年。

[2] 亚历山大·蒂尔：《贪食的怪物——现代国家的兴起、扩展和未来》，第216页。

为，"民族主义是一个杜撰，一个人为的造物，一种虚构"[1]。在文学中，虚构起着很重要的作用。但在艺术之外，虚构也并非自然而然地意味着谎言和欺骗。仿佛哲学和实用主义哲学已经表明[2]，人类在文化和政治历史中依赖于建构，并且依靠建构来建立他们的生存环境和文明。尽管在"民族"这个词语中含有"命中注定"的意思，但它既不是什么天赋的东西，也不是什么无所不包的东西，而是在一定的历史条件下产生的。探讨建构分别具有什么特征，它会使什么东西变得那样危险，又会使什么东西成为可能，这似乎比证明建构更为重要。

我关注这个主题群的切入点就是要探讨民族叙事的建构。民族记忆研究不言而喻就是建构研究，因为正是记忆，只要它们一进入叙事，就会增强群体的凝聚力，奠定其自我形象基础，表明其价值，确立其目标。从法学家和历史学家视角来看，民族神话和叙事建构笼统地被当作虚构和谎言而饱受批评，但却被记忆研究视为严肃的历史研究对象，因为它们的影响在历史上造成了极大的后果。它们让过去发生的事件呈现在当下，并且依靠对这些事件的阐释来确定社会法则。这个研究的另一个前提是，国家绝

---

① 吉尔·莱波雷:《这个美国——一个更好的民族的宣言》，第 125 页。

② "仿佛哲学"（Die Philosophie des Als-Ob）是由德国哲学家费英格（Hans Vaihinger, 1852—1933）以其著名著作《仿佛哲学》（*Die Philosophie des Als-Ob*）创立的。费英格受到康德（Kant）、叔本华（Schopenhauer）等哲学家影响，提出"虚构"理论为其仿佛哲学的基础。他认为，人类为了在非理性和无序的世界里安宁地生存下去，必须对现实各种现象创立各种"虚构"的解释，"仿佛"相信这种反映现实的方法是有理性根据的，而将有逻辑矛盾的部分忽视和置之不理。——译者注

对需要这样一种对其历史的自我理解，因为社会的共同价值和目标取向与之息息相关。第三个前提是，民族叙事的标准逻辑对一个多元社会来说必然会受到质疑，因为它们通常都会抬高自身，提高自身集体价值，以此屏蔽自我批评的观察和遮盖历史变化的可能。

这就是说，记忆研究的兴趣涉及批判地评判民族叙事，能否和怎样才能改变它们的问题，为的是避免排外暴力和实现一个积极融合的目标。一个文明民族真的从哪儿获得了它的力量、思想、记忆、价值和形象？如果说民族——正如贝内迪克特·安德森提出的——作为"想象共同体"存在的话，那么为什么这个想象的自我形象只会瞄准民族主义目标，而不会同样使得一个多元文明社会的想象成为可能？对作为团结孵化器的民族来说，这里还会存在哪些迄今几乎还未被利用的可能？

就像我们需要一个身份认同建构规则一样，我们同样也需要一个民族叙事规则，为了能够更好地去评判，民族叙事是把民族推向了民族主义，还是加强了民主。自由民主政体的特殊文化必须"更多地得到强调和更高的评价，要胜过一些否定民主价值的文化"，卡尔·亚当（Karl Adam）在评论福山的著作时这样写道①。自由民主政体在为其经济产品做宣传方面是如此完美，但在维护自身形象、展现和捍卫自身价值方面却做得如此微不足道。

138

---

① 卡尔·亚当：《身份认同、尊严和对民主的危害》（Identität, Würde und die Gefährdung der Demokratie），literaturkritik.de, 2.2. 2019, https://literaturkritik. de/fukuyama-identitaet-identitaet-wuerde-gefaehrdung-demokratie-francis-fukuyama-operiert-erneut-haarscharf-am-zeitgeist,25316.html.

为什么会出现这样的情况？除了排他的泰莫斯以外，难道就不存在一个积极的、不仅不会构建敌人形象和不排除他者，而且也容纳以另外的方式存在的泰莫斯？有没有一种不是由贬低他者驱动和牺牲他者利益发展起来的自豪感或者集体自我意识？

民族记忆的记忆框架或者选择标准

如果要深入地去观察民族记忆的原动力，我们在这里可以借助莫里斯·哈布瓦赫（Maurice Halbwachs）的"社会框架"纲领[1]。这位社会学家彻底变革了记忆研究，他超越了个体范畴，探寻的是记忆的社会条件。在这其中，社会框架是个体记忆和社会记忆之间一个重要的交汇点。社会框架不仅会维系和保护共同记忆，而且也控制什么东西会被纳入其中，什么东西会被排除在外。就像一个相框一样，"社会框架"会容纳一些东西，同时也会排除许多东西。在民族记忆问题上，这种情况会特别清楚地显露出来，因为民族记忆遵循的是一个非常简单的遗忘逻辑。在此可以举例来说明这一点：在巴黎，在地铁站里有这样一些车站是按照拿破仑取得的胜利命名的，比如"耶拿"或者"奥斯特里茨"。但在这座城里似乎不可思议的是，有一个地铁站名居然叫"滑铁卢"。相反，你在伦敦到处则可以看到这样的地铁站。换

139

---

[1] 莫里斯·哈布瓦赫：《记忆及其社会条件》（*Das Gedächtnis und seine sozialen Bedingungen*），美因河畔的法兰克福，苏尔坎普出版社，2008 年。

句话说：民族记忆回顾的是胜利，遗忘的是失败 [①]。

但是，社会框架还会十分广泛地延伸到一些不太能看得见的领域。当我们在社会交流中谈论到一定的主题，触及到一些可以感受到界限和禁忌时，我们便会感觉到它们的存在。为了更加明确地强调它们，我们必须更加确切地去探寻一个社会是怎样确立主题和记忆规则的。可以、应该、允许谈论什么，什么东西会被绕过和打入冷宫？可以让哪些个人记忆重新复活？宁可对哪些记忆守口如瓶？对什么会感兴趣、会有注意力，会移情，什么东西永远会被排除在外和不见天日？这些问题十分紧密地与支撑记忆和构成其推进剂的情感联系在一起。如果说在民族集体情况下，自豪感和尊严、希望得到承认和积极的自我形象决定选择需要记忆的东西的话，那么诸如罪责和耻辱等情感则负责排除和压抑记忆内容。尼采早就对此了如指掌：

> 这事是我干的，我的记忆说。
>
> 这事不可能是我干的，我的自豪感说，而且始终毫不退让。
>
> 记忆终于屈服了。[②]

---

① 与此同时，绝对不应该排除，同样也有一些民族，比如塞尔维亚人或者魁北克居民，它们就把自己的记忆建立在失败基础上。这里仅仅涉及民族记忆的基本选择特征。

② 弗里德里希·尼采：《善与恶的彼岸》(*Jenseits von Gut und Böse*)，第4章，格言68，载于：尼采：三卷本著作，第二卷，慕尼黑，汉瑟出版社，1954年，第626页。

140　凡是适合于个体的东西，同样也适合于我们-群体：人们记忆和遗忘，就是为了属于其中一分子，尽可能地避免做任何可能招来从群体中被排除的事情。社会框架因此是一个有约束力的纲领。我们也可以说：社会框架的作用就像是一个过滤器，控制着记忆的选择，证明其重要性。需要记忆的是强化群体身份认同的东西，而群体身份认同又会加强记忆。换句话说：记忆和身份认同之间的关系是一种循环往复的关系。这些框架会保持和传承多长时间，分别取决于它们还有没有需要。这就是说，它们符合不符合群体所希望的自我形象及其目的。一旦语境发生变化，原有的身份认同就会被新的身份认同所取代，随之便失去作用。

对民族记忆来说，这一切意味着，它始终局限于一个享有盛名、值得敬仰或者至少可以接受的时段。面对一个负有罪责或者创伤的历史，通常其实只有三个被认可的、民族记忆可以接受的角色：征服了邪恶的胜利者角色；与邪恶斗争过的抵抗战士和烈士角色，以及被动地遭受过邪恶痛苦的受害者角色。凡是存在于这些立场及其看法以外的东西，根本不可能或者实在难以成为一个可以接受的叙事对象，因此也就在官方层面被"遗忘"了。

20世纪20年代，马克·布洛赫（Marc Bloch）就已经批评了民族记忆的独白式特征："我们终究要停止无休无止的争论，从民族史到民族史，而彼此都不理解对方。"他也说道，这是一场"重听者之间的对话，你说你的，我说我的，但全都所问非所答"①。75年以后，彼得·诺维克（Peter Novick）证实了这一点。"集体记忆就是一种简化方法；它从一个独一无二和充满情感的视角看待一切。它不可能忍受任何矛盾，并且把一个个事件简化为原型。"②

事情过去一直是这样，现在依然一如既往。在这里，我想让大家去关注一个重要的历史事件和转折。从20世纪80到90年代以来，在欧洲产生了一种对话式记忆。这是一个历史革新。这样的情况迄今在历史上还从未出现过。在世界绝大多数文化中，只要关系到自己的过错，遗忘就被视为一种行之有效的手段。如果有人记忆自己的错误和罪行，这在人类历史上是一个很大的例外。这种情况虽然有规律地发生在基督教忏悔仪式中，但是感到问心有愧的人这样旧事重提，仅仅抱有一个目的，那就是求得神父赦免，从负面记忆的负担中解放出来，因为负面记忆影响自我形象，妨碍生存意志。与此形成对照，在历史上新出现了一个通向可以作为罪证的记忆创伤事件的切入点。在20世纪80到90年代，随着对大屠杀和创伤问题的讨论，形成了一个对待历史的新态度，从而限制了对作为个体和文化资源以及灵丹妙药的遗忘的评价，脱离了胜利者和失败者历史记忆和遗忘的传统逻辑。创

---

① 马蒂亚斯·米德尔（Matthias Middell）（主编）:《一切成为过去的东西都拥有历史—— 1929—1992年文本中的编年史学派》（*Alles Gewordene hat Geschichte. Die Schule der Annales in ihren Texten 1929—1992*），莱比锡，蕾克拉姆出版社，1994年，第159页。

② 彼得·诺维克:《美国生活中的大屠杀》（*The Holocaust in American Life*），波士顿，霍顿–米夫林出版社，1999年，第4页（阿莱达·阿斯曼译）。

伤事件关系到对受剥削、受迫害和遭灭绝的平民过度使用暴力。这种新型叙事不再把自豪感和尊严，而是把罪责和责任置于中心地位。在这个背景下，德国也创立了一种新型纪念碑。从这样的关联上来说，詹姆斯·扬（James Young）提出了"反纪念碑"的说法："如果说历史不缺少让胜利者的成功永垂不朽的纪念碑，同时也不缺少弘扬牺牲者的英雄行为的纪念碑的话，那么很少出现一个民族把注意力投向其自身罪行的牺牲品。"① 扬在这里涉及到一个新的纪念碑艺术家先锋派，比如埃丝特（Esther）和约亨·戈兹（Jochen Gerz）、霍斯特·霍海塞尔（Horst Hoheisel）、克里斯蒂安·波尔坦斯基、弗里德·施诺克（Frieder Schnock）、雷娜塔·史迪（Renata Stih）等，他们大多把纪念碑的作用与一种挑衅性的艺术行动和表演联系在一起。立足于这个传统的还有彼得·艾森曼（Peter Eisenman）的欧洲被谋杀犹太人中央纪念碑和贡特·德姆尼格（Gunter Demnig）的绊脚石；中央纪念碑位于柏林城中心，而绊脚石则分散地铺在德国城市的人行道上，要使人们在门前就记忆起那些遭到纳粹政权迫害和谋杀的人。

大屠杀被视为典型的历史创伤，因为它针对的是无辜和手无寸铁的平民；不是它所造成的创伤程度，而是它所推行的计划和实施手段惨绝人寰，史无前例。随着大屠杀记忆，被殖民化灭绝的土生土长的原住居民以及越过大西洋被流放的奴隶也自

---

① 詹姆斯·扬：《反纪念碑：今天德国人对自己的记忆》（The Counter-Monument: Memory against itself in Germany today），载于：《批判性探究》（Critical Inquiry）18，第 2 期（1992 年），第 267—296 页，此处引自第 270 页。

然而然地会被理解为一个创伤历史的受害者；他们要求承认、移情、记忆和对遭受过的苦难的赔偿。时刻已经到了，这些不同的、具有创伤历史的受难者群体不再是孤军奋战，而是以人权名义得到了广泛的承认和支持。这样一来，迄今所实施的民族记忆逻辑被打破了。遗忘迄今保护了凶手，却伤害了受害者。随着这样的记忆转向，凶手成为关注的焦点，面临新的挑战。因此，民族记忆规则也开始发生了变化。在一些个案中，这样的规则导致了重新建立受害者与凶手之间的关系史，从而在民族记忆实践中开启了一个转折。

143

民族记忆的新形式同样为民族荣耀和苦难提供了空间。它近来也会把给边界以外的邻国或者边界内受到剥削的少数民族所造成的苦难一并纳入记忆中。在德国，这种新的记忆文化并非是由上层操纵的，而是通过希望受到启蒙的公民责任感以及历史研究发起的。冷战结束以后，东欧的档案馆开放了。在 20 世纪 90 年代，凡是关于第二次世界大战和大屠杀的最新研究发掘出来的东西，突然间在许多欧洲社会里推动了记忆，同时使得一些牢固确立和正面的民族自我形象开始发生了动摇。这里仅举几个例子：根据有关维希政府的新文献，法国不再只是一个"抵抗民族"。东德也必须去研究迄今被排除在外的纳粹统治时期犹太人的历史。库尔特·瓦尔德海姆（Kurt Waldheim）总统丑闻之后，奥地利也不再会呈现为"希特勒第一个无辜的牺牲品"。由于围绕着耶德瓦布内和凯尔采的讨论[①]，被视为受难者民族的波兰也必须

---

① 指的是 2016 年左右围绕着波兰耶德瓦布内和凯尔采两个地方的大讨论，波兰人第二次世界大战期间的反犹太主义罪行一时变成了学界讨论的话题，因为在 1941 到 1946 年间，波兰人在这里杀害了许多犹太人邻居。——译者注

去研究反犹太主义的表现形式。就连中立的瑞士也任命了一个历史学家委员会，指向其银行和边界为通敌之地。到处都出现了个人记忆的回归，历史研究进一步得到加强，由此对占统治地位的民族记忆的唯一性和排他性提出了质疑，并且在纪念场所、博物馆、教科书和展览中得到了必要的纠正。

这就是说，从20世纪90年代以来，民族记忆不再独白式地孤立存在，而是突然超越了欧洲边界，与其他民族叙事密切相连。大屠杀进入了全球记忆中，第二次世界大战则进入了欧洲记忆中。这样一来，人们接近了茨维坦·托多诺夫（Tzvetan Todorov）为欧洲提出的一个预测："并非拥有一个共同记忆的人将会是明天的欧洲人，而是承认邻国记忆与本国记忆一样合法的人。"[①] 理查德·桑内特（Richard Sennett）曾经强调说，为了承认一些令人难堪的历史事实，我们需要多样性、相矛盾的记忆[②]。从这个意义上说，欧盟的格局过去和现在则为通过自我批评修正民族神话以及使之从独白式转向对话式记忆建构提供了一个独一无二的框架。

这期间，我们当然也可以断言说，这种发展不是直线的和不可逆的。分裂了欧洲40年之久的柏林墙倒塌30年后，我们正在感受着许多欧洲人在脑袋里重新建起的精神壁垒。在这个过程中，对话式记忆方式和成果又倒退回去，民族叙事的唯一性、自

---

① 转引自：艾蒂安·弗朗索瓦/托马斯·赛瑞尔（主编）：《欧洲——我们历史的当下》第一卷，第11页。

② 理查德·桑内特：《令人不安的记忆》（Disturbing Memories），载于：帕特里夏·法拉（Patricia Fara）/凯拉利·帕特森（Keraly Patterson）（主编）：《记忆》（Memory），剑桥，剑桥大学出版社，2006年，第10—26页，此处引自第14页。

我中心主义和排他性又死灰复燃。比如在波兰，在法律公正党的影响下，"无辜的受难者民族"叙事又被抬高到具有约束力的民族叙事，而持有不同叙事的人必然会受到惩罚。波兰人对待在自己的国家里受到迫害的犹太人的态度会受到严格审查。允许提说许多曾经隐藏和保护过犹太人的波兰人，而不许提及曾经告发和出卖过犹太人的波兰人。首先不允许把波兰人抢夺被灭绝后的犹太人财产的行为当作研究对象。

另一个例证是在波兰举行的一次审判。在审判中，独白式和对话式记忆正好典型地针锋相对。背景是格但斯克博物馆。这个博物馆是由唐纳德·图斯克（Donald Tusk）发起的。他满怀激情地采纳了历史学家帕维尔·马赫切维奇（Paweł Machcewicz）的一个计划，并且立刻任命他为新博物馆创建馆长。该博物馆要在全球框架内把第二次世界大战当作一个欧洲关系史来叙事。因此，它表现的是

——跨民族关系，

——瞄准多视角方向，

——评价战争平民受难者，

——和代表和平主义价值。

经过了呕心沥血的 8 年准备，在一个知名的国际专家团队大力支持下，博物馆于 2017 年 3 月正式揭幕了——两个星期后却又关闭了。博物馆馆长帕维尔·马赫切维奇被无限期解雇[①]。博物

---

① 帕维尔·马赫切维奇：《激烈争斗的战争——但泽第二次世界大战博物馆：产生与争论》（*Der umkämpfte Krieg—Das Museum des Zweiten Weltkreigs in Danzig. Entstehung und Streit*），威斯巴登，哈拉索维茨出版社，2018 年。

馆后来虽然又开放了，但却不断进行改造。据说相邻的西普拉特博物馆要长久地取而代之，因为它让人看到的是波兰英雄八天八夜抗击德国入侵的英勇情景。西普拉特博物馆遵循的是一个完全不同的叙事逻辑：

—它只有一个视角，

—它要巩固民族神话，因为它一味地

—专注于英雄和烈士以及

—赞扬战争英雄崇拜。

146 因此，四位波兰历史学家阻止了这个变化进程。由于他们的展览被潜滋暗长地肆意修改，他们对现任博物馆馆长提出了控告。这样的诉讼前所未有，并且对欧盟具有重要意义，正如一位波兰女记者强调的："这里发生了一场斗争，为了拯救一个不是以黑白分明的方式书写和在政治上工具化的历史，一个鼓励我们在（民族主义）过去与（欧洲）现实之间建立联系的历史。"[①]

"如果我们交流记忆，获知他者对我们的历史的看法，这是很有益的事。（……）整个欧洲的历史显而易见是大家共有的财富，可以为每个人分享，而且不受民族或者其他偏见限制。"[②] 这些话是杰尔吉·康拉德（György Konrad）2008 年说的。从那时

---

① 埃斯特拉·弗里格（Estera Flieger）:《波兰历史的民粹主义改写是对我们所有人的警告》(The populist rewriting of Polish history is a warning to us all)，载于:《守卫者》(*The Guardian*)，2019 年 9 月 17 日。https://www.theguardian.com/commentisfree/2019/sep/17/populist-rewriting-polish-history-museum-poland-gdansk.

② 杰尔吉·康拉德:《动乱》(Aufruhr)。2008 年 5 月 3 日在柏林世界文化之家中举行的罪责象征行动 50 周年纪念活动开幕式上的讲话。www.asf-ev.de/fileadmin/asf_upload/aktuelles/Jubilaeum^{2}008/gyoergy.pdf.

起，历史的车轮在欧洲又倒转了。在欧洲许多国家里，如今又是独白式的民族国家的陈腐原则在起作用；它们完全建立在自豪感和尊严基础上，专横独断地决定民族的历史。

类似的情况也发生在匈牙利和俄罗斯。在这两个国家里，好战的爱国主义变成了一个民族义务，蒙上一种宗教信仰特征。这种情况特别明显地表现在斯大林这个人物身上；他在俄罗斯被分成了两半。他的"恐怖政治"曾经通过政治清洗、放逐和强制性迁移造成了数百万人丧生，但却在当前的历史档案里被解释为一个伟大的现代化过程中不可避免的伴随现象，并且采取沉默和遗忘的方式一笔勾销了。而留下来的则是斯大林作为战胜希特勒和德国的胜利者的光辉形象。在这种情况下，彼得·诺维克的预测更为恰如其分："集体记忆是一种简化方法；它从一个独一无二和充满情感的视角看待一切。它不可能忍受任何矛盾，并且把一个个事件简化为原型。"我们也可以说：泰莫斯又占了上风，伴随着它，战争社会和民族国家（古老）的陈腐原则，即自豪感和尊严亦步亦趋。可是，倒退到陈腐的模式中，这同样意味着：不许从历史中吸取任何教训。不许发生任何认识进程和身份认同转折。而引领这样一个转折的自我批评不会被视为优点，而是无论如何必然会被禁止的缺点。波兰哲学家莱谢克·柯拉科夫斯基（Leszek Kołakowski）用一句话言简意赅地表明了相反的看法："我们要从历史中吸取教训，为了认识我们周围那些遭受了惨绝人寰的苦痛的受难者。"① 在

---

① 转引自：埃斯特拉·弗里格：《波兰历史的民粹主义改写是对我们所有人的警告》。

后大屠杀第三和第四代那里，问题不再关系到罪责和耻辱，而是关系到对自身历史受害者的责任和移情。凡是谈论罪责和耻辱的人，他们都会认为，即使违背良心，也一定要去拯救民族荣誉；凡是谈论移情的人，他们都会主张尊重人的尊严，以此来强化民主。

民族与神圣

从国家法学说视角出发，亚历山大·蒂尔主张 21 世纪的国家去民族化。他认为，就像启蒙运动当时把人与宗教的关系私有化一样，如今在现代化进一步发展进程中，应该使人与民族的关系私有化。按照蒂尔的说法，"民族思想自古以来就带有某些宗教仪式特征"，所以，现在关系到"依靠民族和民族主义从国家领域里清除宗教仪式的最后残余"。蒂尔认为，这个问题的实际解决办法就是民主立宪国家。他心知肚明，宪法爱国主义（原文如此）缺乏对民族观念的激情。但是他乐意接受这一点。这个纲领"可能比民族主义'更苍白'，但也正因为如此，比民族叙事少些'极端'，正如我们对历史观察所证明的"[1]。蒂尔在西方现代化理论框架下进行了论证，而西方现代化理论则把历史进步与世俗化、工业化和区分价值范畴相提并论。这个进步是由一个启蒙进程和一种文化活动驱动的。西格蒙德·弗洛伊德（Sigmund Freud）将这种文化活动与一个著名的概念进行了比较："在本我

---

[1]　亚历山大·蒂尔：《贪食的怪物——现代国家的产生、扩大和未来》，第288 和 297 页。

曾经存在的地方，自我应该出现在那里。这是一种文化活动，大概就像要疏干须德海的水一样。"[1] 马克斯·韦伯描述了一个类似的进程，但并非作为促进文明的纲领，而是作为对一个不可避免的进程的预测：现代精神就是世界世俗化和去魔化的过程。无论在哪儿还有什么神圣的东西保持不变的话，那它迟早都会消失。

世俗化和神圣化：历史书写与民族神话

如果要谈论神圣，不仅法学家、精神分析学家和现代化理论家的权能受到青睐，而且文化学学者的权能也一样。因为对西方文化历史的观察表明，世俗化进程不是单行道，而是以一种历史辩证法的形式进行的。比如在 19 世纪，当大学新建立起来时，历史科学的建立极大地推动了社会的世俗化进程。历史化意味着，严肃认真地对待作为变化引擎的时间。凡是在时间中产生的东西，也会在时间中逝去。永恒价值不再存在；一切都是突然出现的，并且因此成为历史条件的偶然产物。产生影响的标准维度越来越明显地呈现为与形成过程的历史维度互不相容。这种情况十分明显地出现在圣经研究者那里；他们突然开始以一种批判性的语文学目光研究宗教创建时期的文本，并且把它们置于更大的历史语境里。众所周知，这样做非但没有导致神圣解体或者变得干涸，反而使宗教科学和宗教实践重新并立在一起。更确切地

---

① 西格蒙德·弗洛伊德:《精神分析学入门新系列讲座》(*Neue Folge der Vorlesungen zur Einführung in die Psychoanalyse*)，维也纳，国际精神分析学出版社，1933 年，第 111 页。

说，这种与世俗化密切相关的基督教社会作用的衰落导致了神圣被推移到另一些领域。对那些在基督教中没有或者不再有家感觉的人来说，新的可能已经摆在面前，即艺术领域的"教育宗教"以及与民族的关系。在这个过程中，神圣的影响转移到艺术以及民族领域。这种位移的过程，我在以前的一本书里更详细地研究过。我在这里再次重复一下其中的主导性论点：

> 19世纪的艺术和历史以双重形象出现，这对现代化进程的矛盾性具有重要意义：一方面作为科学研究学科，另一方面作为宗教信仰对象。在文学研究和艺术科学这些新学科里，艺术被科学化了；它同时也在（民族）经典作品的确立中被神圣化了。在历史科学中，历史被科学化了；而在历史神话的建构中，它同时也被神圣化了。就这样，在19世纪里，由于科学化和神圣化齐头并进，出现了一种新型的文化张力。①

文学、艺术和音乐的神圣化以及自身历史的神圣化是19世纪许多国家所推行的民族形成计划一个核心组成部分。德国民族形成计划的发展无与伦比地体现在奥古斯特·海因里希·霍夫曼·冯·法勒斯莱本（August Heinrich Hoffmann von

---

① 阿莱达·阿斯曼：《民族记忆研究——德国教育思想简史》（*Arbeit am nationalen Gedächtnis. Eine kurze Geschichte der deutschen Bildungsidee*），美因河畔的法兰克福/纽约，坎普斯出版社，1993年，第46页。

Fallersleben）所撰写的德国国歌歌词（1841 年）里。我在此只引用其中第三段。

> 德意志祖国的
>
> 统一、主权和自由！
>
> 让我们一起为之而奋斗，
>
> 兄弟般地奉献出我们的热血和双手！
>
> 统一、主权和自由，
>
> 是我们千秋万代幸福的保证——
>
> 在幸福的光芒中兴旺发达；
>
> 在幸福的光芒中繁荣昌盛，德意志祖国！

统一、主权和自由：莱茵河联盟建立和德意志神圣罗马帝国解体（1806 年）以后，拿破仑和他的军队挺进德意志帝国城市、主教管区和侯爵领地。这时，拿破仑在莱茵河此岸的存在成为有教养的市民阶层一个新的德意志民族觉悟的导火索。此外，拿破仑所产生的影响极其矛盾。对一些人来说，他是解放者，因为他越过边界，带来了法国民法典的民主成果。自由解放运动就是以法国民法典为依据，从法国革命的公民权中引申出了对自由、平等和博爱的诉求。

德意志祖国：对另一些人来说，拿破仑是一个外来统治者和镇压者，这则增强了对民族自觉的要求。祖国是用革命的旗帜、歌曲、斗争以及诸如 1817 年的瓦尔特堡节和 1832 年哈姆巴赫节的节日召唤来的。横向从上到下排列的黑红黄三色旗帜是在哈

151

姆巴赫节上第一次展现在公开场合里。雷根斯堡附近雄伟的瓦尔哈拉名人堂不是由国家，而是由巴伐利亚国王路德维希（König Ludwig von Bayern）于 1842 年——德意志国歌产生一年后——地方出资建立的[①]。拿破仑 1806 年战胜普鲁士以后，路德维希便产生了建立名人堂的想法。在蒙受了失败的"耻辱"以后，要有"一个共同的祖国"来取代第一帝国。这位国王的献词是："但愿瓦尔哈拉有助于加强和扩大德意志意识；但愿所有德国人，无论什么出身，始终会感到他们拥有一个共同的祖国，一个能够为之而感到自豪的祖国，而且人人都要为颂扬这个祖国做出应有的贡献。"[②]

兄弟般献出我们的热血和双手：这个运动的主体是大学生，也就是有教养的公民。当时在大学里，学生们都被组织在学生社团里，穿着统一制服。但是，他们也穿志愿军制服。他们这样组织起来，加入抵抗拿破仑的解放战争。解放史是一个纯粹的男子气概史。

在幸福的光芒中兴旺发达："幸福"这个词在国歌中出现了两次。然而，在这场从下层发起的德意志民主革命历史中，与其说是幸福，倒不如说是灾难。因为民主在德国经历了两次失败。

152

---

① 古希腊神庙风格的名人堂坐落在多瑙河畔的一块高地上，它是效仿巴黎的法国先贤祠建造的。尽管它是作为一个地方纪念堂建立的，但它要陈列的是德国历史上的精神英雄，要为一个德意志文化民族做宣传。这个殿堂依然属于巴伐利亚，直到今天，人们还可以向那里呈递建议。最后竖立在那里的是苏菲·绍尔（2003 年）和凯绥·珂勒惠支（Kaethe Kollwitz，2019 年）的半身雕像。

② https://de.wikipedia.org/wiki/Walhalla.

首先，它在圣保罗教堂失败了[①]，归入了 1871 年的帝国，以一个普鲁士极权国家形式使得民族成为现实，但却没有平等的民主基本权利。当时，对于民族民主发展的希望化成了一个具有全球野心的帝制民族国家。法国这个敌人形象被用来强化德意志统一的意志，而且也扩大到其他欧洲民族，因为德意志帝国与它们进入殖民争夺中。作为第二次尝试，女性也第一次参与其中的魏玛共和国民主则以希特勒 1933 年"夺取政权"而告终。1945 年后的西德民主是同盟国的礼物和美国马歇尔（Marshall）计划的产物。第一个成功和自己争取来的德国民主革命就是发生在东德的公民运动，它导致了柏林墙倒塌。

就像在德国国歌歌词里可以看到的解放战争激情一样，在民族纪念碑发展中也可以看到德意志帝国的自我形象。这些纪念碑今天又重新被极右民族主义者占领和灌注新内容。在这一点上，那些所谓的"威廉皇帝纪念碑"起到了特别作用，属于其中的有条顿堡森林中的赫尔曼纪念碑（1875 年）、图林根的凯夫豪泽纪念碑（1896 年）和莱比锡的民族大会战纪念碑（1913 年）。1871 年皇帝宣言以后，表明"新诞生的德意志帝国需要一个有关联和鼓舞人心的历史"[②]。

---

① 法兰克福圣保罗教堂是德国重要的政治象征符号、1848—1849 年法兰克福国民议会所在地。1848 年 5 月 18 日，国民议会首次在这里举行，历史上称为"圣保罗教堂议会"。1849 年制定了圣保罗教堂宪法。由于普鲁士和奥地利的反对，1849 年 5 月 30 日，德国所谓的第一个民主国民议会解散。——译者注

② 阿诺·博斯特（Arno Borst）:《巴巴罗萨的苏醒——关于德国身份认同历史》（Barbarossas Erwachen—Zur Geschichte der deutschen Identität），载于：奥多·马夸尔/卡尔·海因茨·斯蒂尔（Karlheinz Stierle）（主编）:《诗学与阐释学》（ Poetik und Hermeneutik VIII）之《身份认同》（Identität），慕尼黑，芬克出版社，1979 年，第 40 页。

153　就在这个时候，这些纪念碑相继诞生了。这是一种民族叙事恰如其分的描述，因为它把一个个事件从历史的长河中凸显出来，使之蒙上了耀眼的光环，将它们变成一个个充满记忆的象征。不仅纪念碑的雄伟规模，而且一些古日耳曼传说、政治比喻和每逢纪念日都会举行的历史节日活动也促成这样一些事件蒙上了浓厚的神话色彩。1913 年，也就是第一次世界大战开始前一年，大会战纪念碑在莱比锡正式揭幕了。这时，大会战已经过去了100 年之久。作为第二帝国的民族象征，有一位名叫格罗特胡斯（Grotthuss）的男爵在纪念碑落成典礼这一年说明了其构建身份认同的作用："在一定意义上说，解放战争对德国始终就像独立战争对美国人和大革命对法国人一样，是现代具有民族意识的政治生活的开端。"①也就是说，德国解放战争叙事与其他一些脱离开霸权国家联盟的民族有共同之处。后来，第一次世界大战是因为另一个民族解放战争引起的，也就是塞尔维亚人反抗哈布斯堡帝国的解放战争。而在 20 世纪末的巴尔干战争中，又是塞尔维亚的民族主义以解放战争的名义对穆斯林波斯尼亚人实施了灭绝种族的屠杀。

　　统一、主权和自由——民主价值的先驱在德国被当成国家的敌人而遭到迫害。他们不得不离开这个国家。三月革命前时期的自由思想首先在德意志帝国沉没了。自由为这个民族存在，但不是为其公民。那些年代的纪念碑激情是这种承载着国家和从上层解放民族的形式的象征性表现。阿诺·博斯特评论

---

①　转引自：阿莱达·阿斯曼：《民族身份认同研究》，第 53 页。

说，利用大型纪念碑，是为了"在危机形势下"稳定"政治身份认同"，并且使之具象化①。赫尔弗里德·明克勒也持有类似的看法："这些雄伟的纪念建筑更多是针对内外敌人的堡垒。在这种情况下，首先涉及的是内敌，即德国社会民主，而作为帝国统一守护者和保卫者的士兵社团就是要准备着对付这样的民主。这个当年因为内部分裂而走向灭亡的帝国不应该第二次遭遇这样的命运。巨大的凯夫豪泽纪念碑就是要表达这种坚毅精神。"②

　　19世纪的民族叙事还与我们的现实有什么关系呢？第一个例证：德国城镇议员们目前越来越多地关注街道和广场更名问题。各种历史学家委员会层出不穷，不仅为了在有些地方对伤风败俗的东西作出回应，而且也为了采用系统性一揽子解决计划付诸行动。转折以后，在柏林就已经出现了普遍的更名行动，要把东德的历史从这个城市形象中清除出去。现在又涉及到柏林的普鲁士历史，正是那些解放战争（1813—1815）的将军和英雄，他们的街道和纪念碑成为当下讨论的话题。比如，柏林"十字山"区成为特别关注的目标，因为从1864年以来，在这里的交通网络中，一个所谓的"将军队伍"统治着公共空间。绿党人士（die Grünen）认为这些以将军命名的街名不再符合时代需要，要求"在公共空间去军事化"。如果他们的目的得以实现的话，

---

① 阿诺·博斯特：《巴巴罗萨的苏醒——关于德国身份认同历史》，第58页。

② 　赫尔弗里德·明克勒：《德国人及其神话》（*Die Deutschen und ihre Mythen*），汉堡附近的莱茵贝克，罗沃尔特出版社，2010年；《凯夫豪泽纪念碑》（*Das Kyffhäuserdenkmal*），https://de.wikipedia.org/wiki/Kyffhäuserdenkmal.

那么恐怕这个城区本身也要被更名了，因为"十字山"区这个名称中含有的十字就是自由纪念碑的铁十字，位于十字山上的维多利亚公园。这个纪念碑是按照卡尔·弗里德里希·申克尔（Karl Friedrich Schinkel）的设计图纸建立的，并于1821年举行了落成典礼。

155   德国的解放斗争针对的是法国和拿破仑的掠夺战争。这段历史今天还会干扰欧洲和平以及德国与法国这两个当年的死敌之间的友好关系吗？显然不会。这样的解放战争早就再也调动不起来了，因为它们如今不再是19世纪曾经的情形，即德国人有约束力的民族叙事的基础。今天，这些名字和纪念碑变成了一座熄灭的火山，成为冷却的灰烬。它们是一个逝去的、尚在遗迹和象征中在场的历史最后的公共见证者。但是，它们以这样的形式还在实现一个重要的作用：它们能够服务于德意志民族形成史的历史启蒙。此间，一些有移民背景的年轻公民也加入了德国历史的争论中。基督教民主联盟（CDU）政治家，柏林十字山区议员蒂姆尔·侯赛因（Timur Hussein）是一个爱国主义者，他发现了自己对普鲁士历史情有独钟①。他提出了自己的看法，普鲁士不仅对帝国时期德国文化军事化的厄运负有责任，而且也代表了启蒙、宽

① 汉斯约尔格·弗里德里希·穆勒（Hansjörg Friedrich Müller）：《十字山的最后一个普鲁士人》（Der letzte Preuße von Kreuzberg），载于《新苏黎世报》（NZZ），2019年2月28日；维尔纳·范贝伯（Werner van Bebber）：《为什么街道更名毫无意义》（Warum Straßenumbenennungen sinnlos sind），《每日镜报》（Tagesspiegel），2019年2月28日。

容和现代市民文化。①

许多出自于这个时期的雕塑早就被拆除了，从城市形象里消失了——但并没有彻底被清除。在柏林斯潘多区的城堡博物馆里，你可以参观这些雕塑。在那里，这些英雄已经脱离了他们警示的记忆义务，享受着一种悠闲的退休生活。那些帝国时期雄伟的纪念碑如今扮演着完全另外一个角色，作为地标和受欢迎的休闲目的地。这样就把我们引到第二个例证上。比约恩·霍克（Björn Höcke）以及德国选择党（AfD）追随者把第二帝国的民族纪念碑连同其叙事据为己有。在这个过程中，他们把自己扮演为民族神话的爱国主义守护者和保卫者。为了公开声明解散选择党的极右"翼"，比约恩·霍克又一次选择凯夫豪泽纪念碑为背景。他和他的追随者每年都去那里朝拜。他在简短的录像声明中毫不怀疑地表明，他和他的追随者的行动"承载着一个历史使命"，属于爱国主义者之列，"他们不想放弃这个国家，也不会放弃这个国家"②。霍克生活在重新统一后的德国。1989年转折以后，由于有纪念场所协议支持，对大屠杀惨绝人寰的罪行的记

---

① 有一个历史学家持有一个正面的普鲁士形象，名叫克里斯托弗·格拉克（Christopher Clark）：《普鲁士——1600—1947的崛起和灭亡》（*Preußen. Aufstieg und Niedergang 1600—1947*），里夏德·巴特（Richard Barth）、诺伯特·尤拉希茨（Norbert Juraschitz）和托马斯·普费菲（Thomas Pfeiffer）译，慕尼黑，德国出版社，2007年；参见在《法兰克福汇报》（*FAZ*）上的评论：https://www.faz.net/aktuell/feuilleton/buecher/rezensionen/sachbuch/hoert-auf-mit-dem-militaristischen-quatsch-1413192.html.

② 娜塔莎·施特罗布尔（Natascha Strobl）：《比约恩·霍克——恐惧制造者》（Björn Höcke—der Angstmacher），《时代在线》（*Zeit online*），客座报告，2019年12月30日。

忆在德国东部和西部成为建立身份认同的民族叙事的重要组成部分。霍克严厉地拒绝承认这种民族叙事现状，要求记忆政治来一个 180 度大转弯。他直言不讳地表明，他要以 19 世纪的民族叙事和解放战争来取代德国灭绝战争和大屠杀记忆。他非但不承认德国历史上的文明断裂，反而直接与 19 世纪的德国英雄、自豪感和伟大联系起来，仿佛 20 世纪及其无与伦比的民族主义和暴力从未发生过。恰恰因为历史此间又被利用为政治武器，所以我们不应该忽视它，清除它，而是要更好地去认识它，去梳理它。

亚历山大·蒂尔和吉尔·莱波雷的看法是：因为我们有基本法作为形成共同体的法宝，所以，我们可以放弃把历史当作确立民族身份认同的维度。由于民族叙事能够发挥很大的影响力，因此不可低估它的作用，与其说废除它，倒不如说应该专注于对它的批评和转化。绝对割裂法律意识和历史意识，这也相悖于法学家罗贝特·卡弗尔的思想，那就是在每个法律著作背后，都隐藏着一部史诗。这种说法也特别适用于 1949 年的德国基本法。基本法并非出现在德意志民族形成的开始，而是在形成结束以后，由于纳粹国家投降和灭亡，依靠同盟国的帮助才变成了可能——作为继圣保罗教堂和魏玛宪法之后的第三个机会。基本法的第一条因此并非毫无理由地会被看成是一个"记忆条款"，因为它保留着对"第三帝国"时期系统地毁灭人的基本权利的记忆①。赫伯

① 关于基本法各个条款的历史经历背景的详细描述，可以参见：汉斯·约阿斯（Hans Joas）：《人的神圣性——一个新的人权血统学》（*Die Sakralität der Person. Eine neue Genealogie der Menschenrechte*），柏林，苏尔坎普出版社，2011 年，第 110—114 页。

特·普兰特（Heribert Prantl）特别强调了这个思想："因此，基本法是以记忆反人性和反人类罪、记忆奥斯维辛、索比堡、特雷布林卡、迈丹尼克和达豪开篇的[①]。它是以回应恐怖和罪行开篇的。它是以第一条中伟大和永恒的警示开篇的：'人的尊严是不可触犯的。'"那么，人们为什么还要把对这段民族历史的记忆宣布为私事呢？它不仅关系到纯种德国人和凶手的后代，而且也关系到所有的移民，因为德意志国家——在此引用普兰特的话来说——"在尊重和保护人的尊严中找到了"它之前借助于像卡尔·施米特（Carl Schmitt）这样的法学家废除和完全损害了的"自我辩解"。因此，对国家的新老公民来说，一个推动自我启蒙和促进自我警惕的记忆是一个不可或缺的东西。说到底，正是这些民族叙事，它们把欧洲各民族推入了第一次世界大战的欧洲内战中；正是国家社会主义叙事，它将犹太人视为内在的敌人，宣告德国人为"优等种族"，要作为受到威胁的民族共同体团结在一起。正是这个叙事使得史无前例的暴力合法化，从而把德国人送上了踏遍整个欧洲的殖民征程，同时驱使他们去灭绝欧洲犹太人。由于Pegida[②]、德国选择党和右翼组织如今又与这些民族叙

158

---

① 奥斯维辛（Auschwitz）、索比堡（Solibor）、特雷布林卡（Treblinka）和迈丹尼克（Majdanek）都是纳粹德国位于波兰的灭绝集中营所在地；达豪（Dachau）是纳粹德国在德国建立的第一个集中营，位于巴伐利亚州达豪镇附近。—译者注

② 德语 Patriotische Europäer gegen die Islamisierung des Abendlandes 的缩写，意为：欧洲爱国者抵制西方伊斯兰化。这是 2014 年从德国兴起的一个欧洲右派民粹主义政治运动，由卢茨·巴赫曼（Lutz Bachmann）于 2014 年在德累斯顿发起，主张保护德国及欧洲社会的犹太教–基督教文化。自称不支持种族主义，不支持仇外并反对极端主义。——译者注

事联系在一起，在我们的眼前出现了德意志民族一个种族主义和反犹太主义自我形象。所以，为了能够有效地对付这些叙事，认识它们的本质比任何时候都更为重要。

什么是神圣的？信仰民族的象征

正如许多人相信的，现代化历史中那些神圣的东西并非简单地不知去向和消散了，而是被移位和替代了。如果这样说没错的话，那么就必然要去探讨其具体的表现形式。我在这里有点令人毫无准备地要补充一段传记回忆。我有过一次特殊机会，在一个信仰民族里生活了一年。1963 至 1964 年，作为交换生，我在美国加利福尼亚一所高中学习了一年。到了花季年龄，你就很愿意接受一些新角色，你的行为举止会看样学样，就像当年的移民一样，他们努力入乡随俗，为了作为"新来的移民"不太引人注目。这种情况恰好也适用于每天上午临近 11 点中断教学而例行的国旗宣誓活动。在所有教室里，通过喇叭传出一个要求宣誓的信号。于是大家站起来，身子转向挂在教室黑板旁的国旗，右手贴在心上，开始齐声宣誓：

159

> 我宣誓效忠
> 美利坚合众国国旗
> 以及所代表的共和国
> 一个在神之下的民族
> 不可分割

　　人人享有自由和公正。

我的后排坐着一个男同学，他的宣誓更长些。说完"人人享有自由和公正"以后，他有节奏地继续说着："Jewish redheads"——"每个红头发犹太人"。这是他在美国尽情享受民主的形式：作为庄严而异口同声的宣誓仪式中完美的个性一笔。当时，这事并没有真的引起我的格外关注，不就是"人人享有自由"的口号完全被限制在国旗宣誓中。如果说有大量来自亚洲、西班牙和墨西哥的移民孩子的话，那么我所在的学校里则连一个黑人学生也看不到。想必这些孩子还真的不会被排除吧，因为他们中没有一个人住在对我学校来说很重要的住宅区里。排除黑人家庭早在之前就伴随着隔离"居民区"（neighborhoods）开始了。

　　当时，我日复一日地重复着这样的民族信仰，就像顺口背诵什么东西一样：入乡随俗，中规中矩，但内心并未特别参与其中。今天则相反，我对最后一句话则深有感触："人人享有自由和公正"——这样一个承诺，呈现为一种鼓舞，似乎也一定要当真，这或许也适合于我们国家。这句话更简洁，更实用，更鼓舞人，胜过所谓的人的尊严不可触犯、节日时拿来捧场的崇高原则。可话说回来，"为了一个开放的国家和自由的人民"，这句话也非常鲜明和美好；1989 年柏林墙开放几个星期前，有两个女子把这句话写在一条大白布上，并且在一次游行时高高地举起来。其中一个因此还被监禁了，只能透过监狱围墙听到莱比锡

160

10 月 9 日大游行的呐喊声[①]。这样一些话语今天看来特别意味深长，因为它们表达的是一些通过从下层发起的斗争和变革而赢得的诉求。在一个这样的原则又遭到一些组织践踏的社会里，它们始终保存着变革的火种。

随着 19 世纪的世俗化进程，民族接受和重新融入了一些传统的宗教因素：信仰被国旗宣誓、圣经被民族神话、圣人被伟大的艺术创作者和历史英雄、宗教崇拜被新的节日和纪念日、歌曲和游行取代了。在东德，不是民族及其历史，而是国家本身上升到神圣的维度，以此成为建构身份认同的根本。神圣信条被反法西斯主义的共产主义学说、圣人被红军和解放英雄、礼拜被胜利庆典和奢华排场的军事辎重阅兵式取代了。青少年被吸收进少年先锋队组织，必须参加纪念场所的升旗仪式，在先烈恩斯特·台尔曼（Ernst Thälmann）在布痕瓦尔德集中营被杀害的神圣之地举行成年仪式。

如果一个国家，也包括民族国家没有权力象征物，那它就不会存在下去。国旗和国歌、国徽和英雄、纪念碑和纪念日当属其中。像国家名字一样，它们体现和证明作为集体想象的民族特161 征[②]。这些象征突出的意义就在于赋予它们代表民族的力量。与

---

① 1989 年 9 月 4 日，凯瑟琳·哈滕豪尔（Kathrin Hattenhauer）和格希娜·奥尔特曼（Gesine Oltmanns）在莱比锡尼古拉教堂前打起了这条横幅。

② 乔治·莫斯（George Mosse）：《大众民族主义化——从解放战争到第三帝国的政治象征和群众运动》（*Die Nationalisierung der Massen. Politische Symbolik und Massenbewegung von den Befreiungskriegen bis zum Dritten Reich*），美因河畔的法兰克福 / 纽约，坎普斯出版社，1993 年；安东尼·D. 史密斯：《民族的起源》（*The Ethnic Origin of Nation*s），牛津，罗勒·布莱克威尔出版社，1988 年；安东尼·D. 史密斯：《被选中的民族》（*Chosen Peoples*），牛津，牛津大学出版社，2003 年。

此同时它们也代表着民族的神圣，这一点你不仅会从高调宣扬和庄严对待这些象征中看出来，而且也会从它们在刑法法典中保护不受诋毁的条文里深深地感受到。正是这一点同样又会成为理由，为什么它们一再会变成诸如毁坏文物和亵渎神明这样一些象征性行为的靶子。比如，在政治制度更替后，国家和民族英雄纪念碑就会被推倒，1990 年后在东欧国家推倒列宁塑像就是一个典型例子。艺术家们为索菲亚的苏联纪念碑创造了一个富有想象力的变体。这个纪念碑属于冷战时期苏联政府在各个加盟共和国和社会主义兄弟国家建立的"感恩纪念碑"之一。2011 年 6 月，在一个知名的纪念日前夕，一些艺术家用各种各样的颜色涂盖了纪念碑碑座上的浮雕，如此改变了它的面貌，从而使红军英雄战士变成了消费世界的流行圣像：蝙蝠侠、蜘蛛侠、圣诞老人等。这样一来，一切都改变了：崇高的浮雕变成了一个"滑稽的雕塑"[①]。如果说亵渎凸显出了神圣，并且只是通过否定可以被证明的话，那么幽默则消解了神圣。霍斯特·霍海塞尔在为柏林中心大屠杀纪念碑主题思想竞标时的提议以另一种方式引起注意。他也特别提起了位于柏林中心布兰登堡门中心纪念碑上的神圣雕塑；他提议说，要将它磨成沙粒。他的理由是，柏林不需要另一个纪念碑，而宁可牺牲一个对柏林人来说特别珍贵的纪念碑。他的提议没有找到预期的支持者。后来，值 1997 年 1 月 27 日纪念

---

① 罗兰·舒尔茨（Roland Schulz）:《思想绘画》（Denkmalerei），载于:《南德意志报杂志》（*SZ Magazin*），2014 年 12 月 22 日。https://sz-magazin.sueddeutsche.de/kunst/denkmalerei-80876.

162　日首次在柏林活动之际，霍海塞尔再次把布兰登堡门变成了一次艺术行动的对象。在这次行动中，他采取光投影方式，把"劳动带来自由"的铭文投射为民族的象征①。就这样，作为民族自豪感与自我解放纪念碑的布兰登堡门瞬间被当作民族创伤象征的奥斯维辛集中营大门叠化了。

在美国，国旗不仅处于日常信仰仪式的中心，而且也成了平民抗议的象征。比如，1970年4月30日，美国总统理查德·尼克松（Richard Nixon）在一次电视讲话中请求美国人民支持他把越南战争扩大到柬埔寨。之后，事情便发生了。他在讲话中不谈投入更多的军队、战争和武力，而是采用奥威尔（Orwell）式的扭曲，大谈"和平、自由和正义"。第二天，在俄亥俄州的肯特州立大学，大学生举行抗议活动。作为抵制表现，他们在校园里焚烧了美国国旗和宪法影印本。然而，这并不是亵渎行为，而是一个要表明和越南达成和平的抗议象征。"不是以我的名义！"，这是歌手博多·韦克（Bodo Wartke）演唱的一首歌名。当时，校园里的大学生们发出了这样的信号，不同意国家的做法，因为他们指明了国家滥用其基本价值和创建时期的象征。三天后，冲突进一步升级。于是国家调集了全副武装的军人枪杀了4个手无寸铁的学生，打伤了13个。而枪手们却从来没有受到控告。

如果说在美国学校里和公共建筑上悬挂国旗成为司空见惯的

---

①　"劳动带来自由"（Arbeit macht frei）：纳粹统治时期，许多纳粹集中营（如奥斯维辛集中营）入口都挂着"劳动带来自由"的牌子。这是对犹太人充满讽刺的羞辱。——译者注

现象的话，那么在德国，它们更多则具有罕见的价值。正因为如此，在我们这里，讨论与其说集中在民族象征，倒不如说集中在诸如十字、头巾、基帕等宗教象征的存在上。在德国，足球协会的会旗、色彩和附属品更加到处可见，胜过国旗。然而，从犹太少数民族视角出发，作家马克斯·索莱克（Max Czollek）对此则持有完全另外的看法。他把 2006 年世界杯足球赛在德国引发的"黑-红-黄陶醉"描写成"德国历史一个创伤日期"，并且把它与 2017 年德国选择党进入联邦议会直接联系起来。他怀旧地回忆道："我在 90 年代里感觉很好，完全没有为被打压下去的民族主义或者收起国旗现象而痛苦。"① 在犹太人家庭里，所有德意志民族符号和象征都被作为创伤经历一代又一代地传承下来了。这是完全可以理解的。在世界杯足球赛语境下挥舞德国国旗，索莱克则感受为被分离和排除的创伤："我的朋友们和我没有惦念过国旗。你们惦念它。你们把它贴在你们的脸颊上。你们共同站在啤酒凳上，唱起了国歌。你们从欢庆的人群到聪明的小品文作家都兴高采烈，因为德国终于又成为一个你可以引以为豪的国家。"② 一个深深地储存起来的历史恐怖图像随着国旗突然闯入了现实中，证实了在这个国家里反正什么都没改变的怀疑：新一代德国人与老一代德国人都是一丘之貉。音乐家和一个大屠杀幸存下来的犹太人的儿子杰基·德雷克斯勒（Jacky Dreksler）则持

---

① 马克斯·索莱克：《你们分裂吧！》（*Desintegriert euch!*），慕尼黑，汉瑟出版社，2018 年，第 37—38 页。

② 同上书，第 39 页。

有另外的看法，他在德国电台"我想念德国"系列节目中谈到了他的德国形象，其中也提到了国旗，但显然没有一丝受到心理创伤的迹象。"这是一个会让人看到国旗的国家，但只是在足球赛以后的汽车游行时才这样"。[1]

另一个民族象征是德国国歌。国歌总是午夜前用来结束广播电视一天的节目，但只是演奏旋律，不唱歌词。如果说时而会出现人们共同歌唱国歌的话，那么，歌唱动机更多则显得微不足道，对歌词的认识也摇摆不定。在德国，没有太多机会共同歌唱国歌；德国国家足球队比赛是个例外。在邻国，情况则迥然不同；在那里，人们经常满怀激情地唱起各自的国歌。德国人的国歌是一个重要的历史文献，可是它适合于现在和未来一个共同信仰吗？这首国歌产生于1841年，但很晚以后，也就是1922年在魏玛共和国时期才被正式采用。当时，民主基本权利第一次在宪法中得到保证。这时，国歌有了用场。但在纳粹时期，这个国歌被持续地沿用到1945年。在这个时期，被过分渲染的第一段歌词（"德意志，德意志，高于一切，/高于世间万物"）以恐怖方式付诸实施了。而第三段歌词中"统一、主权和自由"这些概念则被完全掏空了。1952年，康拉德·阿登纳

---

① 杰基·德雷克斯勒2020年5月3日做客德国广播电台"我想念德国"节目。关于这个主题，埃丝特·蒂舍莱特（Ether Dischereit）在她的书《妈妈，允许我唱德国国歌吗？——政论文章》（*Mama darf ich das Deutschlandslied singen? Politische Texte,* 维也纳／柏林，杏树出版社，2020年）中提供了一个十分犀利的范本。

（Konrad Adenauer）[1]打算重新启用这首国歌，而特奥多尔·豪斯（Theodor Heuss）[2]则持有十分强烈的异议。可当国歌只限于第三段歌词时，豪斯则做出了让步。1991 年，这首国歌再次以这样的形式传承下来了。从 1841 年以来，政治上的框架条件在这个国家发生了五次天翻地覆的改变，但这首国歌却始终保留下来了。这对德国身份认同意味着什么？困难显而易见。

卡罗琳·埃姆克描述了她对国歌和国旗的感受："我从来没有唱过德国国歌，我永远也不会这样做；我从来没有挥舞过德国国旗，而且永远也不会这样做。我明白这段歌词及其意义无可厚非，同样也明白国旗及其颜色无可指责——可尽管如此，它会让我感到心里不是滋味。同样像诸如'故乡'、'祖国'、'爱国主义'、'为德国感到自豪'这样一些概念一样，过去几十年里越来越强烈地提醒我的所有这一切，我应该感受到；倘若你感受不到，那似乎就是病态；你只有感受得到，那才是所谓正常。"[3]

要说挥舞国旗，我还从来没有过这样的机会。但要说国歌，我则有过寥寥无几的机会一起歌唱。但我必须承认，国歌歌词我是难以说出口的。祖国不再是我这一代人词汇中的一个词语，我在歌唱时会不由自主地用"姐妹般"替代了"兄弟般"。在这件事

---

① 康拉德·阿登纳（1876—1967）：联邦德国首任总理。创造了德国战后的"经济奇迹"，这一时期被称之为"阿登纳时代"。—— 译者注

② 特奥多尔·豪斯（1884—1963）：德国政治家和作家，联邦德国第一任总统，自由民主党主席。——译者注

③ 卡罗琳·埃姆克：《因为这是可以言说的——关于见证与公正》（*Weil es sagbar ist. Über Zeugenschaft und Gerechtigkeit*），美因河畔的法兰克福，S·费舍尔出版社，2013 年，第 157 页。

上，我给联邦总统弗兰克-瓦尔特·施泰因迈尔写过一封信，向他提议委托什么人为这首歌撰写一段新歌词，也许博多·韦克很合适？

集体自我神圣化和人的神圣性

什么人或者什么东西是神圣的——一个集体、一个人、一个文本、一个物体、一个事件、一个思想？正如我们所看到的，神圣的东西在民族主义者创建民族叙事时的话语中起了重要作用。在政治和社会方面，神圣的东西不是因此在历史上已经声名狼藉了？还存在一些神圣形式吗？在这个世俗社会里，它以这样的形式不仅能让人忍受，而且也能起到承载作用？

166　　提出这个问题时，有必要求教于一个宗教哲学家。汉斯·约阿斯在他的两本论著中研究了神圣问题：《人的神圣性》（2011年）和《神圣的力量》（2017年）[1]。其中后者最后一章"神圣与力量。集体自我神圣化与克服神圣化"尤其与我们提出的问题密切相关，那就是神圣在我们这个时代是以什么样的形式存在下去的，它又是怎样被使用的。约阿斯首先强调了人们普遍有一种偏好，把一切可能的东西说得很神圣："大量的人和集体、物体和思想会被神圣化：统治者和国家、人民和民族、种族或者阶级、科学或者艺术、教派或者商品与市场。"与此同时，他在历史概述中也谈到了作为民族的集体神圣化，因为它决定了民族主义

---

① 汉斯·约阿斯：《神圣的力量——一个去魔化历史的选择》（*Die Macht des Heiligen. Eine Alternative zur Geschichte der Entzauberung*），柏林，苏尔坎普出版社，2017 年。

的历史。作为对这个现象的一个人类学解释，他引证了社会学家威廉·格拉哈姆·萨姆纳的观点。萨姆纳在研究中提出了"群体内"与"群体外"之间的区别，并且从中引申出种族中心主义概念。"在他看来，对一个非集体成员的敌意会平息内部休戚相关的意识的反面"。因此，每个民族都倾向于自我神圣化和自我抬高，但是这样做还不够。约阿斯引用了更进一步的马克斯·韦伯的观点，因为"相信自身（社会道德）的优越"直截了当地要求必须意识到"他者社会道德的卑劣"；只有"意识到这种卑劣，才会获得'种族荣耀'，这完全类似于等级社会的荣誉观念"①。尽管民族主义的自我神圣化的历史是消极的，但约阿斯并未在这种语境下对神圣概念提出批评，因为他对神圣的与宗教的做了重要区分。因此，对他来说，"世俗神圣"这个现象在自身内部并不矛盾。他反而关注的是历史视角中的世俗神圣，注意到历史上出现过两次大转折，推动了"政治权力彻底去神圣化进程"；通过使一些别的超越这个力量的东西神圣化，去神圣化才有可能发生②。第一次突破发生在公元前500年左右所谓的轴心时代③，导致

167

---

① 汉斯·约阿斯：《神圣的力量——一个去魔化历史的选择》，第422、474—475页。

② 扬·阿斯曼对此则持有不同看法：这个突破只是针对犹太人而言，很快又倒退回去了。因此，"彻底"在这里无从说起。扬·阿斯曼：《轴心时代——现代考古学》(*Achsenzeit. Eine Archäologie der Moderne*)，慕尼黑，C. H. 贝克出版社，2018年，第287页。

③ 轴心时代（*Achsenzeit*）：是德国哲学家卡尔·雅斯贝尔斯（Karl Jaspers）提出的哲学发展理论。指的是公元前800年到公元前200年之间，在这个时期，世上主要宗教背后的哲学都同时发展起来了。——译者注

确立了一种超验的、构成了所谓的世界各种宗教基础的理念。在18世纪末和20世纪中叶，约阿斯发现随着人权制度化出现了第二次突破。按照约阿斯的观点，"宗教和非宗教式地神圣化每个人，无论有功和有罪"，这样的理念适用于人权。约阿斯认为，人的神圣性思想也是一种"超越了"所有"内在世界神圣性"的超验表现[1]。然而，作为哲学家，他不仅关注这种思想及其传播，而且恰好也关注其法律实证和制度化。在人类历史上，第二次超验到底是在什么时候和在哪儿确立的？它的确立发生在两个推动进程的时期：在美国和法国启蒙时期，人权宣言告别了极权主义国家历史及其统治的神圣性；在1948年联合国关于人的普遍尊严的声明中，回应了纳粹民族共同体自我神圣化和大屠杀。此外，约阿斯还强调说，人权历史和人的尊严思想绝对不可能被视为受到保护的文化财富。然而，它们却赢得了一个被奉若神明的普遍的准则高度，并且告诫人们别得寸进尺地搞分离主义式的自我神圣化国家、统治者和集体。

荣誉和尊严

这种对特殊和普遍价值的区分还可以借助荣誉和尊严两个概念来进一步展述。每个人都拥有二者，即荣誉和尊严。荣誉关系到人的社会维度，包括人在社会中受到社会约束、在社会中获得自己的地位和得到社会承认的全部维度。荣誉价值既关系到社会

---

① 汉斯·约阿斯：《神圣的力量——一个去魔化历史的选择》，第482、422页。

地位，也关系到个人义务。荣誉价值是不可分离的，因为它们受到各自社会的保护和认可。

相反，尊严超然于社会维度之上，因为它并未凸显出人的特殊性格，而是把人本身宣告为神圣的——肯定他基本的、不可欺骗的尊严。在这个过程中，尊严这个词语经历了一个深刻的意义转变。尊严的拉丁语 dignitas 在中世纪和文艺复兴时期只有上帝和国王才配用。二者被凸显出来，通过拥有 dignitas 称号或者"职位身份"区别于人。由于这个本来至高无上不可企及的特征被普遍化和赋予了所有人，甚或干脆被宣布为人的根本，因此，尊严经历了一个彻底的意义转变。从前凸显上帝和国王的超验秩序现在转移到了人。这样便导致了人的神圣化，但恰恰不像人文主义者皮科·德拉·米兰多拉（Pico della Mirandola）[①]所说的，因为他把人称之为拥有 dignitas et excellentia（尊严和光彩）的"第二上帝"（secundus deus）。尊严这个新概念既不是以人的特点，也不是以人的地位和义务，而是以人与世界上其他所有人共有的东西为基础，也就是作为容易受到伤害、拥有诸如食物、身体完美、社会义务和发展机会等一系列基本需求的生物。由于人被人以不断翻新的形式施加暴力，所以他依赖于一个确保他的基本权利的"绝对保护"[②]。那么从这个意义上来说，当人被降低为他们容易受伤的身体，身体受到伤害、剥削和毁灭时，尊严便不

169

---

① 皮科·德拉·米兰多拉（1463—1494）：意大利哲学家，人文主义者。——译者注

② 汉斯·约阿斯：《人的神圣性——一个新的人权血统学》，第107页。

是体现人首要的东西，而是最终被剥夺的东西。

荣誉概念涉及到民族集体，长久处于中心地位。马克斯·韦伯就此写道："种族荣誉是特殊的大众荣誉，因为它对每个属于这个主观上相信的出身共同体的人来说都是不可或缺的。"[1] 集体自我神圣化是通过荣誉概念实现的。像神圣一样，荣誉也会受到玷污和伤害，从中会产生一种危险的、为大量的暴力辩解和动员暴力的精神病情结。然而，与尊严相联系，神圣则拥有另一个作用：它保护的不是把作为民族的我们分裂开来的东西，而是把作为人的我们全都联系在一起的东西。这种保护是弱小的，但作为一种思想规范，它存在于世上，并且是不可取消的。

国家和民族依靠其叙事和集体象征显然建立在自豪感和荣誉基础上。那么尊严概念在这里真的合适吗？德国因为战争和大屠杀惊人地失去了荣誉，这在1945年后的国际讨论中起了很大作用。托马斯·曼（Thomas Mann）说这是一个"让人见不得的民族"，并且担心德国未来恐怕会被排除在文明民族联盟之外[2]。也许人们可以这样说，德意志民族因为纳粹永远失去了其（故有的）荣誉，但通过民主转变、欧洲价值取向和自我批评的历史意识又在文明民族圈里重新赢得了尊严。

170

---

[1] 马克斯·韦伯：《种族共同体》（Ethnische Gemeinschaften），载于：韦伯：《经济与社会》（Wirtschaft und Gesellschaft），图宾根，莫尔-希贝克出版社，2001年，第168—190页，此处引自第178页。

[2] 托马斯·曼：《浮士德博士》（Doktor Faustus），法兰克福注释版，第10卷，法兰克福，费舍尔出版社，2007年，第689页。

历史象征的转变

像汉斯·约阿斯一样，历史学家阿隆·孔菲诺也思考了西方文化创建史的转变①。他表明，在过去几十年里，西方世界的自我阐释从一种积极的创建神话——康德（Kant）似乎会说：历史象征——转移到了一种消极的创建神话。首先，法国大革命拥有一个世界事件地位，因为它为政治和道德勾画了一个新的划时代框架。这个事件阐明了西方政治文化的自我形象，没有任何事件可以与之比拟。此外，这个事件打破了一切现有的历史模式，为 19 和 20 世纪的发展奠定了基础。正如孔菲诺所表达的，它变成了一种"象征性手册"，人们在它的光芒下行动，破解历史意义。这个手册的意义是多层的："它被用于各种政治和社会运动，激励了 19 和 20 世纪的民族、革命和反殖民斗争，无论它们的领袖叫马志尼（Mazzini）、列宁（Lenin）、罗莎·卢森堡（Rosa Luxemburg）、西蒙·玻利瓦尔（Simón Bolívar）还是尼赫鲁

① 阿隆·孔菲诺：《作为象征手册的大屠杀：法国大革命、大屠杀和全球记忆》（The Holocaust as Symbolic Manual: The French Revolution, the Holocaust and Global Memories），载于：海姆·哈赞（Heim Hazan）/阿莫斯·戈德贝格（Amos Goldberg）（主编）：《邪恶的标志：大屠杀全球化辩证法》（Marking Evil: The Dialectic of Globalizing the Holocaust），纽约，2013 年。孔菲诺同样以书的形式进一步论述了这个观点：阿隆·孔菲诺：《奠定基础的历史——作为历史理解的大屠杀》（Foundational Pasts. The Holocaust as Historical Understanding）纽约，剑桥大学出版社，2012 年。

（Nehru）"。① 20 世纪末，这个创建叙事的影响力逐渐变小，而另一个叙事同时赢得了重要性。1989 年，也就是法国大革命 200 周年纪念日之际，重要的法国大革命历史学家弗朗索瓦·傅勒（François Furet）断言说，这个历史象征和政治象征的动员作用已经衰竭了。"就在同一时期"，孔菲诺这样说，"显而易见，大屠杀作为我们这个时代的创建事件开始崛起。"与之前的法国大革命一样，大屠杀也上升为政治文化一个追求霸权的创建象征。这个象征为历史阐释、伦理价值、政治要求和新的核心概念创造了文化框架。

孔菲诺从两个创建事件与时代关系上比较了它们的隐喻手段。二者打碎了历史时代；二者在语言上被描述为爆发、震撼和其他暴力隐喻。如果说弗里德里希·施莱格尔（Friedrich Schlegel）把法国大革命比作一场"几乎全方位波及的地震和政治世界一次无法估量的洪灾"的话，那么让-弗朗索瓦·利奥塔（Jean-François Lyotard）则就大屠杀指出②，它不仅引起了一场致

---

① 马志尼（1805—1872）：意大利革命家，民族解放运动领袖，是意大利统一建国三杰之一；罗莎·卢森堡（1871—1919）：德国人，国际共产主义运动史上杰出的马克思主义思想家、理论家、革命家，被列宁誉为"革命之鹰"；西蒙·玻利瓦尔（1783—1830）：拉丁美洲革命家，独立战争先驱，领导军队从西班牙殖民统治中解放了委内瑞拉、哥伦比亚、厄瓜多尔、巴拿马、秘鲁和玻利维亚；尼赫鲁（1889—1964）：印度开国总理，圣雄甘地的忠实信徒，也是第三世界不结盟运动创始人之一。——译者注

② 让-弗朗索瓦·利奥塔（1924—1998）：当代法国著名哲学家，后现代话语最具代表性的人物，后结构主义哲学重要代表。——译者注

命的地震，而且同时还摧毁了估量这场地震危害的工具①。他以此暗示，同步阐释这个历史象征是不可能的，因为它是逐渐才形成的一个庞然大物。也就是说，与由行动者本身以及首先由黑格尔宣布为划时代的历史变化的法国大革命不同，大屠杀事件发生几十年后，才在人们的回顾中赢得了一个普遍和道德上的创建事件意义。孔菲诺强调了奠定西方道德和政治基础的象征表达的推移，从中可以看出现代精神游移于理想和创伤之间的整个波动幅度。在法国大革命事件中，暴力支撑着一个理想，开启了一个全新的纪元；而在大屠杀事件中，暴力则通向了一个迄今无法想象的文明断裂。这里表现出欧洲现代精神的两面性——既作为创建暴力，也作为创伤性毁灭。如果说追求理性、人道进步和"创造历史"纲领与法国大革命密切相连的话，那么大屠杀则无可挽回地"破坏了所有的历史法则、人类理性和进步信仰"。如果说法国大革命的方方面面此间可以遭到公开怀疑的话，那么，对今天已经赢得了神圣地位的大屠杀进行相应的批判性的评价则是一大禁忌。孔菲诺断言说，在我们这个时代，大屠杀逐渐取代了作为西方创建事件的法国大革命，并且现在就其自身而言提供了"象征性手册"；在它的光芒下，人们记忆和遗忘，阐释历史，提出政治要求和划清善恶界限。此外，这个衡量价值和预先确定术语的手册也会被那些与大屠杀没有直接历史关系的人接受和使用。②

①　让-弗朗索瓦·利奥塔：《海德格尔与"犹太人"》(*Heidegger und„ die Juden"*)，彼得·恩戈尔曼 (Peter Engelmann) 主编，克莱门斯-卡尔·哈尔 (Clemens-Carl Härle) 译，维也纳，通道出版社，1988 年。
②　阿隆·孔菲诺：《作为象征手册的大屠杀：法国大革命、大屠杀和全球记忆》，第 4—5 页。

　　如果说法国大革命的未来激情和进步乐观主义失去了力量的话，那么创伤历史和提供罪证的记忆的重量则增加了。如果说马克斯·韦伯的出发点还是"消极经验不会创造进步，暴力只能制造暴力"的话[1]，那么我们此间已经认识到了一个脱离暴力螺旋的可能，这就是采用一个新的文化记忆力量。它的核心问题是：能不能"这样转化暴力经验（……），以至于从它们之中产生出积极的价值关系能量"[2]？在由拉斐尔·莱姆金（Raphael Lemkin）起决定性作用起草的种族灭绝公约和1948年作为人道新标准的人权宣言中，我们可以看到这样一个积极的新价值关系，也就是强调人的尊严和绝对保护容易受到伤害的人。

"德国的重生"或者德国人应该知道他们的叙事是什么

　　在中小学，历史材料列在教学计划中；在大学，学者们从不同的视角和采用越来越新的方法研究历史事件。相反，曾经推动和继续推动德国历史的各种叙事几乎无人问津。它们被历史学家视为"神话"或者"意识形态"，因此并未被看作严肃的研究对象。各种叙事被利用和滥用；历史意义的确立就是在它们之中实现的。它们包含着地貌、象征和记忆的全部特征，推动着政治行动；人们长久不断地一再引以为证。"各种叙事结构在行为、经

---

① 汉斯·约阿斯：《人的神圣性——一个新的人权血统学》，第115页。
② 同上书，第109页。

验、记忆和表现的组织中产生作用。"[①]实际上，当今存在着一些探讨德国历史的根本问题，人们不可能仅凭着知道名称、地点、事件和年份就可以恰当地给予回答。比如，什么东西驱使德国人如此突然和极端地变成了一个凶残的民族？为了对此有所了解，我们也需要深入认识各个历史时期的感知和思维，深入认识那些"幻想"、价值和恐惧。简而言之：深入细致地认识那幻想的东西，因为它推动了历史进程。阿隆·孔菲诺写道："对历史更深刻的理解需要直觉和历史幻想。"[②]以此他认为，绝对有必要将分别占统治地位的历史记忆、阐释和自我形象也一并纳入历史研究中，因为它们支撑了各个历史时代的文化和政治。我从中受到了重要启发，因为审视民族叙事，特别是当它们导致了深深的断裂和爆发暴力时，集体自我启蒙可能是一个有效的手段。由于绝大多数民族依赖于把自我认识建立在历史事件基础上，通过纪念碑来巩固对这些事件的记忆，并且在一定的纪念日更新记忆。因此，深入认识历史叙事发展会成为公民历史教育一把关键的钥匙，也能够帮助中小学生理解一些具有决定意义的历史关联，同时可以武装起来应对反犹太主义和敌视外国人。德国历史是一个无止境的历史，而德意志民族则不是这样。因此，在这里应该简单地重述一下过去两个多世纪错综交织的德意志神话。

这个历史是伴随着拿破仑战争开始的，因为它以规范的价

174

---

① 扬·阿斯曼：《埃及人的摩西——破解记忆痕迹》(*Moses der Ägypter. Entzifferung einer Gedächtnisspur*)，慕尼黑，汉瑟出版社，1998年，第15页。

② 阿隆·孔菲诺：《奠定基础的历史——作为历史理解的大屠杀》，第142页。

值取向给德国当代打上了烙印，但同时也依然在没有真正理解的叙事和记忆形象中像幽灵似地徘徊。正是拿破仑，他作为导火索介入了德意志民族形成的历史中，而且以双重形式：作为解放英雄，他以法国民法典形式给德国人带来了法国大革命的自由、平等、博爱价值；作为殖民占领者，他的军队与普鲁士作战，使德国的城市和行政专区臣服于他的中央集权政府统治下。这种开创性的推动充满深刻的矛盾，一方面，他带来了法国大革命价值形式的解放和现代化；另一方面，他带来了外国统治的不自由，从而以此调动起了寻求民族自治的政治愿望。从这两个方向来看，拿破仑的作用就是在德国推动了一个新的民族运动。这个不仅由大学生和学生社团，而且也由市民、商人、企业家和教授承载的运动以其自由形式把两种自由思想连接在一起：个人的和民族的。今天，德国国歌依然与此密切相关。2018 年 3 月 18 日的庆祝活动，也就是工业和商业协会成立 175 周年纪念日——纪念日的设定也与之息息相关——联邦总统弗兰克-瓦尔特·施泰因迈尔在哈姆巴赫城堡把它当作民主诞生日来庆祝。在向普法尔茨酒商和中型企业代表发表的讲话中，他通过更新当时的幻想和价值，使得民族记忆获得了现实意义："我们今天生活在统一、主权和自由中，这也归功于商人、手工业者和工人的勇气。你们有理由为这样的典范而感到自豪！"[1]

"德国的重生"，这就是"三月革命"前时期自由民主运动

---

① 弗兰克-瓦尔特·施泰因迈尔，https://www.bundespraesident.de/SharedDocs/Reden/DE/Frank-Walter-Steinmeier/Reden/2018/03/180319-175Jahre-IHK-Pfalz.html.

的座右铭，于 1848 年在圣保罗教堂里达到了顶峰——但突然又终结了。第一次德意志民主革命失败了；它在反动派圈子里被妖魔化为"黑暗势力和革命颠覆活动"。在这个过程中，人们疏远了法国大革命的民主遗产，从此以后专注于运动的另一面，即民族统一计划。这话不管怎样听起来好像很熟悉？当然如此！1989 年 11 月，这种"民主"和"统一"之间的矛盾在东德的大街上又突然出现了。当时，游行者的口号不断地在"我们是人民！"和"我们是一个民族！"之间变换。

　　这种情况导致了步第一帝国后尘的"第二帝国"的建立。第一帝国曾经是一个由自由城市和封建诸侯组成的松散联盟，从 11 世纪起作为"神圣罗马帝国"存在，15 世纪时又添加了"德意志民族"。这块由地方诸侯、城市和议员组成的"打满补丁的地毯"拥有了一个豪华的名称，但随着 1806 年拿破仑创建莱茵联盟而解体了。德意志神圣罗马帝国曾经是一切可能的东西，唯独不是像欧洲其他民族一样的民族。黑格尔和另一些仁人志士在第一帝国终结中看到了一个新的时代和纪元的开始："一个帝国谎言彻底消失了。它分解成了一个个独立的国家。封地制度被废除了，财产和人的自由原则被确立为根本原则。"[1] 黑格尔的思想超越了他的时代。在德国，国家现代化来得晚，而且是分期进行的。它开始于一场民主运动，但很快就被第二帝国的建立超越了。从民主的开端只剩下了那面黑-红-黄旗帜。

---

　　① G. W. F. 黑格尔：《哲学历史讲座》(*Vorlesungen über die Philosophie der Geschichte*)，斯图加特，雷克拉姆出版社，1961 年，第 604 页。

从 19 世纪下半叶以来，欧洲越来越变成了民族战争的战场。与法国的仇敌关系在普法战争中达到了第一个顶点，随之而来的是 1871 年德意志帝国的建立，并且一直延续到第一次世界大战。战争结束和《凡尔赛和约》签订以后，与法国的仇敌关系非但没有化解，反而达到了登峰造极的地步。与此同时，1848 年在法兰克福圣保罗教堂以失败而告终的德国民主于 1918 年历史性地变得有了可能——作为胜利者送给战败民族的一个礼物。一个和平的欧洲新幻想和德国第一批民主主义者令人印象深刻的民主活动进行得并不顺利。因此，在各种民族叙事中，民主创建史这一章也不可能获得应有的光彩，即使 100 年后的 2018 年，在魏玛国家剧院举行的令人难忘的周年纪念大会上，联邦总统施泰因迈尔也回忆起了德国第一次民主创建行动。

然而，关键问题是：怎样把纳粹历史纳入这个历史回顾呢？回答是：作为一个引人注目的记忆空白。正在成长的德国人虽然学习了他们的历史，在有关纳粹和大屠杀知识方面受到了启蒙，但是，那些当时传承下来的图像当然因为遗忘被清除了。当我们谈论德国神话和叙事时，我们不可能把 19 和 20 世纪如此简单地割裂开来，因为同样的主题和动机有一部分会以新的格局长久地重新出现，同时也获得了新的意义。也就是说，纳粹神话天衣无缝地衔接着德国的解放战争，因为它们以自己的方式转换和继续叙述着德国解放战争。第一次世界大战的仇敌和殖民化斗争中的对手法国和英国依然存在，还有新的敌人加入其中，即俄罗斯和"斯拉夫"东方。新概念就是区别德意志优等人和斯拉夫劣等人的社会达尔文种族理论。按照这个学说，前者天生就是统治者，后者命中注定要当奴隶。这话具体意味着什么，希特勒已经说得一清二楚。当时，也就是20世纪30年代里，一些美国种族主义者对希特勒很感兴趣，他们前来德国朝拜他。面对他们，希特勒深表对美国南部国家的钦佩，并对它们在内战中遭受失败深感遗憾。他这样说道："一个伟大的、建立在奴隶制度和不平等思想基础上的新社会制度的萌芽当时被毁灭了。"[①] 希特勒的追随者当时在纽约集会游行，穿着纳粹制服，打着上面带有卍符号的星条旗，为了"真正的美国文化"，反对富兰克林·D·罗斯福自由民主的民族理想，把他的"新政"说成是"犹太人新政"。

反犹太主义也属于新的种族理论，它已经在第二帝国时期广泛地传播开了。历史学家和政论作家海因里希·冯·特雷奇克（Heinrich von Treitschke）那句话——"犹太人是我们的不幸"（1879年）——在"第三帝国"成为一个普遍的座右铭而广为流传。比如，它被挂在教室黑板旁，学生们随时可以看见，凭借这样的句子练习阅读。在这个时期的学生练习本上，除了关于母亲节的作文，就是题为"犹太人——毒蘑菇"的作文。它是这样开头的："当你走进树林里，看见外表漂亮的蘑菇时，你就以为这些蘑菇似乎好美啊"，并且以这样的话结尾："就像毒蘑菇会毒死整个一家人一样，犹太人会毒死整个一个民族。"[②]

---

① 吉尔·莱波雷：《这个美国——一个更好的民族的宣言》，第101页。

② 诺拉·克鲁格（Nora Krug）：《家乡——一个德国家庭纪念册》（*Heimat. Ein deutsches Familienalbum*），慕尼黑，企鹅出版社，2018年，没有编页码。

179　　　纳粹德国用改头换面的反犹太主义做法武装了自己。这种做法远远地超越了基督教敌视犹太人和市民反犹太主义漫长历史中已经准备好了的一切。为了辩解把犹太人列为许多敌意关系中头号敌人位置，老一套反犹太主义做法已经不再够用了。因此，纳粹分子宣布犹太人为直接和强势威胁，采用了强大的宣传攻势制造一种人人都要遭受威胁的恐惧。在新式的反犹太主义种族主义宣传中，犹太人的纯粹存在和在场就已经被视为对德国人的身份认同、雅利安族（die arische Rasse）和民族共同体健康的冲击。这种威胁已经浓缩在远古时期东方犹太人的圣像中，一个潜意识和扩散的文化和政治理想图像。之所以要创造这个图像，目的就是要为在整个欧洲灭绝全部犹太人进行辩解——毫不顾忌人、地位、年龄和性别。

　　这种幻术之所以能够产生广泛影响和受到普遍赞成，关键在于它被融入了传统的民族叙事的思维模式里。阿隆·孔菲诺在众多的档案里发现了一个出自 1937 年的宣传广告，它特别形象地表现了纳粹叙事与一些从前的叙事相互交织的特征。这幅宣传画的标题叫作："犹太人离开犹太人居住区"。画面下半部分画的是一座繁荣昌盛的城市，还有教堂塔，共同融入了一片美丽可爱的风景里，表现了"德国家乡"完美无缺的化身。而在城市上方，却酝酿着一片乌云。在画面上半部分，可以看到从乌云中走出来一个令人毛骨悚然的幽暗身影，头戴基帕，留着胡子，身穿黑色长袍；他穿过一个城门，离开东方犹太人小镇那些勾画得像幽
180　灵似的房子。画面右边说明了两层画面的关系，其中这样写道："在'自由、平等、博爱'口号下，犹太民族要求和获得与其东

道主民族公民完全同等的地位！"[1]

这就是新翻转的德意志-民族叙事原始资料的语言和未加密文本。作为现代化推动力的法国大革命依然被当作起源思想而产生影响，但是它现在不再会与法国和拿破仑有关系，而是表现为犹太人分化法国的行为。同样的犹太人现在正想用他们的民主价值来分化德意志城市和德意志国家。这样一来，德国叙事的两个核心要素被彻底重新解释和组合：民主解放动机现在呈现为犹太人的（世界-）阴谋形式，而民族统一的动机则被表现为一场种族民族共同体反对（世界-）犹太民族的生死斗争。

民主思想当时从法国开始，形成了德国解放运动的萌芽——自由、平等、博爱——，现在则被视为洪水猛兽。为了对付这洪水猛兽，就要构想一次净化种族和保卫家乡的德意志革命。由于被同化的犹太人此间已经失去了他们的鲜明形象，因此，他们被纳粹用漫画形式贬低为显而易见的刻板模式，并且到处被打上了标记——直到在身份证件上更名为萨拉和以色列[2]，并且被打上黄星标记。这样的标记成为暴力三部曲的前提：驱逐、迫害、灭绝。因为从这个角度来看，犹太人不仅代表一个不同的宗教和不同的种族，而且也代表着必须从德国历史中彻底消失的民主价值，从而让这场新的德意志种族革命取而代之。"犹

---

[1] 阿隆·孔菲诺:《奠定基础的历史——作为历史理解的大屠杀》，第146页。

[2] 萨拉（Sara）是一个传统的犹太女性名字，而以色列（Israel）则是一个不太常见的犹太男性名字。但在纳粹统治时期，二者成为"典型的犹太人名字"。从1938年，根据纳粹"更名规定"，所有犹太女性和男性证件上都得附加上作为犹太人标志的"萨拉"和"以色列"。——译者注

太人问题是打开世界历史的一把钥匙"，在 1944 年举行的一次纳粹新闻发布会上有人这样说；所谓的"最终解决"，即不惜一切手段杀害犹太人——而且在欧洲东部灭绝战争期间使用了越来越多的手段——在战争最后几年里变成了犹太人问题的"解决办法"。孔菲诺评论说："纳粹抱着建立一个新社会目的，一个借助于系统地迫害和灭绝一个个族群来塑造德国、欧洲和世界的种族文明。（……）这种反犹太人幻象使得纳粹有可能想象出一个没有犹太人的世界"[①]——不仅如此，而且最终还要通过工业化运作的种族大屠杀和大量枪杀把这种幻象付诸实施，从而造成了令人难以想象的灾难后果。

毫不奇怪，1945 年以后，反犹太人暴力幻象必然会从所有媒体中消失，逐渐取而代之的是大屠杀作为德国身份认同的历史象征和核心事件。不管人们具体知道多少，这个国家的绝大多数人毕竟都听到了一些纳粹杀害犹太人的暴行。然而，这种知识今天是以什么样的形式和在什么样的语境下被传授的？时代发生着飞快的变化，互联网作为信息源加入到了其中，新的叙事产生了，过去的图像又浮现出来，又被重新阐释。大屠杀正在与什么样不同的知识竞争，又与什么样不同的图像相融合？当历史语境发生变化的时候，这些图像和论证模式依然惊人地始终如一，顽固不变。今天，在欧洲存在着许多有民族主义倾向的国家，它们无疑又与自己的法西斯历史建立了联系，或者把纳粹卖国贼奉为

---

① 阿隆·孔菲诺：《奠定基础的历史——作为历史理解的大屠杀》，第 149—150 页。

英雄。在这些民族中，人们不仅会美滋滋地想象着一个没有移民的欧洲，而且也会不择手段地阻止移民进入自己国家，拒绝接受他们。在这个过程中，人们在德国又无所顾忌地动用了德国人作为古老的同一种族集体图像，进一步呈现出基督教的 / 伊斯兰教的，或者欧洲的 / 非洲的之间的分界线。犹太人分化德意志种族共同体今天变成了"改造民族"的幻象。当欧洲其他像法国或者英国这样的国家社会已经打上了当年殖民地国家公民烙印的时候，而在德国，右翼组织激烈地反对移民在人口中的比例日益增长的态势。他们看到德国人的身份认同再一次受到令人害怕的外国人的威胁。2016 年，在布兰登堡州的埃尔斯特韦达市的一次演讲中，当时的选择党主席亚历山大·高兰（Alexander Gauland）提到有人"企图通过来自世界各地的人口逐渐取代德意志民族"。他称安格拉·默克尔（Angela Merkel）是一个"女总理-独裁者"，并且引用了新纳粹-乐队"吉吉 & 棕色城市乐手"一首歌的重唱句："我们今天宽容，明天就会在自己的国家里感到陌生。"歌名出自于 2010 年出版（并被禁止）的名为"阿道夫·希特勒活着！"（*Adolf Hitler lebt!*）的光盘。无论高兰明不明白这些关系，但他针对默克尔总理作为独裁者的宣传攻势在这里潜意识地认可了她就是一个真正的独裁者。

所有这些过去和现在发生事件的地点都有一个共同点，那就是在它们之中，历史不仅是人为的，而且也是被感官感受的，有意义地被经历的。这样说指的是一定的叙事影响；这些叙事分别赋予人们理解自己的历史、阐释自己的现实和期待自己的未来的方向。这些深深内化的叙事包括幻想和恐怖图像、记忆、希望、愿望和幻象。如果一个社会的叙事把所有这些因素在精神上极为有效地捆绑在一起，这无论如何不是无害的。政治就是一个始终围绕着叙事的斗争。历史的进程决定，哪些叙事要继续保持下去，哪些叙事会占主导地位，哪些叙事又会被淘汰。然而，即使被淘汰的东西，一旦政治框架条件允许，便会又一次死灰复燃。

4. 和平与好战民族

泰莫斯-情结

弗朗西斯·福山一针见血地指出了情感对于政治行动和身
份认同策略的作用。为了更确切地理解政治运动的驱动力，他又
接受了古希腊的"泰莫斯"概念。这样一来，他立足于美国政治
思想家一个较长的传统中，作为第三代继续传承了这个传统[1]。这
个传统路线的创始人是列奥·施特劳斯。1938 年流亡前，施特
劳斯与卡尔·施米特保持着密切和善于思考的交流。二者都反对
自由主义，但却在十分不同的前提和框架条件下：施特劳斯把反
自由主义思想运用到保护和加强美国民主上，而卡尔·施米特则

---

[1] 下面的论述依据于布鲁诺·克伦内尔（Bruno Quélennec）的文章《泰莫
斯与英勇的男子气概，从列奥·施特劳斯到德国选择党——关于反自由主义和反
女性主义母体思想史》（Thymos und heroische Männlichkeit, von Leo Strauss bis zur
AfD. Zur Ideengeschichte eines antiliberalen und antifeministischen Motivs），载于：
马库斯·朗克维（Markus Llanque）/杰拉德·劳莱特（Gérard Raulet）（主编）：《政
治思想史之史》（Geschichte der politischen Ideengeschichte），巴登-巴登，诺莫斯
出版社，2018 年，第 221—252 页。

在魏玛共和国运用到破坏民主上。在美国，施特劳斯成为新保守主义学派"施特劳斯派"的创建者。他借助对柏拉图的阅读，把泰莫斯概念引入到政治理论中。而福山从他的两位老师，也就是施特劳斯的弟子阿兰·布鲁姆（Allan Bloom）和哈维·曼斯菲尔德（Harvey Mansfield）那里继承了这个概念。福山在他的论著《历史之终结与最后一人》（1992年）的第三部分详细地运用了泰莫斯概念。在这颇有影响的研究中，他把柏拉图的泰莫斯纲领——透过列奥·施特劳斯的眼镜阅读的——与黑格尔的承认纲领——透过法国哲学家亚历山大·科耶夫的眼镜阅读的——结合在一起。泰莫斯纲领和承认纲领引导福山得出了历史终结的观点。苏联解体以后，按照科耶夫对黑格尔的解释，在资本主义自由民主社会中，争取承认主人与仆人之间的阶级斗争随之也停息了。随着苏联解体，这个历史引擎也失去了作用。

当福山2018年修正他的观点时，他还再次把泰莫斯–情结与承认问题结合在一起，但他现在不再在主人–仆人–辩证关系中，而是在新的身份认同政治形式中看到了承认问题。他以此把承认概念从政治–经济语境默默地转向了社会–文化语境。正如阿克塞尔·霍奈特在他的著作《争取承认的斗争》中所强调的，新的承认斗争是以道德为动力。该书的副标题已经说明了这一点：关于社会冲突的道德规则。① 这里不再关系到主人和仆人，

---

① 阿克塞尔·霍奈特：《争取承认的斗争——关于社会冲突的道德规则》（*Kampf um Anerkennung. Zur moralischen Grammatik sozialer Konflikte*），美因河畔的法兰克福，苏尔坎普出版社，2003年。

而是关系到以耻辱、歧视和冷落形式出现的不平等经验，关系到采取对抗措施时要求机会平等和作为个人尊严和声望前提的社会参与。但是，与福山不同，霍奈特思考的是个体身份认同，提出了"主观潜能"和"个人融合"的说法。然而，他的主观间性理论也可以转化到群体上："积极的自我关系程度伴随着每个新的承认形式而增长（……）：这样一来，在仁爱的经验中潜在着自信的机会；在法律承认的经验中潜在着自尊；在团结的经验中最终潜在着自重。"[①] 按照霍奈特的观点，争取承认的斗争需要一个价值共同体批判性的解释框架，因为这个价值共同体致力于法律平等和社会尊重，并以此推动社会发展进程，从而会导致"各种承认关系逐步拓展开来"。面对个体和群体在道德上的伤害，霍奈特关注的是德行的普遍主义标准。毫无疑问，我们还不会那么快地看到这个历史的终结。

187

然而，福山的问题则是另一个，正因为如此，他把承认-主题与泰莫斯-主题联系在一起。他抱着自己对历史终结的预测回应了一个已经失去明确方向的世界。随着普遍的解放，自由主义又回到了自身。我们生活在后现代时期，生活在后历史时期。价值的相对化和对自我需求的关注导致了社会纽带、宗教关系和爱国情怀的丧失。福山思考了什么东西还能凝聚这样一个社会，同时也遇到了一个悖谬："自由民主政体是不会自我满足的。它们

---

① 阿克塞尔·霍奈特:《争取承认的斗争——关于社会冲突的道德规则》，第273和278页。

赖以存在的共同体生活必然会有另一个来源给予支撑。"[1] 这个思想触及到民主理论的核心："自由世俗的国家赖以存在的前提并非是它自身能够保证的"——国家法专家恩斯特-沃尔夫冈·伯肯弗尔德（Ernst-Wolfgang Böckenförde）的著名格言如是说。这也许是他从卡尔·施米特那里继承来的。而施米特在这一点上也许又与列奥·施特劳斯的看法不谋而合[2]。如果没有非自由原则，简而言之，如果没有一个新型泰莫斯，那么自由民主政体就不会存在下去。为了使民族重新统一起来，福山1992年这样论证道，社会不仅需要公民打开泰莫斯能量阀门，而且——在主要敌人苏联消亡以后——也需要发挥泰莫斯推动力，比如新型英雄和伟大行为。2018年，福山背离了他的论据。这时，他在身份认同运动的过度情感和政治承认中发现了泰莫斯，并且寻求一些制度模式，为了从上层巩固信仰民族内部相互对立的群体凝聚力。

1989年，也就是在福山发表了他的著作《历史之终结》第一个概要的同一年，美国文学批评家哈罗德·布鲁姆出版了一本著作，他同样为自己的论述发现了泰莫斯-概念，并使之为他的文学理论锦上添花。我在这里想要顺便提一提这个例子，为的是超然于政治学争论中对这个概念狭隘的理解，指出某些泰莫斯在其他语境中的魅力和多变特征。在布鲁姆名为《推翻神圣的真

---

[1]　弗朗西斯·福山：《历史之终结与最后一人》（*The End of History and the Last Man* ），纽约，自由出版社，1992年，第327页。

[2]　https://de.wikipedia.org/wiki/Böckenförde-Diktum.

理》的著作中，涉及到一些被他列为"神圣文本"的宗教和文学文化创建文本①。在他看来，《创世记》(*Genesis*)、《出埃及记》(*Exodus*)、《伊利亚斯》(*Ilias*)和《奥德赛》(*Odyssee*)，还有但丁(Dante)、莎士比亚和弥尔顿的作品是神圣文本，因为他像约阿斯一样，并未把神圣局限于宗教范畴。这些文本会施展出一种公共机构无法没收和控制的阐释潜力。文学批评，正如布鲁姆所理解的，不仅存在于对文本从语文学或者阐释学视角的研究中，而且恰恰也存在于对文本重要意义和精神超越的证明中。批评家必须面对面地对待文本。在这一点上，他与弗朗索瓦·于连的看法颇为相似②。

布鲁姆对天才和伟大的看法受到了尼采一篇名为《荷马竞赛》(*Homers Wettkampf*，1872 年)片断的启发。"然而，一个希腊人越伟大，越崇高，从他的身上就越能闪亮地爆发出雄心勃勃的光芒，会让每一个和他一起奔跑在同一条道路上的人望而生畏。"尼采以体育竞赛为例，阐明了"贪婪的嫉妒"、"作为攻击根源的巨大欲望"，以及目的，那就是"自己去取代这个要被推翻的诗人，继承其荣耀。每个海伦都会把竞争的火炬传递下去；在每个伟大的道德上都会点燃起一个伟人形象。"尼采的斗争模式是理解布鲁姆强大的作家理论的一把钥匙，因为它表明了天才怎样通过与天才的斗争才会成为天才。布鲁姆把尼采的荷马

189

---

① 哈罗德·布鲁姆：《推翻神圣的真理——从圣经到当下的诗学和信仰》。

② 布鲁姆心知肚明，正是他自己赋予这些作品非凡的权威；与此同时，他也指出了这些文本的事实，因为它们的重要意义在文学史上总是创造出新的事实。

（Homer）形象与他在传统的语文学家 E. R. 多兹（E. R. Dodds）那里所找到的泰莫斯–概念联系在一起："一个男子的泰莫斯告诉他，现在必须吃饭或者喝水或者打死一个敌人。在行动的过程中，泰莫斯给他出主意，给他嘴里递话。（……）他通常会接受（这个）劝告，但他也可以拒绝，也可以像宙斯遇到机会一样，'没有他的泰莫斯同意就行动起来了'。在这种情况下，我们要像柏拉图那样说，人（……）实现了自我克制。"布鲁姆不是历史地或者从因果关系上思考问题，而是有意地活动在一个自己建构的阐释空间里："我觉得，斯涅尔（Snell）、多兹和弗兰克尔（Fränkel）心中的荷马就是我阅读的荷马，即使可能没有他们，我似乎也毫无疑问地读过荷马。"[①]布鲁姆在泰莫斯–概念中找到了他独创性的斗争理论的钥匙。

我们再回到政治理论的泰莫斯–情结上。2006 年，哲学家彼得·斯劳特戴克（Peter Sloterdijk）发表了一篇题为《愤怒与时代》的论著，对后资本主义社会现实做出了预测。他在文中直追溯到荷马，从《伊利亚斯》中拿来第一个词，即"愤怒"，（menis）。他接下来把这个词与"泰莫斯"相提并论，一方面，为了说明革命运动的动力，另一方面，为了对抗在全球资本主义无可选择的情况下所谓历史终结的看法。在论述中，斯劳特戴克进入了一场"与弗朗西斯·福山著作想象中的对话"。他认为福山的著作是"为数不多的触及到时代神经的政治哲学论著"

---

① 布鲁姆：《推翻神圣的真理——从圣经到当下的诗学和信仰》，第 33、36—37 和 40 页。

之一①。他把泰莫斯-情结接受为一个融合了一些古老价值和自豪感、尊严和荣誉等情绪的集合体。这些价值和情绪支撑着英雄的男子气概和伟大行为，并且在应对积极的自我形象遭到危险、受到伤害和歧视时会突变为愤怒、报复和公然的攻击。在斯劳特戴克那里，受到排挤和伤害的自豪感蒙上了攻击性特征，融合了愤恨、仇恨、愤怒和恼怒，成为一个具有破坏性的大杂烩。斯劳特戴克认为，这些情绪是人的天性的一部分，在文化媒介中获得了持久的特征，并且——正如《伊利亚斯》例证表明的——数百年以来导致了价值和行为的内化和更新。随着《伊利亚斯》问题的切入，斯劳特戴克唤醒了生活在一个变得麻木不仁的西方文明世界里的读者，提醒他们想一想自己被遗忘的泰莫斯资源："事实是：荷马活动在一个幸福的、无边无际的好战主义世界里。"②

　　针对这样的评判，一些批评家坚决地提出了异议。比如，以阿喀琉斯为例，愤怒非但没有鼓舞战斗精神（泰莫斯），反而使之瘫痪了。此外，贡纳尔·辛德里希斯（Gunnar Hindrichs）也指出，像布鲁诺·斯涅尔和E. R. 多兹这样的专家没有以任何方式证明"幸福的好战主义"的荷马形象。他把斯劳特戴克要像英雄一样把握住泰莫斯-情结解释如下：回归希腊心灵学说使得"一种没有相应关系的意义阐释（成为可能）。作为世俗替代，191泰莫斯会变得有意义，也就是愤怒、勇气和行动力的作用范围。

---

① 彼得·斯劳特戴克：《愤怒与时代——政治心理学试论》（*Zorn und Zeit. Politisch psychologischer Versuch*），柏林，苏尔坎普出版社，2006年，第62页。

② 同上书，第12页。

（……）泰莫斯之所以会产生意义，因为它打破了由逻各斯和厄洛斯组成的僵死空壳；它反对任何可预见性，反对任何享乐，而是愤怒和勇敢地应对对付分担责任的环境，并且经受住环境的考验。就这样，泰莫斯制造出一个个开放的可能，从而可以让我们想象到我们的生存拥有新的意义。泰莫斯愤怒会摧垮价值链和消费那些毫无意义的实施过程，不存在与上帝的关系，完全处于应该分担责任的环境中，尽管如此，还会产生意义。"① 这恰恰就是斯劳特戴克的泰莫斯－情结引以为证的根本所在：引证一个纯粹的能源，为了"从曾经发生的事情中为以后的攻击获取动力。愤怒成为一个向着未来运动的动量，这种运动绝对可以被理解为历史动荡的原料"② 。这就是说，我们依然还看不到历史终结，因为在人类历史上，较长发展阶段内反复受到遏制的泰莫斯又会一再被激活。

此间，斯劳特戴克的弟子，德国选择党哲学家马克·荣根（Marc Jongen）接受了这样的泰莫斯理念，同时又明显地进一步超越了他的导师。他提出了"我们的民族去男性化"的态势和只有通过重新民族化才能消除的"泰莫斯缺乏症"的观点③ 。这一切并不完全是什么新玩意儿。福山的导师哈维·曼斯菲尔德已经不无惋惜地说过，在自由民主的"性别－中性社会里"，泰莫斯能

---

① 贡纳尔·辛德里希斯：《泰莫斯》（Thymos），载于：《德国欧洲思想杂志》第 841 期，2019 年 6 月，第 16—31 页，此处引自第 24 页。

② 彼得·斯劳特戴克：《愤怒与时代》，第 97 页。

③ 贡纳尔·辛德里希斯：《泰莫斯》，第 16 页，注释 1。

量已经被废弃了（"unemployed"）[1]。在荣根那里，听起来是这样说的："我们的消费主义社会瞄准的目标以性爱研究为中心。我们反而几乎不过问泰莫斯，也就是从前被称之为男子气概的道德。"[2]斯劳特戴克和荣根二者都关注的是德国社会，提出了一个"所谓的母系制社会"看法，要求革新和加强男性的好战道德。 192

因为伤害民族荣誉而产生的愤怒也在德国选择党内其他种族民族主义者中蔓延。比如，在比约恩·霍克看来，欧洲被害犹太人纪念碑就是对德意志民族荣誉这样一个伤害。因此，他称这个纪念碑是德国人植入自己首都心脏里的"耻辱纪念碑"。这里应该强调的是，并非令人吃惊的反人类罪本身，而是纪念碑和德国记忆文化被视为耻辱。在这里，荣誉与尊严又一次互不相容地对立起来：这一些人否认大屠杀，或者把大屠杀轻描淡写地说成是"射击比赛"，为的是重建他们的民族荣誉，而另一些人则在承认和记忆反人类罪的相反道路上看到了重建民主尊严的根本。随着斯劳特戴克和荣根的观点，泰莫斯-情结接受史从政治理论和学术争论直接转向了公众。泰莫斯，一个源自于古希腊文化的情结，此间作为民族主义和新纳粹主义运动的战斗概念在德国社会中受到青睐。

辛德里希斯在其杂文中推测，斯劳特戴克的伊利亚斯-阐释与其说可能与荷马，倒不如说可能与两次世界大战相关。"前线

---

① 布鲁诺·克伦内尔:《泰莫斯与英勇的男子气概，从列奥·施特劳斯到德国选择党——关于反自由主义和反女性主义母体思想史》，第 242 页。

② 马克·荣根:《我们必须变得更有反击性》(Wir müssen wehrhafter werden)《新苏黎世报》访谈，https://nzzas.nzz.ch/gesellschaft/wir-muessen-wehrhafter-werden-ld.149885?reduced=true.

经历使得民族保护罩和个人需要失去了光泽，激发人们把战争转化为政治和社会生存。"①在这样的前提条件下，泰莫斯情绪其实不可能被狂热地重新激活。然而，有一些"68一代"男性代表人物好像并没有受到这样的保护。彼得·汉德克（Peter Handke）在塞尔维亚经历了这样一个泰莫斯冲动，上演了一出公共舆论在他获得诺贝尔文学奖这一年乐此不疲持续关注的神秘剧。德国选择党首先开始在比较小范围的"愤怒公民"中传播泰莫斯-概念，针对自己的国家使用了仇恨、拒绝和污秽的言辞。在更激进的右翼组织中，已经勾画出一条走向好战的民族主义——提示词为德国新纳粹组织或者右翼公民——道路。

泰莫斯/神话（Thymos/Mythos）——这两个词语是由同样的字母构成的，在形式上可以互相转换。不可忽视的是，这个由政治学家和哲学家抱着不同兴趣看待的研究对象，也就是像自豪感、荣誉和仇恨等情感的泰莫斯-情结在建构民族神话时起着核心作用。下面一章将要引证贡纳尔·辛德里希斯的启示，更加细致地来探讨泰莫斯-情结与20世纪两次世界大战的关系。然后才可以评判，泰莫斯-情结是以什么样的方式塑造了20世纪的政治神话，影响了政治神话的接受。

战争经历神话（乔治·莫斯）

历史学家乔治·莫斯（1918—1999）撰写了一本令人印象

---

① 贡纳尔·辛德里希斯:《泰莫斯》，第30页。

深刻的关于泰莫斯、民族主义和纳粹关系的著作，但并未使用泰莫斯概念。1933 年，他 14 岁时就不得不离开纳粹德国，辗转生活在不同的国家，后来定居在美国，并在麦德森的威斯康星大学任教。莫斯是一个重要的民族历史学家和一个先锋派记忆研究者。他的著作名为《倒下的士兵——重塑世界大战记忆》（1990 年）已经包含着记忆这个词语，尽管这个概念当时在研究中还尚未确立①。他的犹太出身和同性恋使他成了一个创新的文化历史学家。他首次十分敏锐地著述论证了一些涉及到种族、阶级、性别和身体的压制性规则，也关注到了民族仪式和象征话题。他没有撰写另一本关于第一次世界大战的著作，而是研究了这场战争并没有被终结，而是怎样转化为战后时期的集体记忆的。莫斯这样说道，尽管 1918 年 11 月 11 日的停战带来了一个令人盼望的重大转折，但这场战争绝对没有以此而告终。

 莫斯的出发点是，这场工业化战争及其熟练和机械化的杀戮使得 1300 万士兵丧生，结果让人类社会深受伤害，留下了巨大的问题。因为在这场使得许多士兵及其亲人遭受了创伤的战争恐怖与给他们曾经承诺的战争荣誉之间张开了一条巨大的鸿沟。因此，所有的民族都寻求着一种象征语言，以便填补这个空缺，或者至少成功地遮掩住它。在德国，人们为之遵循着肯定战争以及参与战争的老兵记忆，而不是从战争中醒悟过来、返回家园并且否定战争的参与者的反思。因此，强调选择性记忆，其意图在于

194

---

① 乔治·莫斯:《倒下的士兵——重塑世界大战记忆》（*Fallen Soldiers. Reshaping the Memory of the World Wars*），纽约 / 牛津，牛津大学出版社,1990 年。

美化战争，而不是展现它的悲剧。这样一来，在第一次世界大战结束后，人们以回顾的方式建立了一种战争崇拜。这种崇拜远离了历史现实，把社会价值一味地聚焦于男子气概、强大力量、英雄主义和牺牲精神以及民族神圣性。这个神话在媒体和宣传中也夸大成了个人的战争记忆，把战争变成了一种拥有新型"圣人和烈士、记忆的神圣之场和可以代代相传的遗产的民族信仰"①。战争神圣化同时与民族神圣化亦步亦趋，相互并存，相得益彰。莫斯谈论的是"前线经历神话"。然而，他并没有想到，我们今天似乎期待着干脆把作为建构的神话弃之一旁，揭露为谎言。埃里希·玛丽亚·雷马克（Erich Maria Remarques）的《西线无战事》和战后一代的国际和平运动就是要彻底解构这样的神话②。莫斯反而感兴趣的是神话是怎样被建构的，也就是说，它怎样如此深刻地影响了人的行为，它怎样会如此持久地创造历史和塑造一代又一代人以及民族自我形象。神话恰好完成了这样的使命。

参与过第一次世界大战的各民族建立了不同形式的战争神话。"政治上的右翼势力觉得自己是战争经历神话的继承人，不仅在德国，而且在整个欧洲如此。实施残暴的过程到处都与右翼

---

① 乔治·莫斯：《倒下的士兵——重塑世界大战记忆》，第7页（阿莱达·阿斯曼译）。

② 阿斯特里德·埃尔形象地描述了年轻一代对战争的反记忆，参见：《代际、血统和记忆的三重格局》（Three Constellations of Gerarationality, Genealogy and Memories），载于：《新文学史》（New Literary History）45，第3期（2014年），第385—409页。

党派在民众中的影响传播密切相关。"①莫斯把注意力集中在德国形势上，研究了各种叙事是怎样产生和运用的，从而赢得了政治影响，激励了群体，创造了历史。虽然莫斯本人并没有使用"泰莫斯"概念，但他在自己的著作中重构了泰莫斯男子和战士崇拜。这种崇拜是在战争期间建构的，在20世纪20年代又通过政治上的右翼势力传承下来，并且继续得以加速发展。他引用了出自1915年一首战歌的一段歌词为例："我们变成了愤怒的民族 / 我们仅仅只考虑战争 / 我们作为愤怒的男子骑士团祈祷 / 为了战争甘洒热血。"② 10年以后，这种行为绝对没有消失。阿诺德·茨威格（Arnold Zweig）十分忧虑地观察了这种泰莫斯狂热的延续："无论在哪儿，战争无一例外地引起了个人和公众的男子气概合乎理想的爆发。"③

在两次世界大战期间，战争记忆非但没有减弱，反而增强了。在20世纪30年代，战争神话被抬高到纳粹国家意识形态核心地步。"记忆亡者"，现在不仅意味着事后缅怀他们，向他们表达敬意，而且同时也意味着，要把对好战的牺牲者崇拜传递到未来。这种强化战争神话行为今天还可以从阵亡将士纪

196

---

① 乔治·莫斯：《倒下的士兵——重塑世界大战记忆》，第161页（阿莱达·阿斯曼译）。

② 托马斯·科布纳（Thomas Koebner）/罗尔夫−彼得·严兹（Rolf-Peter Janz）/弗兰克·特洛穆勒（Frank Trommler）（主编）：《新时代伴随着我们——青年一代神话》（*Mit uns zieht die neue Zeit. Der Mythos der Jugend*），美因河畔的法兰克福，苏尔坎普出版社，1985年，第220页。

③ 阿诺德·茨威格：《蓬特和安娜》（*Pont und Anna*），柏林，1925年，第95页。

念碑向战士纪念碑的转换中看出来。战争结束后，德国遍地都竖立起了阵亡将士纪念碑。没有一个城市，没有一个村庄，不会让人在附近便看到这样一个纪念碑，上面雕刻着各个城镇阵亡男子的名字及其生平信息和阵亡日期。这个倡议是由各个城镇发起的，并不依赖于国家号召，创造了各自的个人缅怀和崇敬之场。20 世纪 30 年代，接着便出现了阵亡战士纪念碑。作为新型纪念碑，它们不再承载着个人的名字，也不再回顾第一次世界大战，而是心照不宣和坚定不移地展望未来。那些有意建得宏伟巨大的雕像代表了威严雄壮和坚强不屈。随着这些纪念碑的建立，第一次世界大战记忆自然变成了第二次世界大战准备。

197　　　这种一味关注民族荣誉和英雄行为的观念在一个具有男子气概、经过战争锤炼的民族信仰框架下四处蔓延，随之形成了朋友和敌人的极端两极分化和后果严重的思想，与 20 世纪 20 年代的和平与民主化努力针锋相对，背道而驰。莫斯对此进行了详细的描述。虽然他在书中根本就没有提及卡尔·施米特的名字，但却非常精确地勾画出了施米特的思想根植其中的政治环境。"战争激情持续地进入和平环境里，导致了政治残暴化和对人生命的漠视。（……）在两战期间的岁月里，这种残暴化发展进程的结果就是让男人变得无比强大，使之把斗争的矛头对准政敌。与此同时，也使男人和女人面对施加给人的暴行变得麻木不仁。"战争结束后，这种政治好战性在许多欧洲国家四处蔓延。"政治斗争语汇、全部灭掉政治对手的目的，（……）这一切导致了已经结束的第一次世界大战依然在精神上延续下去，现在的矛头针对的是他者，绝大多数情况下针对的是内部敌人"[1]。

乔治·莫斯逝世于 1999 年。他还经历了柏林墙倒塌，对德国的发展感到满意："在我看来，德国人压根儿不再愿意战斗，这是第二次世界大战的一大成果"，他在 1990 年的一次访谈中坦诚地说道。他普遍注意到，"'战争经历神话'此间在欧洲已经成为历史"，但又补充道："可是未来依然悬而未决。（……）如果作为世俗宗教的民族主义又发展起来的话，那么战争神话同时又会推波助澜。"莫斯认为，"战争本身就是一个巨大的残暴化机器"，所以他才对此不抱任何幻想，那就是"我们称之为文明化进程的东西中有一些就是在这种压力下被毁灭的"[2]。凡是作为激情开始并导致了不惜牺牲自己生命的爱国主义精神的东西，便悄然无声地变成了一种虚无主义的基本态度。通过教育，这种态度又会被系统地提升为对人的生命的漠视。在这种情况下，莫斯提醒人们要关注使上百万亚美尼亚人丧生的大屠杀，以及希特勒玩世不恭的问题："谁今天还会提起灭绝亚美尼亚人呢？"就在他 1939 年发动侵略战争前夕，希特勒还觉得确信无疑，因为遗忘意味着保护凶手，确保他们不会受到惩罚。

198

---

[1] 乔治·莫斯：《倒下的士兵——重塑世界大战记忆》，第 159—160 页（阿莱达·阿斯曼译）。

[2] 伊伦娜·隆格（Irene Runge）/乌韦·斯特布林克（Uwe Stelbrink）（主编）：《我永远是流亡者——与乔治·莫斯的对话》（*Ich bleibe Emigrant. Gespräche mit George Mosse*），柏林，蒂茨出版社，1991 年，第 114—115、224 和 162 页。

朋友-敌人-思维模式（卡尔·施米特，拉斐尔·格罗斯）

卡尔·施米特（1888—1985）是一个思想家，他把朋友-敌人-思维模式变成了一个直到今天还很有影响的话语。由于他在知识分子世界的影响此间已经十分广泛和深入，所以，我想在这里简短地回应一下他的朋友-敌人-认知模式，扼要地重述一下这种发展所牵涉的几个问题。施米特属于第一次世界大战一代，但本身却没有一起经历过前线战斗。他后来弥补了这个失去的机会；第一次（和第二次）世界大战结束后，他变成了一个十分有影响的精神策划者，以此——如同莫斯所表述的——把政治斗争语汇延伸到了战后时期。第二次世界大战以后，作为纳粹国家地位显赫的法学家，他不许再上讲台。尽管如此，卡尔·施米特依然能够坚守住他的精神影响，继续从政治禁闭中发出信号。他位于绍尔兰的隐居之地普赖滕贝格同时成为战后时期成长起来和有影响的知识分子一个隐蔽的思想源泉。在和平时代，他们来到这位有洞察力的国家法专家、有争议的思想家和学识渊博的学者身边聆听教诲。然而，第二次世界大战以后，法学家和国家法专家施米特不仅能在一个小圈子的交往中呼风唤雨，左右逢源，而且也在国际上变成了影响深远的知识分子之一，更确切地说，变成了有男子气概的知识分子（坎塔尔·墨菲［Chantal Mouffe］是个例外）之一。施米特是名副其实的紧急情况理论家。在紧急情况下，民主消费社会的所有选举可能都一下子被摧毁了，行为人道主义准则减少到这一个和最终的决定，于是，知识精英的朋友–敌人–思想行为正适合于这种形势，而且就是冲着它而创立的。

施米特起初是魏玛新民主的拥护者，但是在乱世时期也决心要改变它的基础，以利于纳粹发展："每个真正的民主都建立在这样的基础上，那就是不仅同样的东西要受到同等对待，而且不可避免的结果是，不同样的东西也要受到不同样对待。也就是说，同类必然首先属于民主，其次——必要时——淘汰或者消灭异类。"这些话出自于他 1923 年发表的著作《当今议会制思想史形势》。这时，新的右翼势力刚刚形成。[①] 当德国第一个尚无经验和缺乏自信的民主正要巩固的时候，而这里则已经出现了"淘汰或者消灭异类"的说法。战争说辞结束以后，在 20 世纪 20 和 30 年代里，朋友–敌人–思维模式从外部敌人转向内部敌人，越来越鲜明地把矛头指向第一次世界大战时还作为德国爱国者参加战斗并赢得了勋章的犹太人。1923 年政变失败后，希特勒在监禁中撰写了他的反犹太主义宣言《我的奋斗》(*Mein Kampf*)，并于 1925 年发表。在这种环境中，卡尔·施米特的朋友–敌人–认知模式也应运而生了。1927 年，他把这个模式引入他的著作《政治概念》中："政治行为和动机可以归因于一个特殊的区分，这就是区分朋友和敌人。(……)政治思想和政治直

---

① 卡尔·施米特：《当今议会制思想史形势》(*Die geistesgeschichtliche Lage des heutigen Parlamentarismus*)，第 8 版，柏林，敦克尔和胡姆布洛特出版社，1996 年，第 13—14 页。

觉在理论和实践上能够在区分朋友和敌人的能力上得到证明。伟大的政治高潮同时也是在其中会具体清楚地把敌人认作敌人的时刻。"[1] 这些话描述的不再是第一次世界大战的形势特征,因为在那个形势下,政治敌人依然是各交战民族,而且明确地贴上了这样的敌人标签。战争结束后,这些明确的战线随之消失了,但是敌意和对敌人的需求依然存在。"一个战争宣言始终是一个敌人宣言",施米特后来这样补充说[2]。第一次世界大战结束后,当其他像斯蒂芬·茨威格(Stefan Zweig)这样的仁人志士开始思考建立新的和平秩序时,卡尔·施米特则关心的是截然相反的问题,那就是怎样能够继续强化敌人意识。他有可能已经想到了接下来的战争,他依靠法学理论为希特勒尽心效力,为战争做出了贡献。

施米特的新任务首先在于真正地挖掘出不再存在的敌人或者尚未表现为这样的敌人。他依靠自己的"政治思维和政治直觉"为之提供了一些渗透在他整个著作中的暗示和提示。研究施米特的专家都非常熟悉台奥多·多布勒(Theodor Däubler)一首诗中的一节;在这首诗中,朋友-敌人-认知模式转化成了诗意的东西。1947 年,也就是《政治概念》发表 20 年后,施米特在一篇

---

[1] 卡尔·施米特:《政治概念》(*Der Begriff des Politischen*)(1932 年的文本,其中包括一个前言和三个推论),柏林,敦克尔和胡姆布洛特出版社,1979年,第26以下页。

[2] 卡尔·施米特:《游击队员理论——关于政治概念的插曲》(*Theorie des Partisanen. Zwischenbemerkung zur Theorie des Politischen*),柏林,敦克尔和胡姆布洛特出版社,1963 年,第84页。

自传文章中再次提及到这首出自 1916 年的诗: "'敌人是我们自己当作形象的问题。他会追猎我们，我们会追猎他，直到同一个结果'（演唱帕勒莫［Palermo］）。这些诗句意味着什么和出自何处？这是向我这小册子的每个读者提出的考察智力问题: 政治概念。谁不能用自己的智慧和知识来回答这个问题，那他就不要一起来谈论小册子所涉及的艰深主题。"[①] 没有更如此盛气凌人的口气，没有更如此吓唬人的腔调。对施米特来说，教育就是一个锐利的武器和排他的手段。在他那里，禁止发表意见当然原则上适用于女性。尽管如此，我还是斗胆插上几句，以便把施米特这期间已经打磨完美的朋友-敌人-认知模式与其历史联想和产生的语境有机地联结起来。

多布勒的这首诗描述的是第一次世界大战中的军事对峙，强调决战的惨烈和无所顾忌。这个自己当作形象的问题——听上去非常有存在主义味道，并且以此指向一个相遇、交锋和危险的非常个性化的、甚或私密的形式。然而，从其普遍化形式来看，寻找敌人则会演变成一种引人注目的身份认同表达方式。它毕竟表明: 我如此久地还不知道，我真的是什么人，直到我找到了我的敌人，那个不折不扣的他者，那个绝对的异者，他才会让我明白我是什么人。况且谁知道，那个他者也许已经踏上了决战之路？

---

①　卡尔·施米特: 首先出现在《蜂巢智慧》(Weisheit der Zelle) 论述中，后来更加详细地出现在他的《疑难概念注释汇编—— 1947-1951 年札记》(*Glossarium. Aufzeichnungen der Jahre 1947-1951*)，艾伯哈特·弗莱赫尔 (Eberhard Freiherr) 主编，柏林，敦克尔和胡姆布洛特出版社，1991 年，第 213 页。

202 这种对抗的身份认同表达方式具有某些危险和不可思议的东西。在社会学和哲学主导的人类学——正如乔治·赫伯特·米德（George Herbert Mead）、伊曼努尔·列维纳斯（Emmanuel Levinas）、保罗·利科或者阿克塞尔·霍奈特所表明的——时代里，这样的表达方式听上去很奇怪。然而，它不过是某些非常容易理解和具体东西的表达和掩盖形式：为了确立自己的身份认同，施米特不需要一个任意的他者，而是犹太人。这就是施米特的敌人形象背后的"隐秘"。拉斐尔·格罗斯（Raphael Gross）在一部详尽和缜密的研究著作中披露了这个隐秘：《卡尔·施米特与犹太人——一个德国法律学说》。副标题就已经抓住了这本论著的主要论点，因为施米特所涉及到的法律就是"地球上的诺莫斯"[①]。施米特把德国法律根植于具体的土壤和民族身份认同中。在他看来，这种具体确立的德国法律是一种抽象的、普遍（犹太人）确立的"法令"的反面。但是，施米特的法律学说是通过 1935 年纽伦堡"自由帝国会议"颁布的、其中包含着"保护德意志血统和德意志荣誉"条例的法令才变成了真正德国的。施米特当时特别强调这些法令的根本特征。他着重指出，从这些法令出发，确立"什么东西对我们来说（能够）称之为美德和公众秩序、规矩和良俗"。他还特别强调说，不仅这些法令，而且整个国家社会主义世界观都具有

---

① 诺莫斯（Nomos）：希腊神话中，诺莫斯是法律、法规和法令的恶魔。——译者注

"确定种族的根本特征"①。格罗斯指出，反犹太主义和民族主义多么强烈地影响了这位法学理论家的思想。因此，他著书反对学界对施米特的接受态度，因为学界迄今试图"排除施米特显而易见的种族主义和反犹太主义思想，让他的著作广泛传播，影响深远"②。

迄今很受欢迎和广泛传播的施米特的朋友–敌人–认知模式必须纳入德国反犹太主义历史中来认识。在这个过程中，首先可以确定的是，在施米特那里，自我和他者以及德国人和犹太人的关系被理解为一种威胁关系。个体的自我或者集体的我们从一开始就处于"防御地位"。如果你不想成为觊觎你的生命的敌人的牺牲品，那你就必须采用暴力来保护自己。这个逻辑就是有"我"没"他"，或者有"我们"没"他们"；对二者来说，在地球和世界历史上没有共同的生存空间可言。而关系到争取生存空间的斗争是一场争取判决的可怕战役，也就是谁在战役结束时会取得最终胜利，是德意志英雄还是犹太商人，是旧约还是新约。施米特在犹太人身上看到了一个普遍的、理性的、反英雄的幽灵在作怪。作为夺取世界的强大形式，这个幽灵在文明化、技术化和经济化进程中达到了登峰造极的地步："从前，战斗民族征服了经商民族，如今这种情况却颠倒过来了"，他1932年这样写

①　拉斐尔·格罗斯:《卡尔·施米特与犹太人——一个德国法律学说》(*Carl Schmitt und die Juden. Eine deutsche Rechtslehre*)，美因河畔的法兰克福，苏尔坎普出版社，2000年，第118页。

②　同上书，第383页。

道①。在施米特看来，这意味着一切他认为神圣的东西灭亡了，即基督教西方、具体的秩序思想、地球上的诺莫斯、种族民族等。在施米特的民族-天主教世界图像里，犹太人与德国人的关系被挤压在一些任意的反犹太主义阴谋想象范式里。在这样的范式里，不管怎样说，犹太人总是凶手，德国人总是他们的受害者。海因茨·迪特·基特施泰纳把这个思维形象归结到一点上："这个潜在的攻击者从根本上把自己表现为受攻击者"②。

在他所经历过的（他活到了1985年）所有时代里，卡尔·施米特始终不渝地坚持了这种骇人听闻和颠倒是非的历史凶手-受害者-关系。他的观点核心是：威胁向来和一如既往地来 204 自犹太人。他们为第一次世界大战的失败负有罪过，正如背后一刀传说所声称的③；他们因为"交租义务"④为《凡尔赛和约》和世

---

① 转引自海因茨·迪特尔·基特施泰纳:《英雄现代史中的政治概念——卡尔·施米特、列奥·施特劳斯、卡尔·马克思》(Der Begriff des Politischen in der Heroischen Moderne. Carl Schmitt, Leo Strauss, Karl Marx)，载于：莫里茨·巴斯勒（Moritz Basler）/艾沃特·范德纳普（Ewout van der Knaap）（主编）:《（冷酷）古老的实际主义——一个纲领的演变》(Die [k] alte Sachlichkeit. Evolution eines Konzepts)，维尔茨堡，柯尼希豪森和诺伊曼出版社，2004年，第161—188页，此处引自第167—168页。

② 海因茨·迪特尔·基特施泰纳:《被发现的神秘——拉斐尔·格罗斯论"卡尔·施米特与犹太人"》(Das entdeckte Arcanum. Raphael Gross über "Carl Schmitt und die Juden")，载于《新苏黎世报》，2000年8月2日，第56页。

③ 背后一刀传说，又译为刀刺在背传说或者匕首传说（Dolchstoßlegende），是第一次世界大战后在德国广为流传的传言。由于德国战败，不少德国民族主义者怀恨在心，就用这个传说谴责外国人和犹太人出卖德国。背后一刀传说后来被纳粹党所利用，成为其进行种族灭绝的原因之一。——译者注

④ 交租义务（Zinsknechtschaft）本来是一个历史概念，指的是农民向地主的交租义务。在纳粹时期，这个概念指向社会经济对作为债权人的犹太人的依赖性。因此"打破交租义务"成为纳粹经济政策一个核心概念和主要口号，矛头直指犹太人。——译者注

界经济危机灾难负有罪过；作为布尔什维克主义者或者共产主义者，他们是图谋统治世界的国际政治运动的一部分。此外，由于他们没有土地和居无定所，他们还是从内部瓦解民族的"叛国分子"。然而，对施米特来说，一个直接的危险尤其来自作为具有世界主义思想公民的犹太人，因为相对于民族，他们使博爱变得强大。"凡是把人类挂在嘴上的人，全都是骗子。"卡尔·施米特这样说当然又指向犹太人，因为他们要用普遍主义价值来替代局部价值。在施米特看来，只要人类"没有敌人，那它就不存在"[1]。实际上，施米特认为，"伪装的"，这就是说，被同化和被解放的犹太人是最危险的敌人；19世纪他们作为历史胜利者冒出来，但同时又变得看不见了。许多没有从解放进程中获得利益的德国民族主义者和天主教徒对此做出的回应就是强烈的仇恨——类似于当今的全球化失败者。因为当时就存在吃了亏的人对精英分子的仇恨，正如卡尔·施米特下面这首"诗"表明的：

> 他们侃侃而谈精英，
>
> 但是绝大多数人对此却几乎一无所知：
>
> 在庞大的地球空间里
>
> 仅仅还存在犹太人精英。[2]

在施米特各种变换的说辞中，汇聚了反犹太主义的林林总

---

[1] 卡尔·施米特：《政治概念》，第54页。

[2] 转引自：海因茨·迪特尔·基特施泰纳：《被发现的神秘——拉斐尔·格罗斯论"卡尔·施米特与犹太人"》。

205 总、方方面面，其中有一些在他那里被激活了，另一些则不尽如此。重要的是，他的反犹太主义可以被称之为"欧洲的"，首先不取决于其动机是种族主义的，还是文化的，是天主教的，还是世俗的。反动的查尔斯·莫拉斯（Charles Maurras）曾经说过的话也适用于卡尔·施米特[1]："如果没有反犹太主义帮助，一切似乎都会变得难以置信的困难或者不可能。反犹太主义简化了一切，使得许多东西成为可能。"[2] 莫拉斯认为，犹太人不折不扣地象征着异质、邪恶和反常。过去需要犹太人，现在依然需要犹太人，因为他们始终被拿来充当现代化、技术进步、个性化、普遍化进程带来的一切损失的替罪羊。拉斐尔·格罗斯认为对世界去魔化抱有怀疑的预测和对这些问题批判性的评述是绝对无可厚非的，但同时也坚定地驳斥了反犹太主义这个标准的辅助手段。但是在这里，恰好就是这样的情况：犹太人被施米特当作异者原型和争取维护世界的空间斗争中的先验对手。在这场斗争中，他把自己本身策划为末世来临的抵挡者、阻滞者和灾难减缓者。

当施米特臆想出这个故事及其在其中所扮演的神秘角色的时候，有一些事情则确实加快了进程。像这一代绝大多数德国人一样，第二次世界大战后，施米特从来都闭口不谈与这些事的关联，也就是在第二次世界大战阴霾下的大屠杀历史灾难。当

---

[1] 查尔斯·莫拉斯（1868—1952）：法国作家，法兰西院士，法兰西行动的领导人，鼓吹反犹太主义，宣扬种族主义，主张实行法西斯统治，因此成为法西斯理论家。——译者注

[2] 拉斐尔·格罗斯：《卡尔·施米特与犹太人———一个德国法律学说》，第175页。

时，数百万欧洲犹太人被关进集中营、被毒气杀死，或者在东欧的森林里被枪杀，被埋入万人坑（完全不管他们是不是已经被同化了）。想必施米特对此耳熟能详一清二楚吧，因为他的法学同事汉斯·弗兰克（Hans Frank）作为驻波兰总督专门负责特雷布林卡、迈丹尼克、贝尔兹和索比堡灭绝营。由于他的灭绝政策，弗兰克以"波兰屠夫"而臭名昭著。他在纽伦堡受到审判，于1946年被处决。施米特与弗兰克的妻子布里吉特（Brigitte）始终保持着联系。在给妻子的诀别信中，汉斯·弗兰克写道："我的'罪过'是一个纯粹的政治事件——但不是法律事件。"① 这句话完美地适合于卡尔·施米特的理论及其政治特权信仰。

施米特思想上最令人不可理解和十分厌恶的是，他认为，第二次世界大战结束以后，犹太人的威胁并没有消失。1945年以后，他依然是自己"命中注定的"、没有停止取得胜利的敌人的牺牲品。正如他说的，又是犹太人，他们不仅在纽伦堡审判时站在胜利者一边欢欣鼓舞，而且在大屠杀以后把他们的道德强加给了全世界。他与另一些战后知识分子都怀有这样的仇恨。比如，从他与恩斯特·荣格尔（Ernst Jünger）的一次通信往来中就可以看出这一点。就在战争结束几个星期前，荣格已经担心旧约将会战胜新约，并与之紧密相关的是，"犹太人的道德将会肆意蔓延"，因为"这个道德与遭到灭绝的犹太人息息相关，现在变得畅通无阻和更易于扩散了"。施米特对此回应道："您就旧约和新约关系所说的，显然恰如其分，是解开我们今天遭遇到的问题

①　https://sz-magazin.sueddeutsche.de/maenner/niklas-frank-80291.

的一把钥匙。"①这样的歪曲简直没完没了：从这一点上来看，大屠杀不是犹太人，而是德国人遭遇的不幸！基特施泰纳评论说："犹太人似乎走了一条通过在欧洲自我'灭绝'的迂回曲折之路，成功地实现了使他们独有的道德最终普遍化。"②

207   第二次世界大战以后，卡尔·施米特又进一步无比尖锐和肆无忌惮地强化了他的敌人概念。他在关于政治概念的早期著作中写道："朋友、敌人和斗争这些概念，只有当它们特别涉及到消灭肉体的现实可能和保持这种可能时，才能获得它们的现实意义。（……）战争不过是敌对的极端实现。它不需要（……）被感知为某些理想的东西或者值得追求的东西。然而，只要敌人概念拥有它的意义，战争就必然会作为现实可能继续存在下去。"③在一本晚期著作《游击队员理论》（1963 年）中，施米特呈现出他的政治理论的修改版。他从前描述为从具体的敌对危险上升为抽象的敌对的东西，勾画为对未来具有威胁的幻象东西，读者今天几乎只能理解为这是对由纳粹分子所发明的、并历史性地付诸实施的工业化谋杀体制的描述："敌对将会变得如此可怕，以至于人们压根儿不允许再谈论敌人或者敌对，二者甚至在灭绝行动能够开始之前就受到各种各样的谴责和诅咒。灭绝然后会变得无比抽象和无比绝对。它其实不再针对一个敌人，而只是服务于所

---

①　拉斐尔·格罗斯：《卡尔·施米特与犹太人———一个德国法律学说》，第103 页。

②　海因茨·迪特尔·基特施泰因：《被发现的神秘——拉斐尔·格罗斯论"卡尔·施米特与犹太人"》。

③　卡尔·施米特：《政治概念》，第33 页。

谓的最高价值的实现。众所周知，为之可以不惜一切代价。只有否定真实的敌对，才会为一个绝对敌对的灭绝行动鸣锣开道。"[①]

施米特把这些话语与一个新型的敌人联系起来，这个敌人就是进行非正规恐怖战争的游击队员；他们从历史视野里冒出来，威胁着施米特把自己看作其守卫者的世界秩序。

2009年，亚美尼亚记者、出版家及和平活动家赫兰特·丁克（Hrant Dink）被一个土耳其民族主义者杀害了。他说过这样一句话："如果你只能依靠一个敌人形象维护你的身份认同，那你的身份认同就是一种疾病。"[②] 如今到处被滥用和继续会传递下去的卡尔·施米特的朋友—敌人—认知模式在20世纪德国历史中滋养了一个史无前例的意识形态妄想症。任何朋友—敌人—思维模式都会挑起仇恨、怀疑和威胁意识。在纳粹德国，它让数百万人失去了生命，导致德国自身最终成为整个世界的敌人。

弗兰克—瓦尔特·施泰因迈尔2020年5月8日的讲话就此又一次提醒大家："德国在军事上被战胜了，政治和经济上彻底被打垮了，道德上被摧毁了。我们把整个世界变成了我们的敌人。"但是他也强调说，德意志民族经历了三代人的努力，已经从一个世界和平危害者变成了一个促进者，变成了欧盟的一个支柱。这个重新赢得的信任立足于自我批评基础上。众所周知，当时从纳粹的救世说引发了对犹太人和其他少数民族以及世界上

---

① 卡尔·施米特：《游击队员理论——关于政治概念的插曲》，第93页。

② 柏林高尔基剧院每年1月19日都举行纪念赫兰特·丁克活动，并且声明说："这个使杀害赫兰特·丁克罪行成为可能的环境在此间更为加剧了。"https://renk-magazin. de/events/hrant-dink-gedenken-2018/.

其他民族来说骇人听闻的灭顶之灾和不可思议的苦难，这个教训千万不可遗忘。"记忆是没有尽头的。（……）正是因为我们德国人正视我们的历史，因为我们接受历史责任，所以，世界各民族才重新信任我们国家。"施泰因迈尔在讲话中也引用了一个哈西德派拉比的话，这一次是布拉兹劳的纳赫曼（Nachman von Brazlaw）拉比，也就是魏茨泽克（Weizsäcker）引用过的巴尔·谢姆·托夫（Baal Schem Tov）的重孙："没有一颗心像一颗破碎的心那样完美"。施泰因迈尔把这句话与为数百万惨遭杀害的人和数百万蒙难者负有责任的德国历史联系起来：正因为如此，我们只能"怀着一颗破碎的心热爱这个国家"。甘愿共同承担遭受过这个国家蹂躏的人的苦难，构成了德国民主的核心本质。施泰因迈尔以此表明了一种"开明的、民主的爱国主义"，警告"权威的迷惑力"，警告"仇恨和煽动"，警告"敌视外国人和蔑视民主——因为它们的确不是任何别的东西，只是过去的邪恶幽灵披上了新衣裳。"[①]

在一个没有犹太人的世界里的存在守卫者（马丁·海德格尔，阿隆·孔菲诺）

纳粹时期另一个精神领袖是哲学家马丁·海德格尔（Martin

Heidegger，1889—1976）。比卡尔·施米特小一岁的他同样属于第一次世界大战一代。他也没有参加过前线战斗，但像施米特一样受雇于军邮工作，从事气象观测。同样像施米特一样，海德格尔也是在第一次世界大战以后才磨砺了他的精神武器，利用他在知识分子中的影响支持第二次世界大战的动员行动。像卡尔·施米特一样，他不仅能够非常美好地想象出"一个没有犹太人的世界"，而且也采用他的哲学手段为这个世界进行辩护，为迎接它的到来提供了论证[①]。

　　海德格尔也与纳粹缔结了契约，并于1933年以弗莱堡大学校长身份开始服务于新政府。然而，在20世纪30年代后期，当他效仿尼采，把自己标榜为一个革命运动和新时代的先知时，在他的思想里才出现了与纳粹更深入的精神亲和性。他的新学说追求的目的是，彻底改造基督教-西方文化，创造新型的西方人。像同代其他学者一样，他看到自己处在一个漫长的历史终点，其中闪现出一个新人类的幻象。与此同时，他把纳粹的崛起及其深入到第二次世界大战的延续解释为一次"革命"，也是对年轻一代追求一个新时代、新世界和新未来的鼓舞。海德格尔并未在种族范畴内描述这个划时代的历史时刻和对它起决定作用的争取新未来的斗争，而是提出了民族"人类"说法，比如俄罗斯或者德

210

---

　　① 参见：阿隆·孔菲诺：《一个没有犹太人的世界——从迫害到种族灭绝的纳粹妄想》（*A World without Jews. The Nazi Imagination from Persecution to Genocide*），纽黑文/伦敦，耶鲁大学出版社，2014年。在我试图把海德格尔晦涩的语言转换成浅显易懂的语言时，汉斯·瑞恩（Hans Ruin），薇薇安·利斯卡（Vivian Liska）和乌韦·尤斯图斯·文泽尔（Uwe Justus Wenzel）的文本给了我很大的帮助。

意志人类。在这样的民族集体中，他看到了在决战中隐藏着一种强有力地革新历史的潜能。这个决战似乎会在这里和现在决定世界未来的进程。

在这种期待视野中，海德格尔创立了一系列界限分明地区分"善"与"恶"的对立概念，并以此具体地确定敌人与朋友阵线。与此同时，海德格尔抽象的形而上语言构建起了一种两个战线不可调和的对立。他本人视自己为"存在"和"新人类的守卫者"①。他把这种生存形式和存在方式描述为德国的、真实的、接地气的、与家乡息息相关的。而立于二分法对立面的并非是一个外国敌人，而是欧洲西方世界，因此也就是他生活在其中、但却感受为敌人和不遗余力地要谴责的世界和历史。他宣布欧洲西方世界完蛋了，因为它几个世纪以来已经迷失了方向，早就完全失去了建立在其基础上的价值联系。为了表明西方世界是根本的对手，他从概念上把"西方文化"与"西方文明"割裂开来，因此发明了一个与英国、法国，更不用说美国的西方历史根本再也没有任何共同之处的"德意志传统"。海德格尔的哲学在这里以矛盾和仇恨为存在基础，其目标是激励和传授威胁意识和恐惧。凡是相信一切井然有序和走在正确道路上的人，全都被他视为受到了蒙蔽，要由他来启蒙，因为这些人实际上成了一个邪恶的魔鬼和吞噬一切的怪物的牺牲品。而这个神秘的敌手无非就是西方文

---

① 转引自：乌韦·尤斯图斯·文泽尔:《心灵的阴暗》（Das Schwarz der Seele），载于《新苏黎世报》，2014 年 4 月 12 日。https://www.nzz.ch/das-schwarz-der-seele-1.18282498.

明本身。他为之发明了一个新名称。这就是从此以后他采用一再翻新的描述，不断绕着圈子所说的"诡计多端的胡作非为"。这是阴谋诡计、虚无主义和算计思想，它们终结了西方世界的存在①。海德格尔时而说什么"主体性"，时而又说什么"意志"、"力量"或者"管理"——这就是赢得了统治西方人的神秘力量各种不同的名称。还有一次，说得更为直言不讳，这是"一种通常空虚的理性主义和算计能力的自我炫耀，因为它们（……）在'精神'上为自己谋得了归宿"。他的观点更加明确地表现在所谓的《黑皮本》（*Schwarze Heften*）的"第 8 条思考"中。《黑皮本》于 2014 年公之于众，立刻震惊了海德格尔的同行。在这个思考中，他比通常更为明确地影射了犹太人和犹太文化。这是"最古老和坚忍不拔的算计、书写和混为一团的技巧，犹太文化的无世界性就是由此而建立的"。他的目光盯着犹太人，也反复地谈论犹太人"没有土地，不受任何约束，让一切为自己服务"。这些话当时绝对不新奇；它们阐释了 20 世纪 30 和 40 年代流行的犹太人的刻板原型，不用更详细地加以说明，人人都立刻会明白。而今天，即使你不是海德格尔专家，但你也能够完全理解，如果海德格尔说从根基上动摇了西方世界的技术理性主义，这话不再针对英国人、法国人和美国人，而是或多或少地给犹太人打上了世界阴谋的烙印。作为希腊文化和历史的杰出专家，海德格尔恐怕能知道，算计思想的根基并不存在于犹太文化中，而存在于古希腊或者美索不达米亚文化中；只要想一想巴比伦的行

212

---

① 转引自：乌韦·尤斯图斯·文泽尔：《心灵的阴暗》。

政体制、希腊语的字母或者毕达哥拉斯的语句就会了然于心——其中没有一丝一毫希伯来文化遗产的痕迹！

海德格尔觉得自己负有使命，作为"存在的守卫者"，要恢复西方人类的真正遗产。这当然只有从头开始才有可能。西方必须通过一个极端和绝对的开端才能重新建立起来。根据这个开端，世界会从分化瓦解的技术性遗忘存在的所有阴谋中得以净化，变得成熟起来。他所想象的新世界必须从所有积聚在他的二分法对立面的东西中解放出来。在这种情况下，海德格尔始终说的是"斗争"，而绝对不提"战争"；始终只说一些抽象原则，而绝对不提人类活动家。然而，当他创立了这些思想的时候，德国则已经开始为第二次世界大战穷兵黩武，犹太人遭到恐吓，被驱逐出境，欧洲一个接一个邻国遭到德国国防军袭击。1941年，当德国国防军开始进攻俄罗斯时，海德格尔写了一篇题为《关于开端》的文章，更确切地说：关于"西方人的伟大开端的历史终结"①。接着第一个开端及其终结，应运而生的是另一个开端。正如薇薇安·利斯卡评论的，这个开端"从一开始（……）就与必然的毁灭亦步亦趋"②。正因为如此，这也意味着："这另一个开端必然就是灭亡"。此外，新开端首要一点就是升华和超越。它必须"更西方"，而且应该"使开端从一开始就要胜过当初的任何开端

---

① 转引自：乌韦·尤斯图斯·文泽尔：《心灵的阴暗》。
② 薇薇安·利斯卡：《20世纪新开端的思想图像（海德格尔、本雅明、阿伦特、阿甘本和卡夫卡）》（Denkfiguren des Neuanfangs im 20. Jahrhundert [Heidegger, Benjamin, Arendt, Agamben und Kafka]），克虏伯·雷默研究小组2019年"文艺复兴"学术研讨会（MS，第6页）

（……）"[①]。为了继承一个纯粹和真实的传统，他以前在阐释亚里士多德（Aristotle）和柏拉图之前的希腊人时追溯到苏格拉底弟子之前的希腊人。而现在，为了建立这个千年帝国新世界，他又追溯到犹太-基督教传统之前。由于基督教文化本身完全浸透了犹太文化，所以，对海德格尔来说，这个绝对的开端只能发生"在犹太文化之外，也就是基督教文化之外"[②]。

这个只有在现存的西方传统之外才能成为现实的新世界就是一个"没有犹太人的世界"。也就是说，犹太人占据了这个历史开端，从中建立了反面王国。海德格尔要用一个希特勒正好要在欧洲建立的听命于他的德意志世界王国来取代它。海德格尔的存在形而上学和一个新开端的说辞的结果就是用一个德意志帝国来取代一个现存的犹太帝国。海德格尔并未出现在孔菲诺的著作中，但是其思想活动非常适合于孔菲诺在《一个没有犹太人的世界》的书中所勾画的时代话语图像。这些驱动了纳粹历史的看法、幻象和图像的核心就是"犹太世界"，它"（必须）被毁灭，为了给纳粹世界让开空间"。从一开始，希望建立一个没有犹太人的世界始终是纳粹的核心思想，即使这个思想付诸实施的各种形式是逐渐才形成的。"最终解决方案"逻辑在战争期间才拥有了具体形式。但是，在"最终解决方案"中，"纳粹犹太人政策"所有先行的措施都达到了登峰造极的地步："界定、没收财产、

214

---

① 马丁·海德格尔:《1942—1948 年黑皮本》(*Schwarze Hefte 1942–1948*)，《海德格尔全集》，第 97 卷，第 21 页。

② 同上书，第 20 页。

驱逐、隔离、流放、灭绝"，直到最终，当战争早已失败后，还毫不动摇地继续坚持灭绝下去①。"最终解决方案"被视为"世界历史的钥匙"；正是所谓的"犹太人问题"，"赋予纳粹帝国意义"。此外，在纳粹偏执狂的宣传中，纳粹分子绝对不是凶手，而始终是犹太人的受害者；他们之所以要报复，只是以其人之道还治其人之身。1942年，维克多·克伦佩勒（Victor Klemperer）评论说："积聚起来的仇恨一下子变成了疯狂。"②

这里有必要再次引用查尔斯·莫拉斯的话："没有反犹太主义支持，一切都会难以置信地困难或者不可能。它简化一切，使得许多东西成为可能。"③这话既适用于卡尔·施米特，也适用于马丁·海德格尔。"犹太人赋予了纳粹善与恶斗争一个明确的意义，即创立一个纳粹文明的救世斗争要求灭绝犹太人。在这个过程中，创世与灭绝彼此不可分割地融合在一起；这一个使得另一个成为可能。"④海德格尔最终在迷途上走得如此之远，居然把屠杀犹太人归咎于犹太人本身。在《黑皮本》里，他确实把发生在东欧的事件称之为"犹太人的自我灭绝"⑤。应该怎样来理解这句话？十分简单：

---

① 拉斐尔·格罗斯：《卡尔·施米特与犹太人——一个德国法律学说》，第117页。

② 阿隆·孔菲诺：《一个没有犹太人的世界——从迫害到种族灭绝的纳粹妄想》，第192，194—195页。

③ 拉斐尔·格罗斯：《卡尔·施米特与犹太人——一个德国法律学说》，第175页。

④ 阿隆·孔菲诺：《一个没有犹太人的世界——从迫害到种族灭绝的纳粹妄想》，第195—196页。

⑤ 马丁·海德格尔：《1942—1948年黑皮本》，《海德格尔全集》，第97卷，第20页。

在冷酷地算计工业化大屠杀能量时，犹太人的理性主义作怪了。

孔菲诺注意到，当大屠杀肆无忌惮地向前推进时，声势浩大的宣传则消退了，取而代之的是沉默、一种不肯直言的默契和一种编码式的语言四处蔓延。在绝大多数同代德国人中，几乎对此不存在任何怀疑，那就是随着大量枪杀犹太男人、女人和儿童以及对他们实施工业化大屠杀，这已经完全超越了人类的极限。然而，令人惊讶的是，一切依然如故，海德格尔和施米特以及他们同代许多人面对这巨大、缓慢和逐渐才进入公众意识的灾难却一辈子在道德上无动于衷，死不悔改。许多人麻木不仁，毫无罪责和悔过之感。他们也对此守口如瓶[1]。战后时期，当有人和海德格尔说起屠杀犹太人是登峰造极的反人类罪时，他却回答说，他认为农业技术化才是更大的反人类罪。

为民族解毒（斯蒂芬·茨威格）

希特勒 1933 年上台后，像乔治·莫斯或者斯蒂芬·茨威格这样的犹太人在德国失去了安全感。1933 年 4 月，14 岁的莫斯从上学的萨勒姆寄宿学校逃到康斯坦茨，正好在那里及时地越过了瑞士边界。一年后，53 岁的斯蒂芬·茨威格从萨尔茨堡启程前往英国。几十年后，乔治·莫斯作为历史学家回到了第一次世

---

[1] 克劳斯-米夏埃尔·柯达勒（Klaus-Michael Kodalle）：《卡尔·施米特及其罪责——在毫无悔过之意、感受宽容和政治谴责的对立场中》（Carl Schmitt und seine Schuld. Im Spannungsfeld von Reuelosigkeit, gelebter Nachsicht und politischer Ächtung），载于：《国家》（Der Staat）58（2019 年），第 171—193 页。

界大战这个话题上，而卡尔·施米特和年长 7 岁的斯蒂芬·茨威格则是同代人，他们俩经历了第一次世界大战后的时期，每个人都试图以自己的方式对社会和现实产生影响。就在希特勒"夺取政权"前，茨威格于 1932 年为在罗马举行的欧洲会议书写了一份报告。在这篇报告中，相隔空间和时间距离，他再次回到 20 世纪最初灾难这个话题上，同时完全像乔治·莫斯一样思考着这个世界历史上爆发的仇恨和暴力所造成的长久和破坏性后果。他的文章与卡尔·施米特的思想形成了鲜明对照，因为施米特一味关注的是敌人作为自我身份认同的钥匙和一种偏爱采取绝对的二元对立方法思考问题的知识分子特征。像莫斯一样，茨威格也在战争刚一结束后就发现了"严重的精神茫然"和"道德疲倦"问题。在经历了四年战争惊人的泰莫斯仇恨、愤怒和痛苦的号召以后，随着缔结和平，欧洲并没有出现平静的态势。相反，茨威格同样得出了结论，"在我们这一代人中，对于政治冲突和集体仇恨的需要依然潜在，根深蒂固。它只是从外部的国家敌人转换到另一些方面，从制度到制度的仇恨，从党派到党派的仇恨，从阶级到阶级的仇恨，从种族到种族的仇恨。但从根本上来说，它的形式一如既往：激发作为群体的自身去敌视另一些群体的需要今天依然笼罩着欧洲，而你会不由自主地想起那个古老的传说，其中说的是大战过后，亡者的影子依然在空中继续相互厮杀。"①

---

① 斯蒂芬·茨威格:《从道德上为欧洲解毒》(Die moralische Entgiftung Europas, 1932 年)，载于：茨威格:《时代与命运—— 1902—1941 年杂文和报告》(Zeiten und Schicksale. Aufsätze und Vorträge aus den Jahren 1902—1941)，美因河畔的法兰克福, S. 费舍尔出版社, 1990 年, 第 40—56 页, 此处引自第 41—42 页。

卡尔·施米特的朋友-敌人-认知模式就产生于这个时期；它无可比拟地用语言表达了当时的气氛，以此进行了大肆渲染。当施米特以他的方式把仇恨的毒品当作新毒品继续传递下去的时候，茨威格则努力谋求与之截然相反的东西，也就是解除毒害和寻求治疗仇恨疾病的良药。然而，他对解毒治疗的效果却没有抱太大希望。他更多地担心，民族主义毒汁已经深深地侵入到人们的精神和心灵里，他们难以从中又解脱出来。"我们不能再想着把那分崩离析的东西重新弥合在一起，而只能想着进一步发展那未成形的东西，使之变成更有益的形式。"茨威格这样说指的是成长中的一代人，并且抱着这样的乌托邦精神为青年一代书写了一个教育纲领。在寻求克服仇恨和民族主义良药时，他的出发点是一个简单的基本思想，那就是"更强烈地强调欧洲各民族之间的共性，胜过它们的冲突。我和一些同人觉得这种看法是十分必要的，但迄今却始终遭到了压制，以利于纯粹立足于政治和民族政治基础上的历史观点。教育孩子们热爱自己的家乡，这是一个我们不反对的观点，而我们只是希望要加以补充，同时教育孩子们热爱欧洲这个共同的家乡和全世界、全人类，别抱着敌意，而要怀着与其他祖国的亲密关系表达祖国概念。"[①]

茨威格在这里描述的是好战的、政治原则在其中变成了核心标准的民族主义。正因为如此，各个民族向来都一味地瞄准斗争和战争。正因为如此，它们强化彼此区别，建立分割界限，用英

217

---

① 斯蒂芬·茨威格：《时代与命运——1902—1941 年杂文和报告》，第 43 页。

雄神话和军事荣誉从精神上武装自己。此外，茨威格还回忆起他上过的历史课："关于我们相邻民族的文化成就，我们被有意地蒙蔽在蒙昧中；我们只知道，在什么样的战场上和在哪些将军率领下，我们与他们形成了你死我活的对峙。"对茨威格来说，在这里可以制造平衡的良药就是文化原则。他在其中具体地考虑到学校的教学纲领应该从战争历史转向文化历史。如果说战争历史导致了各民族相互指责、相互推脱责任的叙事的话，那么文化历史则会以发明和创造、艺术、科学和技术为依据建立价值体系和尊重共同成就。茨威格希望在所有国家同时培养有警惕性和友好的一代人，"一代从自己的直观出发去了解异国语言、异国风土人情、异国大地精英"，并且——他的语言现在的确也变得有了军事色彩——作为"一种精神军队的总参谋部，（……）共同去占领未来"。然而，这也关系到斗争，也就是有效地反对"各民族之间头脑发胀的不信任。其实，我们感到不信任比任何短暂的战争敌对都更为危险"[①]。

茨威格勾画的未来欧洲人恰好也必须了解"其他民族的（成就）及其有益和创造性的东西，而且要通过直观方式"。他具体建议在欧洲通过旅行和交流在实践中学习。半个世纪以后，这些建议通过一代又一代在申根国家区域内持着境内旅行优惠车票和背着旅行包的青年人、依靠在欧洲大学实行的伊拉斯谟奖学金以及在本国边界以外度过一个公益社会活动年的理

---

① 斯蒂芬·茨威格：《时代与命运——1902—1941 年杂文和报告》，第 47、50—51 页。

想主义者变成了现实。他主张"加强能量"的欧洲新闻学的思想也通过诸如《德国欧洲思想杂志》、《国际信函》(*Lettre International*)和《欧洲文化》(*Eurozine*)等杂志付诸实施了。在这些杂志上,"民族矛盾虽然没有完全被消除,但已经(转向了)合作"①。

219

　　如果说民族历史建立在仇恨基础上,并且不断地更新仇恨和依靠自我辩解和英勇地自我抬高没完没了地恶性循环的话,那么对茨威格来说,文化历史则是一种进步叙事的可能,因为它建立在民族彼此理解和学习的基础上,以这样的方式来提高共同的福祉。茨威格的未来乌托邦视欧洲文化历史为连续的进步叙事,而且会"永远发展下去"。当然,我们不再可能赞同这样的观点。一方面,从1945年以后,我们不再可能完全像他1932年所做的那样,如此断然地把民族主义与欧洲分割开来;另一方面,我们不再赞同为欧洲及其优势地位而感到自豪,因为这个优势地位"是我们两千多年来在这个尼采所说的亚洲'小半岛'上面对历史所确立的"②。1945年后,这个欧洲幻想必然会被置于新的基础上,并且一再被转换。然而,茨威格思想中依旧特别现实的东西就是他的欧洲青年一代新的教育计划纲领,即从"民族反对欧洲"到"欧洲民族"的视角转换③。茨威格的欧洲幻想没有失去现

---

①　斯蒂芬·茨威格:《时代与命运——1902—1941年杂文和报告》,第48和52页。

②　同上书,第47—48页。

③　参见:阿莱达·阿斯曼:《欧洲梦——四个历史教训》(*Der europäische Traum. Vier Lehren aus der Geschichte*),慕尼黑,C. H. 贝克出版社,2020年。

实意义：在他看来，这关系到"在保持各民族特点的同时，实现民族之间高度和睦的理想"[①]。他以这种美好和精辟的认知模式出色地抓住了欧洲思想的核心。从这个意义上来说，他勾画出了一个预示着未来的教育模式，使受教育者从仇恨转向感恩和"尊重"，从战争转向和平，从崇尚军事暴力转向承认精神和文化成就。

220　　　　茨威格也给自己提出了一个问题，那就是在新教育纲领中怎样能够确立身份认知和集体情感。或许也存在泰莫斯概念有益的变体，同样可以用于欧洲？是的，茨威格的回答是，"个人和道德英雄主义行为像血腥的战场报道一样，同样可以（在青年人中）唤起激情"，并且也能够很好地唤起对精神和艺术成就的崇敬之情。民族交往不应该带有条件和怀疑。民族彼此不应该制造恐惧，而应该凸显"给世界带来仁爱和崇敬，提升它们的语言和精神成就威望"的东西。用一个积极的泰莫斯来取代一个消极的泰莫斯——斯蒂芬·茨威格"为欧洲解毒"的纲领可以这样来概括。这个当时涉及的毒品就是仇恨，今天又与我们密切相关。茨威格的叙事出于一代人的立场；"这代人亲身经历过世界上最可怕的仇恨，学会了仇恨这种仇恨，因为它有害无益，只会削弱人类的创造力。"[②]

怎样结束战争？

战争意味着什么，我们对此持有丰富和始终新鲜的看法。但

---

① 斯蒂芬·茨威格：《从道德上为欧洲解毒》，第 55 页。
② 同上书，第 48 和 56 页。

是，和平意味着什么？按照维姆·文德斯（Wim Wenders）的观点，和平如今"始终还高居新年祝福之首，但在日常生活和政治行为中，和平在绝大多数情况下已经堕落为语言空壳"。这位电影导演也引用了马丁·布伯（Martin Buber）的一句话："人们在历史上称之为和平的东西，无非就是两次战争之间一个——充满恐惧或者充满幻想的——间歇。"① 和平是短暂的中断，一个盼望的间歇，但不是可以守得住、可持续的财富。和平在这些引言中如此展现在我们面前。但这只是事实的一面。而另一面是，75年来，在欧盟就存在着和平②。人们不要贬低这个历史成果，而是要强调它，同时更加明确地再问一问：这样的和平是怎样实现的，成功的秘诀又是什么？但同样也要再问一问：什么东西危害着它，怎样继续实施和平规划？因为和平不是一个状态，而是一个规划。它必须不断地被转化为行动，应对不断变化的形势和冲突。问题是：什么是和平？我无法回答。但是我可以变换一个说法，提出另一个问题：怎样结束战争？那么我们回顾一下历史，以便在未来十多年开始时展望一下能够延续、稳定和更新和平的东西。

要回答怎样结束战争的问题，历史学家已经有了一些简短

① 维姆·文德斯致颁奖词，出自："塞巴斯蒂昂·萨尔加多——德国图书贸易和平奖授予塞巴斯蒂昂·萨尔加多颁奖词"（*Sebastiao Salgado, Verleihung des Friedenspreises des deutschen Buchhandels an Sebastiao Salgado*），美因河畔的法兰克福，德国图书交易协会，2019年，第10页。

② 这里指的是在欧盟内部欧洲各民族的关系。在这个时期，绝对发生过战争，比如，1982年英国与阿根廷之间的马尔维纳斯群岛战争，或者1990年南斯拉夫解体后的科索沃战争。

的答案：通过投降或者条约。战争的终结是按照拳击的模式进行的。这里正好有胜者和败者，而历史就这样结束了。我们能够从历史学家乔治·莫斯那里学到，也可以采取完全不同的方式来回答这个问题。莫斯发现，1918年，第一次世界大战根本就没有终结。毫无疑问，这里也有胜者、败者和条约，但随之而来的还有另外一些东西，也就是莫斯所说的"战争经历神话"。如果说每个历史学家把历史想象得像一本干脆在其中向前翻着看的书，那么莫斯则是向后翻着看。他发现，有一些影响历史的行动者，他们并没有把战争甩在身后，而是紧紧地抱住战争不放，把它作为神话重新进行加工，使之成为他们未来行动的方向。但是，这个未来极其尖锐地与民主主义者、厌战者和希望和平的人的未来发生了冲突，因为这些人梦想建立一个民族同盟，或者像斯蒂芬·茨威格梦寐以求的共同欧洲。战争神话和朋友-敌人-思维模式完全直接地破坏了正准备在德国首次引入民主政体的革新者的计划。

结束第二次世界大战

怎样持久地结束战争？实例表明：显然不仅要通过缔结和平条约，而且也要通过用来记忆战争的叙事和象征性语言，还要通过事实，这就是哪个政治阵营在这个过程中夺取了关于共同经历和忍受的历史阐释权。因此，到了重新讨论莫斯问题和同时进一步探讨记忆形式的时刻了，因为这些形式要么使历史和平地进入稳定时期，要么重新调动起持续潜在的斗争精神。

在欧洲，战争经历神话于 1945 年 5 月被同盟国在东西战线上有效地结束了。然而，它真正的结束不仅通过胜利和投降，而且也通过一个共同的、把当年的死敌又聚拢在一起的经济计划。直到今天都让人难以理解，为什么这个倡议偏偏是由法国人发起的。他们毕竟连续三代遭受了德国侵略的蹂躏，蒙受了德国侵犯的屈辱。因此，就有这样一些德国家庭，祖父于 1871、1872 年挺进巴黎，父亲在第一次世界大战中又回到那里，儿子或者孙子第二次世界大战中又出现在被占领的巴黎。尽管如此，又是遭受了严重折磨和伤害的法国人，向当年的敌人伸出了和解之手。如果没有这个举动和这个尚未熄灭的信念，欧洲的邻邦关系也可能会以另外的方式运行。这样一来，恐怕就不会出现欧盟了。 223

罗伯特·舒曼和让·莫内（Jean Monnet）1945 年后设想的和平计划是地地道道的乌托邦：他们要化"干戈"，也就是作为战争工业最重要的原料煤炭和钢铁，为"玉帛"，因为他们要以此为一个跨民族经济共同体奠定基础。就这样，死敌变成了持续友好合作的睦邻伙伴。另一个保证和平的措施是，在美国的强力支持下，作为当年独裁专制的德国变成了一个民主政体。此外，通过纽伦堡审判，法制德国得以重建，这同样像马歇尔计划所启动的经济支持一样重要。

所有这些计划和干预就是一个个例证，怎样通过创造一个持续和平和安全基础才能有效地结束战争。为之还有一个迄今绝大多数时候被忽视的措施，即遗忘政治。它是由温斯顿·丘吉尔（Winston Churchill）积极推动起来的。丘吉尔深有感触，如果记忆一味地专注于仇恨和报复，那它就会成为战争的驱动器。恰好这种情况就在第一次世界大战后出现了：战争刚一结束，前线经历神话就开始调动新的侵略。丘吉尔从历史中吸取了教训，并于1946年向苏黎世大学的学生们进行了如下讲解："我们大家必须彻底摆脱过去的残暴行为。我们必须面向未来。我们绝不能再把从过去的伤口中产生的仇恨和复仇欲望带入未来的岁月。如果要把欧洲从没有尽头的灾难和最终灭亡中拯救出来，那我们就必须把它建立在信仰欧洲大家庭和遗忘过去所有的罪责和错误行动基础上。"[①]

首先必须遗忘的是战争神话，以便欧洲真的又能够拥有一个未来。因此，欧洲和平计划与"遗忘政治"密切相关。在历史上，这样一个遗忘契约在内战以后一再帮助冲突双方走上了新的未来。这样一个契约的前提条件就是一个尽可能对称的权力关系。然而，无论在哪儿，只要对平民受害者和手无寸铁的少数派实施了暴力行为，换句话说，只要战争会变成种族灭绝，沉默政治都有其明确的界限，因为沉默政治意味着支持凶手，损伤受害者。在德国，由德国人心怀感激地接受的遗忘政治不仅承托起了和平的重担，而且也支持了新欧洲跨民族经济联盟，长达四十多年[②]。遗忘政治把历史搁置起来了，把战争结束了，但也把欧洲分

---

① 伦道夫·S. 丘吉尔（主编）：《和平的力量——温斯顿·S 丘吉尔的战后演讲》（ *The Sinews of Peace. Post-War Speeches by Winston S. Churchill* ），伦敦，滨江出版社，1948年，第200页。

② 在德国自由民主党（FDP）1949年第一次为联邦议会选举打出的广告上，可以看到这样的标题："最终了解下面的一切！"，下面则写着："了结去纳粹化 / 剥夺权利 / 剥夺行为能力"。

裂了，滋生了一些新的独裁专制，使大屠杀的伤口无法弥合。因为过去的并未过去。

温斯顿·丘吉尔的遗忘政治和康拉德·阿登纳的沉默政治在 20 世纪 80 年代走向了终结。与此同时，冷战也结束了。一个新的世代更迭完成了，从战争一代及其与 68 反抗一代的对抗直到此间已经变老的 68 人，他们的年龄不再是 20 到 30 岁之间了，而是到了 40 到 50 岁之间，并且承担起了社会责任。随着柏林墙倒塌，一个新时代开始了。在这个时代里，长久被拒绝和禁锢的记忆又回来了。历史通过幸存者的见证和历史研究回到了民族、城市和家庭中。也就是说，第二次世界大战分阶段结束了：一次是 1945 年后通过一个需要遗忘的集体意志，而另一次是 50 年以后通过需要记忆的集体意志。

结束第一次世界大战

第一次世界大战也一定要结束。这一点表现在 2014 年声势浩大的纪念活动上。当时，这次世界大战在一百年后以正常的节奏又归来了，成为象征性政治活动、媒体信息和社会争论的主题，长达 4 年之久。值此纪念日之际，在欧洲到处举行了各种各样的纪念活动，但它们的走向各不相同。由于民族视角和历史进程差异，这种情况绝对无可厚非。许多跨民族行动和媒体观点也很有影响，因为它们把战争经历降低到个人传记层面，并且重新聚合在一起。第一次世界大战最重要的纪念日期是 1918 年 11 月 11 日 11 时，也就是所期盼的西线停战这天。当人们在许多国家每年庆祝和将会继续庆祝这个纪念日的时候，德国人则恰好在这一天和这个时辰开始了他们的狂欢节。这也是一个值得注意的欧洲多样性象征！然而，2014 年 11 月 11 日却发生了另外的事情：法国总统弗朗索瓦·奥朗德在法国北部为一座新纪念碑剪彩。这个公共设施名叫"记忆环"，不同寻常，不仅因为其规模，而且也因为其形式。观众沿着 500 块巨大的铜碑庄重而缓慢地走去。铜碑上雕刻着 50 多万阵亡士兵的名字——按照字母顺序排列。在这样的形式排列中，民族和军团的关联有意识地被撕裂了，军衔也被去除了。在这里再也看不到对军队来说具有重要意义和不可或缺的等级和效忠观念。所有阵亡士兵在这里彼此团结在死亡的友爱关系中。因此，奥朗德的纪念碑绝对是一次变革。记忆环在战争纪念碑象征意义上实现了彻底决裂。"记忆环"是一个卓越的欧洲纪念碑，因为它是献给所有战争阵亡者的，表达了对毫无意义的杀戮一个新的共同记忆和缅怀。这个纪念碑与传统的荣誉和尊严豪言壮语分道扬镳，具有真的使第一次世界大战终结的象征力量。记忆环是一个不折不扣的"战争神话终结纪念碑"。

　　如果说奥朗德总统脱离了纪念英雄传统的话，那么英国首相大卫·卡梅隆（David Cameron）则反其道而行之。2012 年，他呈现了自己的帝国战争博物馆纪念年活动计划。在一次慷慨激昂的讲话中，他热切地期望实现一个"真正的民族纪念"。他革新了英国的战争神话观念，同时也把当年享有盛名的大不列颠帝国的殖民军队纳入纪念活动中。卡梅隆赞扬了阵亡士兵的功绩和献身精神（the service and sacrifice），并且许诺今后 100 年将一如既往地保持对他们的怀念。"我们不能忘记！"（Lest we forget!）

是 11 月 11 日纪念活动的座右铭；这样的纪念活动显然会年复一年地怀着更大的热情继续举行。当然，在纪念第一次世界大战四年期间，英国视角完全的败笔就是向当年的同盟国和欧盟伙伴国的暗示。强调民族纪念主权，这已经是英国脱欧四年前一个明确的英国孤立主义信号。当战争经历神话在法国被葬埋和让步于一种对话式欧洲记忆的时候，它却在英国再次被强有力地激发起来了。

亡者归来

莫斯的"战争经历神话"还与我们今天的欧洲现实有什么相干？当然密切相关，因为战争经历神话不是历史，正如此间清楚地表明的，始终还是活生生的记忆，从中还始终会散发出一种情感上的、对欧洲价值提出质疑的压力。茨威格 1932 年是怎样表述的？"激发作为群体的自身去敌视另一些群体的需要今天依然笼罩着欧洲，人们会不由自主地想起那个古老的传说，其中说的是大战过后，亡者的影子依然在空中继续相互厮杀。"在欧盟里，这样的警示越来越多，那就是过去的战争英雄以泰莫斯爆发方式一再被召唤回来。比如，在意大利，4 月 25 日是战争结束民族纪念日。1945 年这一天，同盟国解放了意大利，结束了法西斯统治。2019 年，在右翼联盟的马特奥·萨尔维尼（Matteo Salvini）看来，如今不再存在继续记忆法西斯主义者失败的理由。他甚至公然一反传统，同时也为那些早就给墨索里尼（Mussolini）伸冤平反，把他当作民族英雄而为之树碑立传的人声援。

228 　　西班牙是欧盟民族另一个例子。它处于政治两极分化和区域分裂的双重压力下。这些分裂的根源也存在于 20 世纪，可以追溯到内战时期。1977 年，"沉默契约"或许在西班牙是一个可以理解和务实的抉择，为了有可能成功地过渡到民主政体[①]。但是今天看来弊端也越来越多，事实表明，遗忘这个最终解决政策在西班牙不可能是一个持久的解决办法，内战也远远没有结束。这个国家遍地都是佛朗哥（Franco）胜利者-纪念碑。相反，对于处在劣势的共和党人来说，却没有任何象征性标志。他们没有出现在官方历史中。2000 年以后，开始了由埃米利奥·席尔瓦（Emilio Silva）推动的掘尸验明正身运动。在这次运动中，有许多家庭寻找了他们被掩埋在万人坑里的共和党亲人遗骨，为了最终按照仪式安葬他们。在西班牙也一样，迄今依然看不到民族历史上这个重要的事件有一个共同的对话式叙事。死亡谷里佛朗哥巨大的纪念碑曾经是一个象征性结束战争的尝试，但它并没有使记忆趋于平静，而是制造了一个巨大的、依然令人痛苦的伤口。2019 年 10 月 24 日，几乎在佛朗哥去世 45 年以后，又出现了一次充满象征意义的掘尸验明正身行动。这一次涉及到佛朗哥本人，他被从纪念碑里搬出来迁葬到家族墓地里。毫无疑问，这是 80 年后迈向结束西班牙内战的一步，当然还必须有其他步子随之跟上。显而易见，如果没有对民族历史关键事件不可动摇的一

---

　　① "沉默或者遗忘契约"（Pakt des Schweigens oder des Vergessens）：西班牙内战（1936—1939）结束以后，内战各方矛盾一直未得到化解，冲突不断。1977 年，经过多方长久努力，冲突各方达成了一个不成文的制止危机的契约，即所谓的"沉默或者遗忘契约"。——译者注

致认识，没有尝试一个共同的对话式叙事，那么要想凝聚一个社会是很困难的。

5月8日乃是德国和欧洲记忆日

50年前，维利·勃兰特（Willy Brandt）就提出了建议，把 5月8日宣布为德国节日。这在当时来说是一个纯粹的乌托邦，因为这似乎从另一个方向上形成了联系；这个纪念日早已印在东德的日历上。战争结束75年后，大屠杀幸存者埃丝特·贝哈拉诺（Esther Bejerano）发起呼吁，要求革新勃兰特的建议。随着纳粹德国投降，1945年结束了第二次世界大战，开启了一个新的世界秩序，对此大家都没有异议。然而，怎样保护这个传递给未来的和平和自由信息，对此依然众说纷纭，莫衷一是。下面5个观点是为引入5月8日作为德国和欧洲记忆日的辩护。

1.5月8日反映的是东方和西方之间的紧张关系

有一张1945年5月8日的照片值得注意。照片上可以看到一个美国和一个俄罗斯士兵。他们在下奥地利小城埃拉弗相遇，在那里庆祝第二次世界大战在欧洲的胜利和结束。小城迄今依然对此记忆犹新。两个士兵午夜时举着他们的手表，喜形于色。然而，这种和平、兴奋、轻松和友好的气氛仅仅是一个抓拍。因为在冷战时期，欧洲又分裂了。因此，战争结束的回忆也各奔东西，各执一词：在西方，同盟国美国、法国和英国把5月8日，也就是胜利日当作公民和平节日庆祝。而在东方，由于投降声明签字时差，苏联则在 5 月 9 日庆祝"伟大的卫国战争胜利日"，举行隆重的阅兵仪式和展示各种重型武器。

2. 在德国，5 月 8 日也曾经长时间是一个对立和矛盾纪念日

没有哪一个德国纪念日会如此矛盾。当然，11 月 9 日也是矛盾的，因为在这一天，在不同的年代里，发生了不同的事件：1918 年 11 月 9 日诞生了魏玛共和国第一个宪法；1923 年 11 月 9 日发生了卡普-政变；1938 年 11 月 9 日爆发了水晶之夜；1989 年 11 月 9 日柏林墙倒塌。5 月 8 日这天则非同寻常，更为复杂。在这一天，由于视角不同，发生了一些相互矛盾的事件：纳粹政权投降；所有被关押在集中营的俘虏全都获得解放；但也是许多德国士兵战俘营生活的开始。当人们在东德从 1950 年起把 5 月 8 日与胜利者一起当作法西斯解放日庆祝的时候，联邦德国则等待了 40 多年之久，最终才能真正地庆祝这个纪念日。"罪责和耻辱不配庆祝"，维利·勃兰特 1970 年要庆祝这一天时还遭到了如此的非议。在冷战期间，5 月 8 日在东德是胜利和自豪之日，因为那里只存在着拥有坚定信念的共产党人和抵抗战士。相反，在老纳粹分子受到宽容的联邦德国，记忆战争结束以及之前发生的一切则呈现为一个艰难的过程，因为人们不得不弄明白自己的罪责和责任。因此，在西德，人们不得不首先艰难地弄清失败也是一种解放，更确切地说，正如戈兹·阿里（Götz Aly）曾经表述的，"一种要从我们自身获得的解放"："在那几个月里，同盟国的军队投入了最大的军事力量，付出了很大的牺牲，不仅从德国恐怖中解放了数百万被关押、被奴役和被征服的人，而且也解放

了发起和制造战争的人，即德国人。他们必须从自身解放出来，而许多人很久以后才理解了这一点。"①

3. 5月8日随着一代又一代人的变化而变化

社会记忆是一个随着时代变化而变化的过程。5月8日是怎样随着一代又一代人的变化而变化的，可以从1985年、1995年和2005年的庆祝活动各不相同的重心看出来。1985年，沉默了如此之久的战争一代人第一次开口说话了。这种情况表现在里夏德·冯·魏茨泽克（Richard von Weizsäcker）总统突出的立场上。出生于1920年的他在战争开始时19岁，一起经历了整个战争，直到战争结束。10年以后，也就是1995年，大屠杀受难者记忆达到了第一个高潮，应运产生了德国国防军罪行展览。在这样的纪念时，还有许多人士公开暴露了自己的隐秘，第一次公开地说出了他们的战争经历。属于其中的有像莱因哈特·科泽勒克和阿诺·博斯特这样一些著名历史学家。后者给他的文章加上了这样的标题："从杀戮义务中解放出来"。从2005年起，同时也随着柏林被谋杀欧洲犹太人纪念碑揭幕，联邦德国和东德的记忆特殊之路被一种拓宽的欧洲记忆取代了。人们跨越民族界限，举

---

① 戈兹·阿里：《零点时刻的德国人——强制从自身解放出来》（Die Deutschen in der Stunde null. Mit Gewalt von sich selbst befreit），载于：戈兹·阿里：《没有中心的民族——自由恐惧与集体主义之间的德国人》（*Volk ohne Mitte. Die Deutschen zwischen Freiheitsangst und Kollektivismus*），美因河畔的法兰克福，S. 费舍尔出版社，2015年，第138—146页（引言中加着重号的部分是阿莱达·阿斯曼特意强调的）。

行跨民族庆祝活动。在这个过程中，有几个像波兰那样的后苏联国家强调它们要重新独立；它们不再庆祝苏联的 5 月 9 日，而是加入了欧洲的 5 月 8 日庆祝行列。

4. 1945 年后过去了 75 年——人们真的能记忆本身没有经历过的东西吗？

232 今天，只有寥寥无几的同时代人能够记忆起 1945 年战争结束时的情形。只要他们讲述起解放集中营和战争结束时在德国城市里经历了什么，我们就要聚精会神地聆听他们的讲述。从狭义上说，只有他们能够记忆，而其他人，如果他们愿意的话，只能记忆的是他们的记忆。因为我们的记忆不仅接受我们自身经历过的事情，而且也接受我们所听到的、所阅读的和在图像上所看到的东西。我们许多固有的记忆是由家庭成员讲述给我们的，而我们则把它们默默地铭记在心了。在家庭里，个人和家庭集体记忆之间的界限是流动的。在社会上，这则是另一码事。这里存在着一个共同的坐标系。在这个坐标系上，后来一代又一代人会对民族历史中持续产生影响的事件和创建信息达成共识。这种历史自我定位是社会凝聚力的一个重要因素。因此，应运产生了纪念日和媒介，它们有规则地把人们的注意力吸引到共同的历史上，激励对此进行讨论，并且以这样的方式使得参与和认同一个追溯到遥远过去的历史成为可能。

5. 5 月 8 日具有未来潜能

5 月 8 日是历史吗？不是，因为它不像任何别的纪念日那样也创造了历史，在政治上始终还是现实一个活跃的组成部分。在俄罗斯，从第三代人开始参与记忆以来，这个纪念日的意义增强了。在这期间，老战士们被他们的孩子和子孙接替了，他们打着父辈和祖父辈的照片继续前进，形成了一个"不断传承的军团"，并且会承载着 5 月 9 日，也就是斯大林战胜希特勒这天走向未来。斯大林的英雄神话以这样的方式与普京的新战争崇拜融为一体。在西方，人们对 5 月 8 日的阐释则另有强调。1945 年后，应运而生的还有 1948 年的联合国人权宣言和大屠杀公约。这就是今天新欧洲和欧盟价值确立于其中的根本基础：和平、民主、批判性的历史意识和人权。1950 年 5 月 9 日，罗贝特·舒曼发表了具有历史意义的讲话，奠定了欧盟的基础。但这一天没有能够作为历史的共同开端而得以确立。因此，把这两个具有历史意义的日子合并在一起似乎很有意义：5 月 8 日，蔓延到整个欧洲的灭绝战争结束；5 月 9 日，新欧洲诞生。但与此同时，对 5 月 8 日、9 日的欧洲记忆不可抹去对中东欧国家占领和失去独立的 40 年记忆。希特勒被打败以后，斯大林能够继续以胜利者自居。可话说回来，不用否定不同的政治视角，这样的记忆似乎可以突出作为历史界限和欧洲关键事件的战争结束对一个新的共同未来的意义：作为解放日、欢乐日、和平日和与所有纳粹受害者休戚相关之日，还有作为一个新欧洲的开端，应运而生的 1989 年的第二个欧洲。

德国灭绝战争受难者记忆

战争结束 75 年后，2020 年 5 月 8 日的纪念活动清楚地表明，234

德国人的纳粹记忆常常集中在反人类罪的大屠杀上，而这个独裁专制的其他受害者群体和受害程度往往变得无足轻重[①]。当德国记忆文化明确地把聚焦于灭绝欧洲犹太人及其苦难始终当作第一需要的时候，那么不可接受的是，其他遭受过纳粹暴力折磨的受害者的创伤却被遗忘了。这个被历史学家深入研究的主题在公众意识和公开场合尚未得到应有的关注。

比如在德国，几乎没人知道德国国防军目标明确地让300万苏联战俘死于饥饿和疾病。在列宁格勒，德国国防军持续地封锁了这座城市长达900天之久，致使100多万平民丧生。德军的围困于1944年1月27日被苏联红军终结了，而恰好就在一年后的这一天，同一个军队解放了奥斯维辛。在白俄罗斯，德国国防军和冲锋队灭绝了成千上万的村庄和城市及其居民。德国也占领统治了欧洲其他地方，那里也出现了大屠杀和战争罪事件，比如在法国的奥拉杜尔、在意大利、南斯拉夫和希腊。但相比之下，德国在东欧的灭绝战争则具有系统性特征。数百万来自欧洲各国的强制劳工的命运也未受到普遍关注；他们在德国的战争工业中受到剥削，被折磨致死。提起大屠杀，我们绝大多数时候想到的是纳粹德国在波兰建立的实施工业化灭绝的大集中营。而在更远的东方则存在着成千上万我们常常不熟悉的地方，那里同样有犹太人和苏联许多民族的平民遭到杀害或者死于饥饿。这些情况在德国公众意识中是不存在的。

①　在此感谢马库斯·默克尔（Markus Meckel）和马丁·奥斯特（Martin Aust），我把他们的想法和表述融入到这一节里。

2020 年春天，历史学家马丁·奥斯特、海因里希·奥古斯特·温克勒（Heinrich August Winkler）和我向德国国会呈递了一份请愿书，呼吁消除导致了历史盲目性并使之凝固起来的无知和冷漠。请愿书提议在柏林中心建立一个文献馆，借以来记忆迄今只字不提的德国占领和灭绝战争造成的东西欧受害者，展现出 20 世纪历史的各种相互关系。文献馆应该促成把被遗忘的亡者纳入德国记忆文化中，因为他们一如既往地是一个强大的民族受害者记忆对象。这个记忆场不要构建各个受害者群体之间的等级，而要表现各有特点的经历，以此把迄今普遍单方面实施的记忆拓展到跨民族层面，并且通过研究和讨论、展览和介绍、纪念和交流形式与相关民族共同分享。在这里，恰好也使来自不同民族的年轻人更多地学习有关他们出身的历史知识，开始就此进行对话。这样拓展德国记忆文化并不意味着一味地盯着过去，反而意味着在一个着眼于和平、合作和交流的欧洲内部向着结束第二 236 次世界大战和开启一个共同的未来又迈进一步。

面对邻邦记忆犹新的苦难史，片面的冷漠和历史遗忘反而不会促进欧洲和平。我在本书引言中已经指出，在德国，当下有一些出版人和出版社出版纳粹时期的战争文学，使得灭绝战争的将军和士兵的视角不加评论地流传开来。这种发生在德国的民族主义势头在一定的社会圈子里得益于公众对这些话题的冷漠，形成了德国历史的边缘形象。那些以惊人的速度复制和继续传播纳粹宣传的社会媒介大行其道，在思想上让战争继续进行。这种针对历史的攻势无非就是一场针对欧洲的攻势，因为它煽动仇恨、报复和恩怨，破坏此间已经在欧盟成员国之间形成的团结与和平纽带。

谁叙述自己的历史，那他就是在自我叙述。叙述什么和怎样叙述；对什么保持沉默或者歪曲什么；怎样把自己与他者的经历联系起来，这一切要么会建立信任和可信度——要么会导致烦恼、矛盾甚或恐惧。在欧洲，1945年前后的历史必须变成更多声部，要赋予各种不同的苦难经历足够的空间。聚合各种叙事，能够使得拥有往往截然不同的视角和经历的社会群体或者少数所展示的不同叙事呈开放性和包容性，并进行深入探讨。这样一种启蒙能够加深欧洲东西方之间的凝聚力。记忆绝对不会一成不变，它会随着时代变迁而变化。在这个过程中，那一个个历史事件是不可改变的。但是，当你从受害者一方和施暴者一方共同记忆这些事件时，对它们的阐释则会发生变化。新的认识和不同的视角在其中会逐渐补充和改变共同图像和共同记忆。

乔治·莫斯不说战争与和平，而说"残暴化"与"文明化"。这不是什么状态，而是狭路相逢，针锋相对；社会和民族就活动在这样的对立中。我们可别忘记，所有的欧洲民族当时都抱着通过武力革新的希望参与了第一次世界大战。一个被感受为衰退和女性化的文化需要通过一个强大和英勇的男子气概恢复活力。在和平岁月里，这样以英雄神话名义爆发的集体侵略行径很快就会被遗忘。但是遗忘多久呢？当诺贝特·艾里亚斯（Norbert Elias）思考这个问题时，他提出了"文明进程"的说法。然而，文明不是一个进程，而是一个规划，只有人才有能力依靠文化价值、纲领和教育使得这样一个规划运行起来，并进行到底。民族从自身来说绝对不是血腥残暴或者爱好和平，而始终仅仅涉及到它们的文化纲领。它们是选择民族自豪感、极端的敌人形象和强权崇拜，还是多元化和有尊严的和平共处？它们宣布什么是神圣的——民族、集体、国家或者个体？探讨和平和保卫和平无非关系到保护爱好和平、75 年前欧盟创建者所创立的民族联盟。这个联盟是否会继续存在下去，目前尚不清楚。但不言而喻的是，这是一个要求我们大家都要全力以赴去努力实现的使命。

238

5. 包容与排他

东德人和西德人——这个被统一（被否定）的民族

我想念德国

在这个国家，有一个时刻和一个地方，你可以破例地、毫不掩饰地表达爱国主义情怀。许多人其实非常喜欢生活在这个国家，他们每个星期天早晨定时在"德国之声"来表达这样的心声。在"我想念德国"主题下，这里会有人出来说话，10分钟之久，绝大多数是不同出身的艺术家，但也有其他公众人物；他们非常具有原则性和非常主观地说出他们对这个生活在其中的国度的自我感受。这里也可以听到批评声音，但首先是满满的感激和赞扬，甚或是一些挚爱的宣言和积极广泛的认同感。这无疑是存在于这个国家最爱国的广播节目。谁想要得到鼓励，时而就要听一听这些录制好的声音。这样一来，他就会重新用另外的眼光来看待自己的国家。

人们很少会感受和听到关于10月3日的消息。德意志民族

238

显然是一个独一无二的民族，因为它不是用欢呼、热闹和烟花，而是用悲叹、抱怨和谴责来庆祝国庆日。没有什么东西会比所谓的"统一习俗"更令人厌恶。世界上没有另一个国家过生日时会给自己备上一锅如此令人沮丧的一锅烩①。人们本来在这一天似乎有必要戴上黑纱，为一切做错的事情和愚蠢透顶的行为表达歉意。国庆日缺少一种积极的情感荡漾。它为什么如此冷漠和矜持呢？

240

10 月 3 日缺少一些非常重要的东西，这就是历史影响标志。当 11 月 9 日出于可以理解的原因不会考虑作为国庆日不言而喻时，赫尔穆特·科尔委派了一些历史学家去研究档案，任务是找到一个尽可能在历史上中立的日子。他绝对要避免，统一不能陷入另一个事件的阴影里。历史学家向科尔证实，在迄今的历史中，10 月 3 日这天没有发生过什么值得回忆和纪念的事件。但是，恰好这个日子的中立性今天看来存在问题。比如，似乎可以选择 10 月 7 日，因为这是游行示威在普劳恩发起的日子。在那儿，今天还竖立着一座转折纪念碑。但似乎更为可想而知的是 10 月 9 日，因为这一天有 7 万游行者聚集在莱比锡的大街小巷里。当时参加过游行的人恐怕会讲述莱比锡最为壮观的游行的这一天。当时直到傍晚，一切尚未成定局。这一天随时都会成为第二个 6 月 17 日②。后来，到了 18 点 35 分左右，随着谈判取得了结果，警

---

① 一锅烩（Eintopf）是德国人的家常菜，在这里用作寓意深刻的隐喻。——译者注

② 指的是"6·17 事件"，又称"东柏林事件"，也就是 1953 年 6 月 17 日发生在东柏林的游行示威活动。——译者注

报采用民主式的语言解除了："根据形势发展，没有采取预先准备的阻止／解散措施。"[1]

随着选择一个与转折来历密切相关的日子，似乎也为那些通过斗争赢得了转折的人竖起了一个特别纪念碑。这样一来，东部和西部在记忆这段历史时似乎彼此会更亲近一些。相反，在10月3日这天，作为"统一建筑师"的赫尔穆特·科尔为自己竖起了一座纪念碑。10月3日不是向东德人的自由意志和勇气永恒的致敬，而是胜利者历史上一个日期。

当时的东德人也代表着胜利者的历史。神学家、哲学家、东德公民权维护者、德国社会民主党（SPD）政治家和柏林国会议员里夏德·施罗德（Richard Schröder）就是一个例子。2019年末，他在法兰克福汇报上发表了一篇文章，其中详尽地表明，德国统一的现实胜过它的名誉[2]。错误曾经是不可避免的，因为没有人具有一个从东德政体走向资本主义的现成方案。革命时，历史断裂是不可避免的，这个悲剧是历史进程一个不可分割的部分。但施罗德把事件因素称之为决定性时刻。统一是作为一个突如其来和出乎意料的特殊礼物降临了，它曾经就像是一次没有给讨论和思考留下任何机会的过速分娩。一句总结当时时间紧迫的谚语依然回响在耳边。这句话被记在了米哈伊尔·戈尔巴乔夫

① 斯文·费利克斯·凯勒霍夫（Sven Felix Kellerhoff）：《莱比锡改变了整个德国这一天》（Der Tag, als Leipzig ganz Deutschland veränderte），载于《世界报》（Die Welt），2009年10月9日。

② 里夏德·施罗德：《德国，统一的祖国》（Deutschland einig Vaterland），载于：《法兰克福汇报》，2019年12月30日。

（Michail Gorbatschow）名下；据说这句话是他 1989 年 10 月 5
日在东德 40 周年国庆庆祝活动之际说的："谁来得太晚，生命就
会惩罚他！"也许 30 年以后，思考这句话的时刻来到了，因为
当时就没有思考的空间。

东德历史归类的困难

"人们不知道今天应该把那些岁月归于哪儿"。这个说法是
一本书的标题，它讲述的是人们在鲁尔区的法西斯经历。这本书
属于卢茨·尼特哈默 1983 年开始主持的一个宏大的口述历史研 242
究项目的一部分[①]。这句令人沮丧的话出自一次采访，它清楚地表
现了一些参与者把法西斯岁月回顾归类的困难。它们变得完全陌
生了，但却像日常生活一样也贯穿于他们的人生。尼特哈默的口
述历史项目出现在那些历史事件发生 40 年以后。我们此间已经
远离东德历史结束 30 年了，而回顾这些岁月的归类问题以新的
方式提出来，考虑到一个共同的叙事，应该让它们归于应有的历
史地位。

讨论这个话题时，西部和东部的观点分歧显而易见。这是 243
因为，如果 1989、1990 年发生的事件对东部德国人意味着一个

---

① 卢茨·尼特哈姆（主编）：《你不知道今天把那些岁月应该归于哪儿——
在鲁尔区的法西斯经历，1930—1960 年在鲁尔区的生存历史和社会文化》（*Die
Jahre weiß man nicht, wo man die heute hinsetzen soll. Faschismuserfahrungen im
Ruhrgebiet. Lebensgeschichte und Sozialkultur im Ruhrgebiet 1930—1960*），第 1 卷，
柏林，蒂茨出版社，1983 年。

戏剧性变化的话，那么对西部德国人来说，一切或多或少依然如故。当然，从我的西方观点出发，我也无法如此证实这一点。对我来说，20世纪90年代属于我人生中最激动澎湃的岁月，因为在冷战结束以后这些年里，铁幕两边被封冻的记忆又回来了。当之前所有指向未来的信号止步不前以后，历史此刻突然闯入现实之中，把一切都搞乱了。"柏林墙倒塌"——一个我此间学会了给它打上引号的套话——和如此多的边界开放是一个改变了我的人生和思想的高潮。在东部和西部两极之间，打开了一个新的空间。我可以去东部一些城市旅行，可以遇到一些人，可以向他们学习那么多新东西。在经历了强大的、影响了我人生前几十年的西方文化联系以后，出现了一个全新和还不熟悉的欧洲。这意味着两极分化、建立在基督教西方思想基础上的旧欧洲的终结，取而代之的是一个多元化、拥有许多语言和文化、历史经验、创伤和未来的新欧洲。

今天，所有这些当时极大地丰富了我们的生活和思想的事件都面临着消亡在一个独一无二的地理政治概念中。它就叫作"东扩"，立足于一个自我批评的叙事基础上。对于自我批评，无可厚非，但我无疑会坚决反对一些遮盖住多样化经验的时髦用语，因为它们把这些经验毫无意义地混为一团了。不管怎么说，我把东部开放感受为一个出乎意料的视域拓展。这个出现在我眼前的新欧洲与地理轮廓也共同改变了我的精神地图。

我对东欧国家了解越多，就越能清楚地感知到一些相互关系，并且认识到东德革命就是一个欧洲事件。由于这个经验几乎把当时所有的苏联卫星国联系在一起，所以，不应该把东德从这个联盟中剥离出来。这里存在一些重要的类似情况。"1989 年出现的不可遏制的自由意愿和自由激情，这是一个无比美妙的时刻。但愿永驻吧"，匈牙利人权活动者卡斯帕·米克洛斯·塔马斯（Gáspár Miklós Tamás）在 2018 年的一次访谈中回顾这段历史时抱着如此的希望[①]。所有的苏联卫星国都有它们各自的自由意愿和特殊的解放历史。然而，这段历史到处都超越了这个自由的时刻。如果你不把它召回来，不记忆它，不把它保存在一个叙事中，那它又会轻而易举地被遗忘。因为它会不断地被后来发生的事件淹没，或者被另一些叙事排挤掉。

但事情不是如此简单，因为到处都有一些重要的、为这个历史转折准备了数年之久的活动家。一个关于转折的欧洲叙事无论如何必须把之前所发生的事件一起纳入其中，作为一个共同的历史来叙事。为此有一个可能的出发点，那就是 1975 年签署的赫尔辛基-最后文件[②]。因为在接下来几年里，东欧集团国家由此产生了一些所谓的赫尔辛基组织；它们致力于人权运动，组织和平运动和推动民主化计划。波兰的团结工会运动或者捷克的瓦茨拉夫·哈维尔（Václav Havel）77 宪章人权运动就是例证。马库斯·默克尔的人生经历也适合于这个语境；他在东德奄奄一息的

245

---

① 卡斯帕·米克洛斯·塔马斯，载于：《大赦杂志》（*Amnesty Journal*）12（2018 年），第 67 页。

② 赫尔辛基-最后文件（Helsinki-Schlussakte, 又称"赫尔辛基协议"）：1975 年 8 月，在芬兰首都赫尔辛基举行了欧洲安全与合作会议（KSZE），共 35 个国家（33 个欧洲国家以及美国和加拿大）于 8 月 1 日签署了这个文件，旨在平息欧洲对立，促进欧洲安全。——译者注

时刻建立了德国社会民主党，并且在实现转折的过程中决定性地
参与了圆桌会议讨论。这只是许许多多和平行动和民主运动的几
个例子；这些事件为中东欧国家的转化进程和革新欧洲积极地做
好了准备。

然而，只要这段历史没有得到叙事，另一些叙事就会占主
导地位。比如有一个由伊万·克拉斯捷夫（Ivan Krastev）和斯
蒂芬·霍尔莫斯（Stephen Holmes）于2018年创立和传播的叙
事①。他们题为《熄灭的光明——一种清算》的书不仅收集了一
些舆论，自身也制造了舆论。这本书集中地描述了一些欧洲民族
的痛苦和仇恨。它们完全埋葬和遗忘了自己1989年所彰显的自
由意愿。它们不再记忆自己对欧洲民主拓展所做出的贡献，而此
间在欧盟中只能看到一个对手和一种无法忍受的约束。这些民族
因此寻找对峙，反对"西方的强制效仿手段"②，在削弱民主和恢
复民族主义中寻求拯救。这种叙事立足于东欧国家民族主义党
派，而不是那些思想开放和追求民主的民间组织基础上。在这
些国家里，同样存在着这样的民间组织，但此间却遭到了强力
压制。

---

① 伊万·克拉斯捷夫/斯蒂芬·霍尔莫斯:《熄灭的光明——一种清算》
（ *Das Licht, das erlosch. Eine Abrechnung* ），卡琳·舒勒（Karin Schuler）译，柏林，
乌尔施泰因出版社，2019年。参见我的文章:《我们去东方看看! 》（Let's Go
East! ），载于:《德国欧洲思想杂志》，第839期（2019年4月），第15—26页。

② 指的是在德国重新统一时，强制让东部接受西部的政治纲领，引入西部
的自由民主机构，接受西部的价值和政治上的自我认识。——译者注

转折叙事与历史交流

注定东德命运终结的 1989 年 11 月 9 日是一个伟大的历史时刻。一个偶然，一个奇迹——无论如何是一个不可预见的事件。经历了几十年隔绝、封闭和禁锢以后，禁封的大门突然打开了。在一个全球舞台上，东德民众，也包括政治家上演了一出没有脚本的剧。本来看上去极其危险和随时有可能伴随着屠杀命令而突然会变为恐惧和恐怖的行动，后来却一步一步地呈现为一场即兴喜剧。杜尔斯·格律贝恩（Durs Grünbein）曾如此表达了这样的情景："没有英雄，只有小丑。"但我们事后必须说，毕竟还有英雄，只是他们这一次看上去是另外的样子。从根本上来说不过是一些人，他们相互鼓励，情投意合地变成了一个群体。他们同时分布在许多地方，直到发展成为一个批判的浩荡洪流，使得形势急转直下。"我们不是英雄"，杜尔斯·格律贝恩强调说，"但是我们也与那些总是待在家里不出门的人、那些躲在阳台上和窗帘后被动随大流者毫无共同之处。我们从街上向他们大声呼喊着：'同胞们，别袖手旁观了，下来吧，加入到我们的行列！'，唱起游行抗议者的万年青歌曲。"[①]

不，他接着说，"我们不是民主战士，我们是绝望地为争取自由而斗争的小丑，就像你竭力要呼吸到空气一样，不然就会在这里窒息而亡"。格律贝恩运用了这个此间因为乔治·弗洛伊

---

① 杜尔斯·格律贝恩：《我们是自由的小丑》（Wir Clowns der Freiheit），载于：《法兰克福环球报》（Frankfurter Rundschau），2019 年 10 月 26、27 日。

德（George Floyd）遇害案已经变成了一个全球性的、种族主义压迫的隐喻："窒息危险不仅是一种感觉，我对此也有切身感受，在我还年轻的人生中，曾经出现过那么多无出路的境况，在学校里，服兵役时，上大学期间，在一次又一次呼吁和集会时，在数百次毫无结果的争论和浪费时间的活动中。在一次又一次窘迫中，我的人生被折腾得快要崩溃了。"普伦茨劳山的青年人打破了那个"僵死的现实"。他们的生命没有被夺走，但他们缺少空气，因为在这个闭关自守的国家里，让人看不到未来。人需要未来，就像需要呼吸空气一样。这就是东德长达40年之久的政治实验所产生的后果①。

在新冠肆虐的日子里，作家、柏林戏剧节总监托马斯·奥伯伦德又回到了"全球经历的特殊情况和开放，及其怎样在短短的时间内引起了东德转折话题上。整个社会发出了共同声音，这就是1989年革命的重要时刻。1989年——意味着摁下了停顿键。在签订统一条约，也就是加入西部之前，这是整个国家在所有可能层面上重新思考这个社会的集体尝试和实验性实践。随后，那

---

① 在一篇令人印象深刻的文章中，大卫·W. 布莱特（David W. Blight）把1989年和2020年这些信息聚合为一个已经完成和潜在的转折事件。《1989年的欧洲，2020年的美国和败局已定的死亡》（Europe in 1989, America in 2020 and the death of the Lost Cause），载于：《纽约人》（The New Yorker），2020年7月1日。在此感谢菲利普·弗劳恩德（Philipp Fraund）给了我这个提示。实际上，柏林的1989年10月与明尼苏达的2020年5月之间一些类似的情况令人惊讶。东德的游行者被当作"反革命猪"遭到了警察毒打。已经到了剑拔弩张的地步，杜尔斯·格律贝恩描述说，"他们险些动用了武器。然而，街头的游行势头变得过于强大，在许多城市里此刻都出现了游行，电视画面又强化了这种影响。世界开放被唤醒了，一切都迎着终点奔去。"

固有的东西又出现了。"[1]

所有当时为了自由而斗争的人都非常明白，什么是不自由，因为他们共同经历了日常生活中的不公正、压迫、恐惧和压制。然而，1989年抗议的动机则千差万别，正如格律贝恩所强调的。"其中有公民权维护者，有持不同政见者，有寻求自由者，有艺术家和各种梦想者，有出于失望或者政治觉悟的游行者，有为人的尊严而战斗的勇士"[2]。人们对后来会发生什么的想法也与之相应，各不相同。为什么这个特殊情况下的开放又以令人窒息的速度被关闭了，这个公民运动的多元性无疑也是其中一个原因。格律贝恩概要地重述道："然后，随之而来的还有欢迎你的西德马克和所有其他恩惠，选举、统一、托管局和东西部1：100的职位分配或者类似的东西。"这段历史的残局众所周知。来自西部的是，资本主义用殖民化和适应施压手段来统治。在东部，公民运动则在漫无头绪的混乱中收场。再次引用杜尔斯·格律贝恩的话来说："说到底，只有一小部分东德人获得了他们希望得到的东西。在失望的人中，清算东德迄今一直引起愤怒。如果问他们曾经有过什么梦想（许多人都有过梦想）的话，你就会听到成千上万个故事。"

那我们就更加仔细地听一听其中几个人是怎样说的。原

---

[1]　托马斯·奥伯伦德与约纳斯·齐普夫（Jonas Zipf）对谈。https://blog.jena.de/jenakultur/2020/05/01/gerade-jetzt-eben-nicht. /参见：托马斯·奥伯伦德：《赋权东部——我们怎样成长在一起》（*Empowerment Ost. Wie wir zusammen wachsen*），斯图加特，柯莱特–哥达出版社，2020年。

[2]　杜尔斯·格律贝恩：《我们是自由的小丑》。

东德神父、公民运动积极分子和联邦议院议员马库斯·默克尔（1952—）2020 年出版了他的回忆录。他同样在 30 年后追忆往昔，无论如何还有这样的印象："比起前几年来，对 1989、1990 年的记忆变得更加活跃和多样"。然而，他不仅关注转折记忆千差万别的多样性，而且也关注到人们未来将怎样共同记忆这个事件的问题。他的问题直接说中了本书的核心问题："我们德国人无疑是欧洲了解自身最少的民族，我们在其中谈论我们历史的叙事如此千差万别。"这个重要的转折事件已经过了一代人，依然让人看不到一个关于这段历史的共同认识。这段历史属于谁，谁来叙事和阐释它？但是，有一点不言而喻，正如默克尔强调的："20 世纪后半叶，德国被分成了两个国家，其中没有一个能够脱离开另一个而得到理解。"他还补充说："这不可忘怀的一年影响了我们这一代人。但是，在德国，我们对此还没有找到一个共同叙事。"他讲述自己的历史，希望"这会促进另一些人同样讲述他们的历史，从而达到交流目的。只有这样，才会在统一的德国成功地使公众记忆和纪念变得更多样化。"①

为之，当下存在着充满希望的信号。30 年后，关于转折事件，交流和自我理解进程开始启动了。马库斯·默克尔的整个传记其实就是指向这个转折，并且在这个关键事件中达到了高潮。正因为如此，他不仅作为历史见证者，而且也作为政治活动家切身和直接地记录了这个关键事件，从公民运动及其网络构想直到

①　马库斯·默克尔:《时代在变化——记忆》(*Zu wandeln die Zeiten. Erinnerungen*)，莱比锡，新教出版社，2020 年，第 5—7 页。

圆桌会上的谈判活动。托马斯·奥本伦德（1966—）以其名为《赋权东部—我们怎样成长在一起》的著作传递出另一个见解。他属于成年正好开始时经历了转折的最后一代人。他在东德度过了青年时代，但他只是身体生活在这个包围着他的国家，精神则伴随着他的读物、兴趣和思想生活在一个想象的西部。这样的情况后来却发生了反转。德国重新统一后，他身体生活在资本主义西部，却觉得精神上越来越是东德人。这种身份认同和对那个已经消失的国家的亲密感情关系是在转折以后好久才形成的。这时，他意识到了"东部被西部排挤"的痛苦经历[①]。过了30年后，他才能更确切感知到他所经历过的伤害，并且直言不讳地说了出来。他要在陌生的语言、图像和阐释层面下去挖掘它们，使之暴露在光天化日之下。《赋权东部》同时是宣战和自我授权，奥伯伦德要借此重新唤起和赢得这段被转折磨灭和忘却的历史。

奥伯伦德的转折历史叙事可以被概括为一出三幕剧。第一幕是东德公民运动和平革命。它聚集了各种不同的社会群体，蔓延在许多城市的大街小巷里，于10月9日在莱比锡达到了第一个高潮，成为德国历史上最大规模游行。这时，一切尚未成为定局，成败还是未知——坦克还按兵不动。这种情况增强了这场运动的勇气和兴奋，以独一无二的星火燎原之势导致了疯狂和出乎意料地撕开了柏林墙。许多人离开了这个国家，另一些人则一起坐在圆桌旁，共同讨论起这个国家的未来。这关系到改革宪法，不使用暴力，在民主基础上实施。在"我们是人民！"

---

① 托马斯·奥伯伦德：《赋权东部——我们怎样成长在一起》，第15页。

的自治中，东德人感受着一种前所未有的创造力，到处都充满自由激情。

第二幕是重新统一。如果说革命属于东部的话，那么重新统一则属于西部。从此刻起，又是从上层开始行动和发号命令。东德加入是一个管理行为。10月3日象征性地代表这种情况，因为它不是一个历史日期，而是一个公事公办的日期。随着东德加入，转折实现了，同时确定了东德的终结。接着便是第三幕。凡是曾经参与行动的人，现在必须被动地眼看着别人怎样取得权力和行动。西部把东部殖民化，不仅通过引入西德马克、集体财产托管私有化或者从西部向东部输送精英等行动措施得以实现，而且首先也通过语言。转折历史是用胜利者的语言叙述和传播的。在这段历史中，"柏林墙倒塌"（der Fallder Mauer）是关键事件。事情不是明摆吗，还能有什么好说的呢？有些西德人会这样问。直到不久前，我也没有弄明白，这句流行语原来掩盖着一切。柏林墙由于材料侵蚀或者自身重力而垮塌了。倘若要说"柏林墙倒塌"的话，那么人们恐怕就会想到去寻找曾经那些行动的人。然而，就这样，他们的名字、面孔和声音却始终不为人知，既看不见，也听不到。一切都被淹没在柏林墙上欢欣鼓舞的人群形象的光芒中。那些为这个事件做好了准备和"创造"了这段历史的行动者被过滤掉了。他们在重新统一的民族记忆中没有找到应有的地位。当西部一切依然如故的时候，在东部，一切很快却再也认不出来了。居民们被赶出了自己的家乡，不管你愿意不愿意都必须离开。东德的一些成就没有给予应有的尊重，比如居住和工作权利、男女社会和经济平等，或者儿童养育等；文化和科学笼统

251

地遭到贬低。没有平等交流，只有"发展帮助"计划。这种情况打碎了东德人的自尊心，损害了他们的尊严，形成了一种"还会长久分期偿还的情感债"①。

这话听起来相当令人沮丧。但是《赋权东部》不是这样的用意。因为事件发生的第四幕似乎会是"另一个交流文化开端"。在打上了西部烙印的主导文化记忆中，这一幕开始于感知到了一个很大的漏洞："在我们的媒介记忆中，缺少 1989、1990 年与民主动员整个一个国家密切相关的自我授权和信念经验"。这个德国叙事的关键经验被埋没在"柏林墙倒塌"的流行语下。奥伯伦德在这里让人们注意到一个令人惊讶的非对称性："为什么今天人人都知道'公社Ⅰ'是什么②，但几乎没人知道伯伯尔·伯勒（Bärbel Bohley）是谁③，或者'新论坛'④是什么？"⑤2018年，过了半个世纪后，68 人再次被隆重庆祝。媒体一致认为："没有像 60 年代的反抗者、嬉皮士、街头斗士和立志改革世界者一代人那样铭刻在年轻的时代历史中，如此变成了——像大众品牌一

252

---

① 托马斯·奥伯伦德：《赋权东部——我们怎样成长在一起》，第 57 页。

② 公社Ⅰ（Kommune Ⅰ）：联邦德国一个有政治动机的居住共同体，于 1967 年 1 月 1 日在西柏林成立，1969 年 11 月解散。公社Ⅰ是随着议会外的学生运动反对派而产生的。——译者注

③ 伯伯尔·伯勒（1945—2010）：东德和平革命领导人之一。——译者注

④ 新论坛（das Neue Forum）：建立于 1989 年 9 月 10 日，是由东德 30 多位公民权维护者签名呼吁建立的，从而在东德出现了第一个全国性的反对派运动，并成为变革时期最重要的东德公民运动。——译者注

⑤ 托马斯·奥伯伦德：《赋权东部——我们怎样成长在一起》，第 57 和 68 页。

样——超级标志。童子兵一代比不上①，高尔夫一代更比不上②，或者所有一代又一代人都比不上，因为他们在短时间内就被时代精神涤荡了，就像苹果8取代苹果7一样。"③是的，好斗的68人被看作德国战后历史英雄，受到了无与伦比的表扬，一切可以想象的积极标签都贴在了他们身上，也包括他们似乎让西德走向了"民主化"的事实。这种情况真的好滑稽，因为68人宣布的敌人是自由公民，主张实施无产阶级专政，而且在这一点上也明确地赞成东德的价值。由此可见，如果说68人在一个（毫无疑问有缺点和与纳粹时代有关的精英）民主中演练专制的话，那么20年之后，东德的公民运动则是在专制中演练民主。然而，这样的民主英雄迄今却没有被纳入德国的民族叙事中。

但是，这种情况毕竟会改变的。奥伯伦德表明，这些事件过了30年后，恰恰有一些又被从遗忘中捞回来了。历史行动者和时代见证者的时代来到了，"首先是他们生活在莱比锡或者罗斯托克的子孙后代的时代来到了；他们非常详细和实事求是地研究着东德和漫长的转折时期的另一个生活现实——对我来说，发生这样的事件就是占领历史：柏林墙开放30年后，从下层出现了一个记忆策略，要为在东德及其消亡后这段时期的经验寻求一个

---

① 指的是青少年时期经历过狂热的纳粹时代、战后又对联邦德国社会产生了影响的一代。——译者注

② 指的是联邦德国20世纪80年代青年一代。——译者注

③ 莱茵哈德·莫尔（Reinhard Mohr）:《没有尽头的魅力——68运动50周年》(Kein Ende der Faszination. 50 Jahre 68er Bewegung)，《德国广播电台文化》(DLF Kultur)，2018年2月7日。https://www.deutschlandfunkkultur.de/50-jahre-68er-bewegung-kein-ende-der-faszination.1005.de.html?dram:article_id=410127.

自由空间——一个发生在莱比锡的运动名称。行动者新的记忆策略就像是东部或者东部第三代的崛起，这也许有助于人们学会更好地去理解统一的德国人之间当下存在的隔阂，而不会使之成为像右翼民粹主义者挑起的制造分裂的原动力。"[1]

奥伯伦德也把对未来的具体希望与恢复这段被遗忘的历史观点联系在一起。他的希望与本书探讨的主题密切相关，那就是寻求一个民族叙事。他在其中想象的不是一个线性历史，而是相互交织、把各种不同和对立的经验组合到一起的多重历史。啊，我似乎只知道，他呼叫着说，"我怎样能够打开那扇被我们自己的语言、我们自己的思维方式和积极的支配权所关闭的幸运之门。它就存在于我们自己的历史中。"为了打开这扇幸运之门，柏林墙两边的人只有重新"记忆这场革命积极的一面，也就是乌托邦式的、迷惘的、令人欣喜的一面"，并且同时记忆那些被变成了历史客体的"历史主体。1989年的和平革命经验让绝大多数人走向成熟和快乐。如果今天在德国能够如愿以偿地激起这个资源的活力，那似乎就是一个巨大的赋权"。实际上，正如默克尔所 254
表述的，"两个德国，如果一个脱离开另一个，没有一个会真的了解自己。此外，把胜利者和失败者的历史整合在一起，这似乎会使双方都可以获得某些解脱，特别是因为"历史'失败者'的历史是一个异质宝藏；他们在自己的世界里创立了另外一些团结、工作、知识和相互关联的纲领。如果把这些东西补充到我们共同的叙事中"，这对奥伯伦德来说就是"一个相互交织的历史

---

① 托马斯·奥伯伦德:《赋权东部——我们怎样成长在一起》，第55—56页。

开端"。随着各种不同的部分组合在一起，便会产生一些重要的思想，从而团结和共同致力于应对气候变化和移民、经济不均衡和种族主义等现实和未来的任务[①]。

此外，德国语言与文学研究院评奖委员会的委员们也打开了一扇幸运之门；他们推选出女诗人埃尔克·厄伯（Elke Erb）为2020年度毕希纳奖获得者。他们以此来赞赏这位出生于1938年的女作家的毕生之作。她11岁从莱茵兰来到哈勒，在那里拥有了人生的第一个工作经历，即作为自由作家，并成为持不同政见者文化的一部分，使得那里的文学环境有了活力，因此而受到秘密警察的严密监视。由于她的诗歌打上了关注语言和钟爱感官细节的烙印，影响了东部和西部几代诗人，所以，她的作品迟到的复兴对德国公众是一个特别适合的统一礼物。

东部与西部之间的误解——一个通信往来

255　　奥伯伦德的檄文是一个倡议和希望之光。但也存在着一些他几乎未给予回应的悲观论点。在东部一些地区，30年过后，一个民主崛起的承诺好像精疲力竭了，民族主义组织四处蔓延，它们拥有新的敌人形象，集体愤怒，直面攻击民主和欧盟。他把东德的革命与西德的重新统一分开进行的描述引起了这样的怀疑，即德国分裂的结束已经隐含着德国分裂的萌芽。而这种分裂现在

[①]　托马斯·奥伯伦德：《赋权东部——我们怎样成长在一起》，第44—45、78—79页。

却被一些新纳粹活动家和组织所利用，并且继续推行下去。对此
奥伯伦德几乎未加论述。他提醒人们，比约恩·霍克出身于威斯
特法伦，但却无法解释，为什么他在东部会引起那么多共鸣。他
时而也提到民粹主义者，但却不提新纳粹组织（NSU），或者社
会不断蔓延的分裂。在德国，此间已经形成了一个新的极端反对
党，对东部和西部民主的一致性提出了质疑。它分布在各个联邦
州，但在东部却获得了最强大的支持[①]。与此同时，这个重新统一
的民族也以一个分裂的社会节奏模式在逐步采取行动。

　　我们从广角开始探讨了东德历史归属的困难，接着又从一
个比较小的聚焦点听取了一些个体声音，现在我要继续用变焦镜
头，在这里显示出一次有关东部和西部经验这个话题的私人邮件
交流。这个邮件往来反映了不同的、在冷战时期影响了柏林墙两
边德国人的世界和价值。人们毕竟曾经生活在两种专注于彼此质 256
疑的社会制度里。两边曾经笼罩着一个持续的宣传战争。比如，
在我成长的西部不像在东部，每年庆祝的不是 5 月 8 日，而是作
为“德国统一日”的 6 月 17 日。这个庆祝日不仅是年复一年地
向邻国东德的公开宣战。它也提供了在联邦德国表演修正主义民
族情感和大肆宣扬重新赢得东部失地的机会。西半部在这天牺牲
东半部的利益，把自己变成了德意志民族唯一的合法代表，并
且在赫尔曼纪念碑前举行庆祝活动，高唱德国国歌，以此直接

---

　　① 里夏德·施罗德也强调说：“德国选择党整个领导层几乎都来自西部。
而它在东部找到了比西部更多的选民。”这种情况同样也曾经发生在极端右翼党
NPD 和 DVU 那里："头目都来自西部，而选民则来自东部。"《德国，统一的祖
国》,《法兰克福汇报》, 2019 年 12 月 30 日。

与 19 世纪传统相连。老一代人的种种表演当时就已经在政治家之中引起了越来越激烈的争论。而对我们这一代人来说，这样的表演只能令人尴尬。这种要让我们与他们一起吞噬的民族情感不仅没有出现，反而导致了拒绝任何形式的民族意识。拒绝的理由是一种双重的遗忘，既遗忘纳粹过去，又遗忘东德现实，因为当时作为不承认的象征，东德必须被打上强制性的引号。在我们这一代，二者共同导致了一种强大的、对任何形式的民族认知的禁忌。当德国人是一个负担，人们通常会把自己包装在一个个跨民族角色里，自喻为世界公民、世界主义者或者欧洲人，以便从中得以解脱。

里夏德·施罗德写道，"在这个领域里，（存在着）德国人与德国人之间的误会。这样的误会与爱国主义和民族主义的关系息息相关。爱国主义是热爱自己的祖国，就像其他人热爱他们的祖国一样。民族主义则狂妄地认为自己的民族优于其他民族。在西部，有不少人，尤其在舆论制造者之中，已经认为爱国主义就是民族主义。1990 年 5 月，在美因河畔的法兰克福举行了一次值得注意的游行，口号是"不会再有德国了"[①]。他认为这是"严重地夸大了从彻底研究德国历史黑暗的一章中所得出的结论"。东德人对民族的表白比较自然，几乎没有受到社会主义国家国际主义的限制，但首先——这里有必要这样来补充——不像在西部，没有承受为德国历史罪行负责的重负。东德的历史不是以施暴者－叙事，而是以光荣的抵抗叙事表现的。

---

① 里夏德·施罗德：《德国，统一的祖国》。

　　我自己的文化社会化与西部的模式存在显著的区别，也就是说，无论涉及纳粹健忘症，还是东德健忘症都是如此。我上过的私立小学是由一个女抵抗战士建立的。她成了 1944 年 7 月 20 日的受害者。因此，讨论纳粹主义在这里无处不在。相应的东西也适合于看待东德的目光。我们的班主任是一个社会民主党政治家，从 20 世纪 60 年代，他一直与德国统一社会党（SED）一些官员保持着密切联系，这使得他有可能定期组织我们班级前往东德城市旅行。在这样的旅游框架下，我们不仅多次参观了东德的城市，而且也参观了那里的学校、文化活动和集中营。我们中有几个在旅行时缔结了延续一生的个人联系。

　　我在这里要呈现的邮件往来并未追溯到这样一个个人联系。2018 年 10 月，我收到了与我素不相识的莫妮卡·施瓦茨（化名）258 一封很长的邮件。她在当地的日报上看到了我的一次访谈录，感到非常生气，居然有一个真的不了解东德生活的人发表了如此看法。因此，她觉得有必要批评和纠正我就东德所发表的看法。她在邮件中不惜花费时间和空间，用心良苦地从她的视角向我讲清了东德的事实真相。如果我在这里说明这封信的意思，这不仅关系到一种历史交流，正如马库斯·默克尔所推动的。这也根本不是迫切地关系到这样的问题：我经历了什么，你经历了什么？甚或是：谁在这里是对的？这里其实关系到这样的问题，那就是你怎样经历了什么，在这个过程中，持续的感觉和奠定基础的信念是什么？在这样的观察角度下，这封信给我打开了一条完全不同的通道去认识东德生活，与马库斯·默克尔的记忆迥然各异。默克尔的父母亲是具有坚定信念和抵抗精神的新教教徒，自愿选择在东德生活，而他的传记因此也佐证了在一个专制统治中的生活。我接下来要说的这封信则是抱着相反的目的写的：她要让我相信东德在道德上胜过联邦德国。她说话的口气很尖锐，但毕恭毕敬，而且思想也是用高水平的语言书写的。因此，我很看重这封信，在这种情况下，再次把它拿出来引以为证。她在信中所展述的理由可以归纳为以下七点：

1. 在西部，你们并不了解东德的生活

施瓦茨女士读了2018年10月我与《波罗的海报》(*Qstseezeitung*) 一次访谈中发表的看法，她感到很生气，因为像我这样一些对东德生活几乎一无所知的人却公开发表对此的看法。

2. 个人选择在道德上更优越的国家东德

她首先介绍了她的家史。她父辈家庭出身于西里西亚，大多数成员都去了西部，但她父亲本人决定留在东德。直到今天，女儿都感恩他做出的决定。被驱逐出故乡的父亲感到无法忍受，因为西部从1945年以后没有发生任何变化，统治精英和上层官员依然牢牢地占有他们的职位。

3. 在东德不存在纳粹施暴者

在苏联占领区，情况正好相反。东德接受了立即开除所有当年的纳粹党员的规定。尽管这是一个严酷的措施，但它势在必行，比如，凡是相信纳粹意识形态、而且继续传授这种意识形态的老师，他们确实不能代表值的转变。在这种情况下，施瓦茨

女士提到了她母亲，尽管她是在纳粹时期接受的教育，但1945
年后在东德可以继续当老师，因为她不是纳粹党员。

4. 在和平主义和反法西斯主义精神下的教育

施瓦茨女士详细地介绍了自己的社会化过程，同时强调和平
主义和反法西斯主义是东德的根本和主导价值。在小学里，学生
们唱和平歌曲，后来还要加上参观集中营纪念馆。20世纪60年
代一个重要的文化事件就是小说《赤身在狼群中》①拍成了电影，
其中表现的是集中营囚犯团结起来，救了一个犹太青年的命。当
拍成电影的小说《赤身在狼群中》以及《安妮日记》是东德学校
必读作品的时候，这部电影却在联邦德国首先遭到了禁演。在反
法西斯主义教育中，罪责问题恰好也起到了重要作用。她同时援
引了一些使东德公民进一步了解了俄罗斯平民所遭受的苦难的小
说和电影，比如由米哈伊尔·肖洛霍夫（Michail Scholochow）
的小说《一个人的遭遇》（*Ein Menschenschicksal*）改编的电影。
德国历史这一部分在西部遭到了隐瞒和嘲笑。

5. 更好的记忆文化

在这里，施瓦茨女士从其个人社会化过程过渡到了东德的记
忆文化。在西部，纳粹受害者被分成了等级，2700万苏联受害
者位于最下等，并且在很大程度上被遗忘了。而东德关注的是所

---

① 《赤身在狼群中》（*Nackt unter den Wölfen*）：东德作家布鲁诺·阿皮茨
（Bruno Apitz, 1900–1979）小说代表作。——译者注

有的法西斯受害者，同等对待他们，正如柏林新卫队国家纪念碑表明的，其永恒之火就是献给全部法西斯受害者的。在西部，人们避而不谈法西斯主义，直到68人把这个话题提到了议事日程上，但他们却以夸张的方式表现了自己的反应。争论的悲哀结果就是把受害者分为等级，把俄罗斯人当作敌人形象。

6. 东德的民族自豪感和西德的自我仇恨

东德在西部的形象就是充满不公正和遍布密探，这是地地道道的歪曲。施瓦茨女士借此谈到了东部和西部的主要区别。在西部，左翼派别反对任何形式的民族国家和民族情感，而东德人所受到的教育是为自己的祖国感到无比自豪，因为自豪感承担着和平主义和反法西斯主义义务。为了说明她认为重要和不可或缺的自豪感，施瓦茨女士引用了两个东德知名艺术家克里斯塔·沃尔夫（Christa Wolf）和沃尔夫冈·马修尔（Wolfgang Mattheuer）的话："我们必须为我们感到自豪。不然的话，我们就毫无希望了"（克里斯塔·沃尔夫）；"对德国来说，当前最大的危险就是自我仇恨"（沃尔夫冈·马修尔）[①]。

7. 东德人对重新统一的国家的愤怒

施瓦茨女士把反对西部德国和对统一的德国的愤怒都捆绑在这一点上。西德的自我仇恨越过了界限，也覆盖了这个国家的东

---

① 沃尔夫冈·马修尔（1927—2004）属于莱比锡学派艺术家之一，积极参与了和平革命的抗议运动。他的雕塑"百年之步"（Der Jahrhundertschritt）立于波恩历史之家门前。

部。这种情况伴随着清除德国历史的划分。她的例证是当局不顾当地民众抗议，强行把恩斯特－莫里茨－阿恩特大学更名为格雷夫斯瓦尔德大学，而且在慕尼黑大学还保留着一些可疑的当权者。她的结论：她不相信稳定的经济形势，而是看到对她的孩子们而言一个灰暗的未来，因为他们不得不生活在一个遗忘历史的国家里。

德国民族身份认同存在的问题

德国统一已经过去了一个时代，然而，只要它自我否认，那它也就丝毫没有实现统一。这种情况直接与身份认同以及与民族关系问题密切相关。尽人皆知，在这个国家里，人们与民族的关系一如既往地困难。民族身份认同要么太少，要么太多，没有一个彼此加强的适度。最好是二者能够达到一个平衡，身份认同太多的人需要减少一些，而没有身份认同或者太少的人需要增加一些。事情要是这样简单该多好啊！

1945 年以来，德国人与民族关系的发展存在着很大差别。262在西部，托马斯·曼做出了榜样。他在流亡中就言简意赅地说道："这个不神圣的、普鲁士民族的德意志帝国是通过战争而产生的，永远只能是一个战争帝国。作为这样一个帝国，它存在过，是世界上的肉中刺；作为这样一个帝国，它会走向灭亡。"①

①　托马斯·曼:《德国与德国人》(Deutschland und die Deutschen, 1949)，转引自：约恩·莱昂哈德（Jörn Leonhard):《民族国家死亡了，民族国家万岁——'什么是德国的？'系列》(Der Nationalstaat ist tot, es lebe der Nationalstaat, Serie〈was ist deutsch?〉)，载于:《南德意志报》(Süddeutsche Zeitung)，2015 年 12 月 4 日。

在东部，情况则截然不同。从流亡中返回的诗人和共产党人约翰内斯·R.贝歇尔（Johannes R. Becher）在 1945 年就发表了一本题为《德国自白》的诗集。他在其中表明，他始终在期盼和寻找"德国人、德国城市、德国风景"。他受东德第一任总统威廉·皮克（Wilhelm Pieck）委托，要撰写一首新国歌。东德建立不久，新国歌就于 1949 年 11 月开始回响在东德大地："从废墟中崛起，迎着未来前进／为了崇高的事业，让我们为你奉献，德国，统一的祖国"。与西德国歌不同，"和平"这个词成为人们向往的中心。那么和平是什么样儿，1953 年 6 月 17 日开进东柏林的苏联坦克就是证明。相反，在西部，人们一年后庆祝了"伯尔尼奇迹"，接着是本国的经济奇迹。从此以后，双方政权相互对立地宣扬各自的制度，掀起猛烈的宣传竞争攻势，主张自己是更好的统治形式。随着柏林墙修建和关闭边界，两个相互脱离的德国的经济竞争继续趋于白热化。从 1968 年以来，东德慢慢地开始了去民族化进程：1974 年，"德意志民族"概念就从东德宪法中被删除了[①]。东德国歌中的歌词表述"德国，统一的祖国"因此主要成了表演工具[②]。然而，从 20 世纪 80 年代以来，东德又连

[①]　斯蒂芬·贝格（Stefan Berg）：《德国与民族——一个困难的关系》（Deutschland und die Nation—— ein schwieriges Verhältnis），载于：《明镜周刊》（Der Spiegel），2016 年 12 月 30 日。

[②]　我在绪论中引用了一个莱比锡女朋友的来信："我还没有建立起一个自己与德国，也就是统一的祖国的关系模式"。后来我才弄明白了这句话中的历史暗示。"东德国歌歌词是在 1990 年 1 月才又获得准许，因为其中有这样的表述：'德国，统一的祖国'。1989 年 11 月 6 日，莱比锡游行者富有节奏、抑扬顿挫地朗诵了这句歌词，这绝对是一种反叛。"里夏德·施罗德：《德国，统一的祖国》。

接上了"文化民族"这个概念，重新夺回了一些被放弃的领域。 263
与之相反，在联邦德国的文化机构中，民族文化连同其经典被当
成废旧物品弃之不顾。也就是说，在那里，文化曾经被视为资产
阶级的、民族的和受到纳粹污染的。

在西部，民族话题不仅分裂了党派，而且首先也分裂了两代
人。当战争一代有人在西部一再试图让民族话语赢得更多关注的
时候，爱国主义却在68人中遭到蔑视。他们面对一切民族的东
西所持的批判态度和警惕性拥有其完全的合理性和历史时刻。然
而，在这期间，尽管历史格局已经多次发生了根本变化，但它
却成了一成不变的态度。德国重新统一后，国内外有人首先考虑
到，民族主义在德国又会开始兴风作浪。但情况并不是这样，更
确切地说，一个民主的民族自我认识进程开始了，并且直到今天
依然持续着。联邦议会应该从波恩迁往首都柏林吗？德国历史博
物馆会成为什么样儿？一个不是权宜之计的首都看起来是什么样
儿？什么样的历史应该回到柏林这座城市里？这仅仅是文化政治
问题中的几个。答案不会让人等待很久。伴随着皇宫的重建，以
牺牲共和国宫殿和东德历史为代价，18和19世纪的普鲁士历史
又回到柏林了。关于这个话题的争论继续引起了民众广泛的情感
参与，但这个过程却越来越受到资本力量制约，而不是通过民主
参与来决定。这些问题要求一个更强大的自我认识过程和更多地
共同讨论统一以后的民族叙事。在这个民族叙事中，西部的历史 264
要与东部的历史协调地融合在一起——并非以一致的传统形式，
而是要相互承认关系到各自发展的差异和多样性。我们必须为未
来和当作成就来接受和保护它们。

大屠杀与民族自豪感，"积极的"和"消极的"身份认同

在经历了长久的准备工作后，2005年在柏林中心也竖起了大屠杀纪念碑，作为新型民族的水印象征。12年以后，比约恩·霍克在一次演讲中首次公开提出了质疑："我们德国人是世界上唯一一个把耻辱植入首都心脏的民族。"二者实际上都是独一无二：不论是纪念碑提醒人们曾经犯下的罪行，还是一个民族公开承认自己的罪行和为未来提醒自己的事实。霍克的愤怒博得了一些人赞同，因为他们要把自己的民族身份认同建立在一个连续的民族自豪感基础上。有一些在东德曾经可以分享胜利者民族自豪感的人今天就是不理解把大屠杀罪行置于集体自我定位中心的民族叙事。这样的做法不仅被他们当作无理要求遭到了拒绝，而且也作为一种自我仇恨形式受到了谴责。他们背离了占主导地位的政府和社会叙事，越发满怀感激之情地转向那些能够针锋相对地为他们提供集体自豪感和民族尊严的人。亚历山大·高兰形象而生动的千年德国英雄史的描写当然备受欢迎。在他的描写中，令人痛苦的纳粹12年显得无足轻重，被轻描淡写地简化为一种无关痛痒的"射击比赛"。[1]

事实上，东德公民普遍接受的是一种伟大的民族自豪感教

---

① 参见：论亚历山大·高兰的《德国人与其历史》(*Die Deutschen und ihre Geschichte*) 的这一章，载于：阿莱达·阿斯曼：《文化记忆的新困惑》(*Das neue Unbehagen an der Erinnerungskultur*)，第3版，C. H. 贝克出版社，2020年。

育。他们可以觉得自己是抵抗民族，站在作为胜利者的俄罗斯人一边。所以，他们不用忍受重新扮演施暴者和施暴者子女角色的耻辱。也许正因为如此，他们不能理解记忆文化媒介中的伦理转变纲领，当然就更不用说接受了。这个群体如今不可能在任何一个正式叙事中重新找到自己。历史已经超越了他们积极的东德经验；他们不会受到关注和认可。他们的民族自豪感突然间化为了泡影。到处都不再存在支持这种自豪感的东西。谁曾经完全立身于强大的东德国家里，并且感到无比温馨的话，那他就几乎无法适应重新统一的德国这个漫无头绪和从头开始的国家。于是，来自右翼运动直到反对德意志国家的极右反对派的倡议更加受到欢迎。愤怒和失望、沮丧和仇恨导致了拒绝服从新国家。

2019 年 1 月，在德国联邦议会举行的一次关于"教育纲领和清算纳粹新型传授形式"专业讨论中，德国选择党发言人，历史学家埃贡·弗莱格（Egon Flaig）应邀参加了讨论。他把目光投向大屠杀，断然分割历史研究知识和民族集体记忆。一个民族，他这样强调说，为了拥有凝聚力，只有依靠一些积极的历史事件，其他一切只会导致社会危害，给年轻一代造成精神创伤。这种思想得到广泛传播，即使此间可能正好呈现出一个转折，"德国的记忆模式"同样在其他一些国家得到认可和仿效①。相反，在这个国家的右翼运动中，探讨民族身份认同问题十分紧密地与民族自豪感联系在一起，自然与承认大屠杀是德国历史

266

----

① 苏珊·奈曼（Susan Neiman）：《向德国人学习》（*Von den Deutschen lernen*），慕尼黑，企鹅出版社，2020 年。

重要事件的做法背道而驰。在马克西姆-高尔基-剧院网页上有一个网上评论说，"我们怎样能够帮助人们重新建立并感受到一个身份认同。如果我们为他们提供一个内容消极的身份认同描述（可选'纳粹'或者'混蛋'），这样做肯定不行。我只是十分难以想象，有人在这里会高兴地抓住机会说：'原来是这样，谢谢，我压根儿不知道是这样。好啊，我现在有了一个身份认同。'"

　　"消极的身份认同"这个表达并非不存在问题，因为它构建了一个"积极的身份认同"的鲜明对立面。霍克的要求是完全无可争辩的，"让正在成长的一代去了解和认识德国历史上的伟人、震撼世界的著名哲学家、音乐家、天才的发现者和发明者，这样的人我们可是数不胜数啊"（同时他还要补充说："也许比世界上任何一个民族都要多"）。我们正在庆祝贝多芬（Beethoven）年，去年我们为发现者亚历山大·冯·洪堡（Alexander von Humboldt）举办了庆祝活动，等等。积极的动力，比如对这样一些精神伟人的自豪感和对他们的崇敬，是德国文化政策一个重要组成部分，并且可以在各种活动和媒体上找到许多发展空间。然而，一个民族要牢记自身历史上犯下的罪行的意愿不能再笼统地置于"消极"符号下。在这里，只有历史是消极的，而不是记忆。没有记忆，就不可能有社会的变化进程。在这种情况下，人们最好别说耻辱、罪责和消极的身份认同，而要说责任、记忆和移情。这些话语更好地描述了伦理行为，而这恰好就是那些抱着毫无悔过、冷酷无情和麻木不仁态度的人不可能下决心实现的。联邦总统弗兰克-瓦尔特·施泰因迈尔 2020 年 5 月 8 日的讲话中也涉及到这一点。他说到了这条漫长且充满痛苦的道路，因为"要清算和澄清知情和共犯，要在家庭和两代人之间，在反对沉默和排斥的斗争中澄清一些折磨人的问题。几十年过去了，我们这一代有许多德国人才逐渐与这个国家达成了和解。"面对这段民族受到纳粹和大屠杀毒化的历史，西德人当然有理由长时间地从原则上禁止探讨民族问题，主张禁忌和中立。然而，在这段历史评价中，实现了一种内在的学习和转变进程。这些前提条件随之就不再存在了。社会学家 M. 雷纳·莱普修斯（M. Rainer Lepsius）借助"外化"和"内化"两个概念描述了这种转变。外化意味着拒绝共同犯罪，因为共同犯罪被转嫁给了另一些群体。内化则意味着接受共同犯罪，因为人们把自己归于其中，承担起了犯罪责任——也就是说，把共同犯罪变成了身份认同的对象。转折以后，人们在东部会感到，西部通过转折并没有发生变化。这就是说，为什么偏要东部变化和放弃民族自豪感呢？

这里再次引用施泰因迈尔的话来说："并非承认责任是耻辱——否认责任才是耻辱！"自从新纳粹组织夺回民族概念和填满它们的内容以后，一个乌拉-爱国主义在这个国家是不可接受的①。但是，在民族身份认同问题上，禁猎期也到此为止了。更新对民族话题的关注并不意味着放弃已经练就的自我批评，恰恰相反。东部-西部-紧张关系拓展了我们的经验，导致了各种观念的交叉。为什么就没有可能就这段德国历史及其肆无忌惮的暴力

268

---

① 乌拉-爱国主义（Hurra-Patriotismus）是对一种所谓的爱国主义形式的贬义表达，因为它通常包含着民族主义和种族主义因素。——译者注

达成基本一致的认知，同样评价那些维护或者改革民主的人呢？只有在这样的基础上，社会才能真正凝聚力量，才能坚定地应对各种重大的社会、生态和经济挑战。

移民：新型的我们

现代精神，流动性和移民

3M——这从前是一个与办公用品相关的公司商标。今天人们常常听到的则是"Menschen mit Migrationshintergrund"（有移民背景的人）这种形式的 3M。这听起来就像是一个病症诊断。但是，流动性和移民也与另一个在这种情况下很少提及的因素密切相关，即现代精神。从现代化文化视角来看，"家乡"概念因此也长久被视为陈腐的，或者可疑的。这样说来，家乡就是一个没有历史的田园。在这个田园里，一定的群体与一定的空间融为一体，在这个保护空间里创造了一种被视为真实、名副其实、确切和持久的身份认同。而现代化文化则始终反对这种家乡观点，并且使得流动性和价值变化发挥了作用。现代人——反论如是说——，如果他想要发挥自己的内在潜能和实现自我的话，那他就必须脱离土地的魔咒，剪断与出身地的密切纽带。"如果人的天性世世代代一直太久地根植于同一块被消耗殆尽的土地上"，19 世纪一位重要的美国作家纳撒尼尔·霍桑（Nathaniel Hawthorne）这样写道，"这对天性的发展是很有害的，如同对土豆一样。我的孩子拥有另外的出生地，只要我力所能及，他们将会在别的地方去寻找自己的幸福，在陌生的土地上扎根成长。"[1]

现代化与家乡，流动性与扎根于此处于一种辩证关系中；它们形成了一个在全球化以及移民潮时代重新分类的张力。一些自我理解为世界主义者的流动精英越过民族界限，实施自我实现的生活风格和方式。而对另一些没有特权、生存受到威胁、要拯救他们的生存和绝望地寻找一个未来的人来说，移民则不折不扣地被视为最后的资源。社会学家安东尼·吉登斯（Anthony Giddens）引入了"生存可靠性"概念，为了描述什么东西会在毫无顾忌被迫无奈的流动性时代遭遇到危险，那就是"对自己的身份认同连续性的信任，因为这种信任使得稳定的、感觉有意义的联系成为可能。只有当主体能够与自身和自己的期待协调一致地存在时，生存可靠性才会产生。"[2] 这话听上去就像是对家乡概念的释义，同时也界定了西方文化现代化理论早就作为标准预先确定的东西不容置疑的反面。也就是说，现代文化中的生存正好意味着实现"经验空间"和"期待视野"之间持续的断裂，正如莱因哈特·科泽勒克这句关于现代时间经验格言所表达的。仅仅这一点就是创新、变化和进步的基础，三者构成了西方文化的自我认知及其动力。可话说回来，如果我们现在不是用现代化理论

270

---

[1] 纳撒尼尔·霍桑：《红字》（*The Scarlet Letter*），纽约，1962 年，第 23 页（阿莱达·阿斯曼译）。

[2] 转引自：科尔内利娅·科佩奇（Cornelia Koppetsch）：《家在德国，家在世界？——固有的特权和新的分裂》（In Deutschland daheim, in der Welt zuhause? Alte Privilegien und neue Spaltungen），载于：《社会城邦》（*Soziopolis*），2018 年 12 月 21 日，第 1—18 页，此处引自第 5 页。https://www.soziopolis.de/beobachten/gesellschaft/artikel/in-deutschland-daheim-in-der-welt-zu-hause.

眼光，而是用人的生存现实眼光看待这个被广为引证的现代时间经验定义，那么它同样能够完美地表现被迫无奈的移民和失去家乡的创伤。逃亡只能制造经验空间与期待视野之间的绝对断裂。对逃亡的人来说，经验空间以及与之相关的一切，即你是什么，你会什么，你学了什么等，一下子变得不可接受，毫无用处，而首先由想象和希望以及最后只剩下活下去的意志所驱动的期待视野则充满现实恐惧和担忧。陌生经验十分残酷无情的形式取代了生存可靠性，因为你在新的地方失去了你的身份认同，被陌生人称为异者，从而变得自我陌生。流动性从根本上来说具有双重性：在现代化理论框架下，它会导致身份认同和能力升华。但在逃亡和移民情况下，它则是打断了生存连续性和破坏了自己身份认同而要活下去的最终对策。如果因此降低到只能赤裸裸地希望活下去的人要变成一个社会人，那他就需要一个新家乡，并在其中重新构建经验空间与期待视野之间生命攸关的联系，以此为自觉生存奠定基础。家乡就是你离开、随身作为记忆和思念依靠的东西，但也是你留给另一些人的、并且他们又转过来可以发现作为家乡的东西。因此第二、第三家乡始终也属于第一家乡，他们是你为自己争取而来，并被接纳于其中的。对绝大多数人来说，一个家乡不再够了；他们不得不勉强地接受新家乡，由于历史和政治原因，要返回去常常也不再可能。

271

一个家乡和多个家乡

在这个背景下，不足为奇，被认为陈腐的家乡概念又回到主动的语言运用中，变成了现实反思的出发点。与此同时，这个概念也获得了新意义，处于不断的尝试阶段。在"家乡"这个词语中，科尔内利娅·科佩奇这样写道，"共同回荡着对教堂塔钟声和童年岁月的割草声的亲切记忆。与此同时，其中不断地闪现出十分紧迫的现实问题：出身、定居权利、迁徙，首先是对归属、稳定和亲密的渴求。"① 这位女社会学家又拾起了传统的家乡概念，把它和对不依赖于家乡的群体的经济批判分析联系在一起，因为从现代化及其拓展，也就是全球化意义上来说，这个群体寄希望于流动性，也像学术上流社会一样瞄准跨民族流动。科佩奇称他们是远远地超越了民族关系框架和投身于一个全球性的大城市和大都市的金融和文化-世界主义的"世界主义者"。各个社会非但不是在社会内部更公平地分配财富，反而"非常广泛地脱离开了民族国家范畴，把世界划分成了全球、民族和地方区域"。通过跨民族金融联系与文化资本主义网络，"削弱了对民族国家及其机构的认知"。与此同时，也产生了"来自世界不同地区收入微薄的人"同样流动的"跨民族下层群体"，与拥有特权的"跨民族上层群体"形成了鲜明对照。这个下层群体构成了一个同样流动、但没有特权的"现代跨国第三产业无产者"。再则，还有

272

---

① 科尔内利娅·科佩奇：《家在德国，家在世界？穆特雷姆·阿拉斯和赫尔曼·鲍兴格丰富、历史和现实地重新确立家乡概念》（In Deutschland daheim, in der Welt zuhause. Eine reichhaltige historische und aktuelle Neubestimmung des Heimatbegriffs unternehmen Muhterem Aras und Hermann Bausinger），载于：《家乡——它是永恒的？——对话》（Heimat. Kann die ewig? Ein Gespräch），图宾根，克洛普费-纳尔出版社，2019 年。

另一个对流动性不感兴趣的社会群体。中下等中产阶层安居在小地方和小城里。他们反对世界主义和全球化；他们关心的是维持民族经济和福利空间。当你把目光投向这本著作时，可以这样来补充科佩奇的经济批判观点，中产阶层以民族为导向，社会发展结果对他们来说越消极，作为竞争者的陌生人越多地出现在眼前，他们的民族主义情绪就越高涨。如果说家乡对这一些人来说是一个选择可能的话，那么它对另一些人而言则是无法改变的命运。科佩奇分析的焦点指向社会中的经济和文化裂痕。这种裂痕出现在社会流动和不流动群体之间，正好也呈现在围绕着家乡概念的现实斗争中："一些关于民族、区域或者分裂主义家乡意识的言论始终会引起世界主义者真正的宣布主张世界开放的浪潮。"[①]

科佩奇在文章中提到了三种群体：想要流动的人（世界主义者），不得不流动的人（季节性工人和收入微薄的人）和既没有特权能够促使他们流动，也没有困境会迫使他们流动的不流动的人。但她在其中却未提及逃亡和正在逃亡的难民。我接下来想要详细地说一说这个群体，因为他们正在成为我们的国民的途中。为了拯救面临的生存，他们不得不流动起来。他们逃亡，因为他们的家被战争摧毁了；因为他们遭受到危险的威胁；因为全球糟糕的经济夺去了他们生存的经济基础；或者因为环境灾害和灾难使得他们家乡的土地再也无法养活他们。2020年，全世界几乎有8000万人在逃亡中，其中有1000万早就在2019年逃离家乡

273

---

① 科尔内利娅·科佩奇：《家在德国，家在世界？》，第11、13和4页。

了。在德国，从 2015 年夏天以来，逃亡和移民话题已经列入了议事日程。当时有 100 万移民滞留在欧洲边界上等候放行。从此以后，在德国社会中既有人关心接纳他们和为他们的融入而奔忙，也有人没完没了地抗议移民到来。这一些人更多把移民视为国家一个资源，而"不流动者"则首先表现为敌视外国人，觉得他们是竞争者和威胁。这个群体看到自己被移民进一步逼到了社会边缘。他们为自己经济上的生存而斗争，觉得移民会成为国家供养的直接竞争者。不流动者之所以成为全球化反对者，一定要强化他们的民族身份认同和家乡概念，因为他们担心，"移民文化会剥夺他们的文化，在社会上抢夺他们的生存空间，改变他们的生活方式"[1]。

在他们的著作《新德国人》中，赫尔弗里德和玛丽娜·明 274
克勒同样从不同的视角出发探讨了难民问题。我们既可以把他们看作负担和威胁，也可以看作我们社会的机遇。他们直言不讳地认为，移民对联邦州、城镇和国家财政来说首先是一个巨大的负担。尽管如此，他们却选择了第二个可能，而且以一个机智的理由："谁对融合不抱成功的希望，那他无论如何就会失败；谁对融合抱有成功的希望，那他就会赢得先机。"[2]

---

① 科尔内利娅·科佩奇:《家在德国，家在世界？》，第 4 页。

② 赫尔弗里德·明克勒 / 玛丽娜·明克勒:《新德国人——一个面对未来的国家》(*Die neuen Deutschen. Ein Land vor seiner Zukunft*)，柏林，罗沃尔特出版社，2016 年，第 11 页。

改造民族的我们

民族自我书写长久以来受到家乡理想图像的约束。家乡创造了一个统一的"生存可靠性"空间。在这个空间里，居民在一片领土上说着一种语言，共同分享着一个信仰和文化，可以把自己想象为一个共同历史的子孙后代。2000 年，当时的红－绿－政府颁布了一个新国籍法，德国社会从此告别了统一模式。从法律上说，德国因此变成了一个移民国。在新法律基础上，每年有 10 万人可以获得德国国籍。然而，预定的储备却没有完全被充分利用。入籍的需求根本没有那么多；有许多人显然觉得获得居留许可就足够了。在一次广播电台访谈中，法律和入籍事务政府顾问丹尼尔·蒂姆看到在国籍问题上需求缺少有三个理由：首先，政府对此宣传力度不够；其次，凡是接受德国公民权利的人，必须注销现有的国籍权利，这对许多人来说是不可接受的；再则，在移民中存在着顾虑，那就是在这个国家不会被承认为拥有平等权利的社会成员。①

改造民族，使之成为移民社会，这个工作正在全面进行。因此，在过去 20 多年里，德国人口的多样性大大地增长了。柏林墙倒塌以后，维利·勃兰特的那句话应验了："本来属于一体的东西，现在又会连为一体！"1989 年，社会学家乌尔里希·贝克在多元文化争论背景下改变了这句话："本来不属于一体的东

---

① https://www.br.de/mediathek/podcast/das-interkulturelle-magazin/20-jahre-neues-staatsangehoerigkeitsrecht-gespraech-mit-migrationsforscher-prof-daniel-thym/1789911.

西，现在会连为一体。"①这话今天听起来就像是一个德国选择党政治家的宣言，但是它也概括地表明了什么问题变成了不可回避的普遍现实。此间，本国德国人与1120万外来德国人分享着这个共同的生存世界。没有移民流入，德国人口数恐怕就会从1970年以来呈现为负增长。比起西部来，移民的流入显然更加有力地改变了德国东部状况，因为在西部，外国人的比例向来就比较高②。这种新的多样性不再只是由社会和政治差异，而且也越来越强有力地由种族、宗教和文化差异所决定。显而易见，就家乡和民族概念而言，由此出现了一些全新的问题和挑战。

当统一的德国正要转换成为一个移民社会时，由于发生了新纳粹组织NSU一系列谋杀案，德国社会受到了致命打击。随着两个极右翼凶手自杀，"2011年11月4日震惊世界的事件"公开表明，这些人十多年之久未受到德国当局阻挠，能够实施一系列凶杀，9个土耳其裔移民和一个女警察成为系列凶杀案受害者。种族主义和反犹太主义造成的血案横行过21世纪初的20年。发生在哈勒和哈瑙的凶杀案以及仇恨罪行的增长表明，走向一个建立在多样化以及相互认可和团结基础上的社会之路显得多么艰

---

① 乌尔里希·贝克（主编）：《世界共同体展望》（*Perspektiven der Weltge-sellschaft*），美因河畔的法兰克福，苏尔坎普出版社，1998年，第7页。

② 马丁·弗兰克（Martin Franke）：《移民在哪些方面改变了德国》（*Wo die Zuwanderung Deutschland verändert hat*），载于：《法兰克福汇报》，2020年8月31日；https://www.faz.net/aktuell/wirtschaft/schneller-schlau/schneller-schlau-wo-die-fluechtlinge-deutschland-veraendert-haben-16926478.html.

难。这期间，德国各地举行了公开悼念活动和游行。这一切无论如何表明，与受难者团结一致的决心明显地提高了，整个社会深深地受到了不断蔓延的种族主义的无情打击[①]。

拓展叙事：殖民历史

一方面是历史学术研究的普遍知识水平，另一方面是民族意识中社会接受的叙事，二者之间存在着很大差异。在德国，通过一系列不可逆的措施，使得史无前例的大屠杀确立为一个有约束力的民族记忆，属于这类措施的有 1986 年的历史学家争论、2000 年的斯德哥尔摩大会和"国际大屠杀纪念联盟"的建立、1996 年引入的每年 1 月 27 日为"纳粹受难者纪念日"以及 2005 年建立的欧洲被杀害犹太人纪念碑。与之相比，德国暴力历史造成的其他受难者几乎始终处于被遗忘、排斥和置之不理的黑暗中。在这里，我们又以莫里斯·哈布瓦赫的"记忆框架"及其独有的影响为证。拓展民族记忆在这里尚未兑现，不仅涉及到德国占领政策和灭绝战争在整个欧洲的受害者，而且也要把目光投向德国殖民暴力受害者。现在正好出现了各种动向，引起了我们对277 这段想象中很遥远的历史的关注。事实表明，它也绝对依然是我们现实不可分割的一部分。当属其中的有在美国发起的反种主

---

① 一些艺术作品，比如海伦娜·舍兹勒（Helena Schätzle）举办的题为"闭上眼睛"（Augenzu）的展览和埃丝特·蒂舍雷特（Esther Dischereit）创作的歌剧脚本《献给奥特洛的花》（*Blumen für Qtello*）都是和平社会里探讨这个问题令人难忘的例证。

义运动"黑人的命也是命"（Black Lives Matter）的游行、围绕着纪念碑和公共领域街道名称的争论、在柏林皇宫新设立的洪堡论坛，最后就是带来他们殖民历史的移民本身。此外，殖民历史和移民历史越来越多地在德国的城市里相互交叉。

不来梅和柏林的殖民历史

在许多德国城市里，可以在街道和广场名称里看到殖民历史痕迹。而在不来梅，也有一座关于这个主题的纪念碑。这个出自殖民时期的历史遗迹如今被称作"反殖民纪念碑"。碑高达 10米，酷似一头用深红釉色砖块砌成的大象。在历史进程中，它的作用多次发生了根本性变化。它的来历可以追溯到 20 世纪初。正是拥有世界级港口和悠久海外贸易传统的不来梅城市商人积极地参与了德意志帝国的殖民扩张。第一次世界大战和随之而来的经济危机中断了这个发展趋势。德国第一次世界大战的失败导致失去了非洲殖民地。在这个背景下，让人感到意外的是，1932年，一座"帝国殖民荣誉纪念碑"在不来梅建立并举行了落成典礼。事实上，这座献给"我们的殖民地"和那些远离家乡、在殖民战争中阵亡的德国士兵的纪念碑是一个国际挑衅行为，也违背了国际法准则。但是一年后，它又完全顺应了时代潮流，因为纳粹国家下定决心，要重新振兴作为殖民民族的德国引以为豪的传统。在落成典礼讲话中，这座纪念碑的目的和目标昭然若揭："为了生存，一个伟大的民族需要殖民地。殖民政治的目的并非传播文化，而是要存活下去……没有殖民地，一个欣欣向荣的民

278

族会窒息灭亡。殖民地是一个民族力量的象征。"①

　　第二次世界大战以后，德国殖民地及其军事指挥官的名字被悄然清除了，一本纪念殖民战争阵亡士兵的石书被搬进了市档案馆里。这样一来，这座纪念碑又复归为一尊纯粹的动物雕像状态；它恐怕同样会完美地充当任何一家动物园的入口象征。1989年，当这座纪念碑获得了一个新名称和一个新铭文时，历史中性化状态随之结束了。这一年，不来梅加入了"反种族隔离城市"运动。1990年，当年的德国殖民地"德国西南非洲"变成了独立国家纳米比亚。新任纳米比亚总统1996年访问不来梅时，这头大象变成了一个后殖民和反殖民纪念碑。纪念碑上增加了两个铜牌和一个共同的历史解释，总统出席了揭幕仪式。一个铜牌表达了对1884到1914年德国殖民统治时期非洲受难者的缅怀，另一个则开启了不来梅殖民和后殖民历史走向未来的大门："非洲在不来梅城找到了新朋友。大象纪念碑是从我们的历史中所产生的责任象征"②。

279　　德国的殖民历史今天依然反映在许多街道名称和其他遗迹中，比如动物园、博物馆和大学科学研究收藏③。然而，这头大象

---

①　https://de.wikipedia.org/wiki/Antikolonialdenkmal.

②　海因茨·古斯塔夫颂（Heinz Gustafsson）：《纳米比亚、不来梅和德国——一条通向友谊的坎坷之道》（*Namibia, Bremen und Deutschland, Ein steiniger Weg zur Freundschaft*），德尔门霍斯特 / 柏林，阿申贝克和霍尔施泰因出版社，2003 年，第 439 页。

③　玛丽安娜·贝希豪斯–格斯特（Marianne Bechhaus-Gerst）：《城市空间里的殖民遗迹》（*Koloniale Spuren im städtischen Raum*），载于：《政治与时代历史论坛》（*Aus Politik und Zeitgeschichte*）69（2019 年），第 40—42 页。

绝对是德国最大和最引人注目的殖民纪念碑，同样是代表着一百多年苦难史的强有力的象征。这座城市资助不来梅和温德赫克之间的合作项目。在"大象！"名称下，建立了一个多样化和主张宽容的市民协会；它推动各种项目，研究不来梅历史在现实中的影响。各种机构，比如大学、中学和历史博物馆致力于这座城市去殖民化。与此同时，通过当前的移民，大象纪念碑也变成了当年殖民者和被殖民者一个象征性的联系区域。在城中心，它为对立的历史经验、讨论以及有意和无意的重新展示提供了一个政治舞台。

比如，德意志帝国从 1904 年开始对赫雷罗族（Herero）和那马族（Nama）实施了种族大屠杀，这是发生在 20 世纪的第一次种族大屠杀。2019 年 8 月 11 日，也就是大屠杀 115 年后，不来梅市民在大象纪念碑前为之举行了一场纪念会。不久后，在大象纪念碑前举行了一次由不来梅移民和活动者组成的"我们不来梅人团结一致"协会（Together We Are Bremen, TWAB）游行。他们抗议被安排在人满为患的棚屋里和被驱逐，要求居留许可，要求更好的生存条件和人人享受教育。与此同时，非洲移民利用纪念碑来表达他们的意愿，为他们的要求提供有力的论据。他们提醒该市居民："你们上一次去我们那里，现在是我们来到你们这里！"其中有一个人在大象纪念碑前说："这是一个对我和我的非洲同胞来说意义非凡的纪念碑。这是一个象征着无比残暴、无比野蛮和惨无人道的剥削纪念碑！"① 这样一来，纪念碑变成了

---

① 2019 年 10 月 27 日的游行。https://www.facebook.com/TogetherWeAreBremen/videos/2548816958541926/?v=2548816958541926.

一个历史见证者。在这个见证者面前，人们会表达出各种各样的观点；在这个见证者面前，要求这座城市的市民和移民共同把德国、欧洲和非洲大陆之间一个漫长和充满暴力的关系史的各个部分弥合在一起。

这段殖民历史通过完全另外的途径回到了首都柏林。第二次世界大战以后，在东德有许多还存在的历史遗迹被拆除了，借口与新政体的价值不再协调一致。1950 年颁布的"城市建筑 16 条原则"中，要求把城市核心变成一个政治舞台："在城中心的广场上举行政治集会、游行和全民节日。城中心要建造最重要和最宏伟的高楼大厦，决定城市地图的建筑艺术格局，确定城市的建筑艺术剪影。"[①]从这个意义上说，瓦尔特·乌布利希（Walter Ulbricht）1950 年宣布拆除柏林皇宫是正确的，就是要用共和国的殿堂来取代它："我们的首都中心、皇家大花园和现在的皇宫废墟区域必须变成一个宏大的、能够展现我们的人民战斗意志和建设精神的示范广场。"随着 1950 年政治制度更替后的三十年河东，过了近 60 年后，又出现了另一个政治体制更替后的三十年河西。2013 年，重建霍亨索伦冬宫已成定局。这座巨大的皇宫此间已经回到了柏林城市中央剪影中。揭幕式定于 2020 年 12 月举行。由于德国不再存在王朝传统，现在还全然不明确这座新建筑用来干什么。此间，使用计划已经转向打算设立"洪堡论

281

---

① 维尔纳·杜尔特（Werner Durth）/约恩·杜维尔（Jörn Düwel）/尼尔斯·古乔夫（Niels Gutschow）:《东德的建筑艺术与城市建筑》(*Architektur und Städtebau in der DDR*)，柏林，约维斯出版社，2007 年，第 173 页。

坛"，因为皇宫一侧呈现为现代化新型建筑。如果说环球旅行研究者亚历山大·洪堡这个名字首先开启了一个要展现柏林这座城市面向世界开放的全球历史视角的话，那么"洪堡论坛"这个名称现在则代表着一个会让德国处于记忆压力下、并使之与一个迄今未探讨过的遗产联系起来的殖民史和欧洲中心主义视角。因为从 1871 年到 1918 年这个时期也是帝国对外扩张时期。当时，柏林是首都，霍亨索伦皇宫是皇帝宫殿。德国这个"后起民族"试图要与其他作为殖民大国的欧洲国家平分秋色。在这个时期，不仅经济蒸蒸日上——可以说是一种涡轮机式资本主义，如今还能够从"德国经济繁荣时期"那一排排雄伟的建筑看出来——，而且科学研究也突飞猛进，"人种学"当时也属其中。当时人们为这个产生于 19 世纪末的新学科收藏了不计其数的头盖骨，如同今天收集数据一样。这个学科如今已经不复存在。人们相信，只要把这些头盖骨一一排列起来，就能赢得遗传学方面重要的科学认识。就这样，在人种学收藏中，不仅有许多艺术品是掠夺来的展品，还需要进一步弄清它们的来源，而且也有必要让这些遗骸以相应的方式物归原主。

从欧洲发起的殖民扩张是一个必须由欧洲许多民族共同承担的负面遗产。支撑殖民扩张的种族主义是欧洲启蒙运动的阴暗面，迄今依然是欧洲自我认识的一个盲点。启蒙的人性概念是进入西方民主基础和引以为豪的遗产："人人天生在尊严和权利方面是自由平等的"，人权第一条这样说。然而，唯独被忽视的是，这个人性概念迄今始终是不完整的，因为它把深色皮肤种族不是从法律上，而是在实际上依然排除在外，也不承认欧洲人给

282

他们造成的苦难史。殖民剥削和暴力史沾满了血腥；它负有不可推卸的历史责任。德国人几乎已经忘记了这个历史。但是，随着洪堡论坛的建立，它又突如其来地出现在德国人面前。

皇宫和洪堡论坛的不同历史可以很好地用普鲁斯特的概念来描述，即一个受操纵（"自觉记忆"mémoire volontaire）和一个不受操纵（"不自觉记忆"mémoire involontaire）的记忆。从建筑艺术上重建和召回一座建筑，它要赋予这座城市普鲁士帝国辉煌，因此便产生了一个把长久被排斥和否认的殖民史置于公众关注中心的记忆场。在这座建筑中，一个自愿的和一个不自愿的文化遗产的轮廓彼此激烈地碰撞在一起。没有人似乎会有这样的计划，突然间，在柏林出现了一个舞台和一个具体框架。在这个框架里，这个被否认的欧洲遗产以其德国式变体成为历史启蒙和社会讨论的对象。这个例证也表明：非洲移民来到这里，因为欧洲人之前曾经到过他们那里。在这里，殖民史与当下的移民史紧密相连，并且表明，把这两个视角最终聚合在一起并当作关系史来认识已经迫在眉睫。

连接起来的记忆——"感人的故事"（touching tales）

为了促进移民融合，真的需要构建一个新的我们吗？难道移民历史在德国就离不开一个像民族这样的集体主体象征支柱？难道法治国家及其国籍法还不够？难道新公民不满意宪法爱国主义？米夏·布鲁姆利克（Micha Brumlik）在一篇评论中向《新的我们》这本书的作者扬·普兰佩尔（Jan Plamper）提出了这

样的问题①。像其他许多学者一样，布鲁姆利克也不愿意区分自由
民主民族与排外民族主义民族之间的差别。在他看来，仅仅"民
族"这个词语就是向着民族主义"民族共同体"的必然道路跨出
了一步。但是，谁会说出民族一定会自然而然地意味着种族同质
性？如果说不存在一个种族多样性民族积极的规范模式的话，那
么新纳粹分子就已经胜券在握了；他们依靠煽动性演说、叙事、
歌曲和象征早就占领了民族话语权。因为在善意的左翼群体中对
民族问题的禁忌和社会关于民族话题在认知上的缺失不仅导致了
一种普遍的漠不关心，而且也造成了民族概念信息、宣传和导向
的缺失。普兰佩尔属于信念坚定、视民族国家为重要的"融合机
器"的民主主义者之一；赫尔弗里德和玛丽娜·明克勒也提出了 284
民族是一个"团结引擎"的说法。凡是来到这里的移民，他们不
仅期待要得到保护和拥有工作，而且也要参与社会文化生活。如
果他们为了自己的安全不仅能够信赖法治国家的宪法，而且也能
够与接纳国的社会和历史环境建立联系，并且把他们自己的文化
传统带入这个民族文化中的话，这一切都不难付诸实施。文化参
与是融合的一个重要资源。如果这条路从一开始就被切断了，那
么来源国的呼唤始终就会成为占主导地位的象征性导向，并且会
促使平行社会的产生。

历史学家扬·普兰佩尔在《新的我们》一书中为德国移民

---

① 民族与共同体争论：《这个德国从来就不存在》(Dieses Deutschland gab es
nie)，载于：《日报》(taz)，2019 年 5 月 14 日；https://taz.de/Debatte-Nation-und-
Gemeinschaft/!5594436/，参见本书中对阿尔贝特·O. 赫希曼(Albert O. Hirschman)
的详细评述，第 285—288 页。

社会提出了一种新叙事①。他在其中把这段德国历史描述成拥有
1945 和 1989 年两个焦点的系列移民史。由此看来，2015 年的
移民发展不再呈现为绝对的例外，反而成为这段历史中的一个范
式。逃亡和移民经历不是一码事，因此不要把它们彼此混为一
谈。然而，我们可以把它们相互联系起来，以便赢得更深入的认
识，做到具体情况具体对待。为这样一些联系起来的暴力经历，
美国日耳曼学研究者莱斯利·阿德尔森（Leslie Adelson）创造
了"感人的故事"这个概念②。在研究移民问题时，它们呈现为社
会参与和融合的一个重要资源。2018 年，有一个朋友给我讲述
了这样一个具体例证。20 世纪 60 年代，在南斯拉夫劳工移民大

285 潮中，她移民来到了德国。30 多年后，她自愿承担起了接收巴
尔干战争难民的工作。我在此引用她信中的话来说：

> 20 世纪 90 年代，在南斯拉夫爆发了第二次世界大战以
> 后的第一次欧洲战争。在接收从那里逃亡来的难民工作中，
> 我们（……）得到了自己曾经被逐出家园或者家园被炸毁的
> 德国人的许多帮助。这些人几年以后才迟疑地讲述了他们的
> 经历。在 20 世纪 90 年代里，我在公开场合也讲到了，作

---

① 扬·普兰佩尔：《新的我们——为什么移民当属其中：德国人的另一
个历史》（ *Das neue Wir. Warum Migration dazugehört: Eine andere Geschichte der
Deutschen* ），美因河畔的法兰克福，S. 费舍尔出版社，2019 年。

② 莱斯利·阿德尔森：《当代德国文学中的土耳其转向：迈向新的移民批
评原则》（ *The Turkish Turn in Contemporary German Literature: Towards a New
Critical Grammar of Migration* ），纽约，帕尔格雷夫·麦克米伦出版社，2005 年。

为"犯罪民族",德国人特别难以说出他们的创伤。每有这样的机会,我就会结识一些年长些的德国人,他们往往深受感动。他们告诉我,有人也承认我们是战争牺牲品,这是破天荒的第一次。有一次活动后,我与被逐出家园者联盟女性社团主席西比勒·德雷尔(Sibylle Dreher)建立了一种十分信任和良好的合作。我们共同组织了专题讨论会、大型研讨会、报告、交流、讲述等。①

朋友也向我表明,各种不同的难民故事彼此多么紧密地联系在一起。随着南斯拉夫逃亡难民的到来,他们的经历传遍了整个欧洲。就这样,如同在越南战争映照下,1980 年才重新发现了创伤概念,并且普遍被承认为医学诊断的一部分——这后来也对认识大屠杀的受害者富有裨益——一样,在德国,也是在南斯拉夫战争恐怖映照下,逃亡和遭驱逐的创伤才以新的方式变得显而易见和可以理解。

新家乡

"新家乡"(Neue Heimat)——这是房屋建筑互助协会的名 286
称。在被炸毁的战后德国,这个协会组织了重建工作。当时也有必要为 1400 万逃亡者和被驱逐者提供栖身之地。1989 年后,在新联邦州又出现了一个"新家乡"。这一次,首先由于制度更

---

① 伯希莉卡·舍德里西(Bosiljka Schedlich)2019 年 5 月 12 日的来信节录。

替、整修和重建，使得相当一部分东德居民失去了故有的家乡。2015 年以后，建立另一个新家乡的任务涉及到西部和东部。一些深刻的变化早就开始了，而新的挑战在于共同和建设性地去制定实施这个过渡。当下的问题是：对离开了自己的家乡，或者由于战争和暴力失去了家乡的人来说，德国怎样才能成为第二家乡呢？为此，我们需要一个不是抱着怀疑、反对甚至仇视的态度对待移民，而是要为他们提供安全、保护和发展的可能空间的社会。此外，本地人必须展示出对移民艰难的转变过程的理解。科尔内利娅·科佩奇对这个过程进行了清楚的描述："当你移民到另一个国家时，你真的就丧失了自身一些重要的组成部分。你首先失去了自己的语言，接着是身份认同：作为公民，或者作为子女、作为一个种族群体成员、作为土生土长的人。然而，这种丧失后来会逐渐导致充实的结果：你学会一种新语言，接受一个新身份认同，赢得一个新家乡——在理想情况下。"[1] 本地人对移民的理解，这是事情的一面；移民尊重接收国的文明交往规则，这是事情的另一面。如果形成暴力组织，给社会制造恐怖和煽动暴力，这当然是警察管的事。

如果想要成为社会中的一员，最重要的前提就是要克服陌生感。"谁失去了他的根基，那他永远再也不会完全有家的感觉"，日耳曼学研究者约翰·斯帕莱克（John Spalek）这样说道。他1928 年出生在华沙，携家逃离苏维埃，逃亡到美国。他在那里始终是流亡者，也为其他流亡者提供帮助。他没有后悔走了这一

---

① 科尔内利娅·科佩奇：《家在德国，家在世界？》，第 15 页，注释 11。

步。在纽约他虽然不是完全有家的感觉，但在那里找到了第二家乡。他觉得自己被接受了，可以站稳脚跟，"这里没人问我从哪里来"[1]。融入和感觉被接受、过着一种自由自在和自我决定的日子、并非总是引人注目、没有不断被人询问，这正是第二家乡能够提供给你的东西[2]。

　　大部分移民早就融入了各个地区，在那里扎下了根。第二代土耳其移民的代表要求建立家乡合作社，并且以此来炫耀，比如，喜剧演员比伦特·锡兰（Bülent Ceylan）纯正的曼海姆方言回荡在一些体育场里。喜剧和娱乐传媒是一个成功的办法。但是除此之外，移民还有什么东西立于社会中心？除了他们居住的空间之外，他们还能与接收了他们的社会共同分享什么？在公共领域里，有没有展示移民历史的博物馆，或者纪念碑和象征性标志？移民所带来的或者经历过的哪些历史受到社会关注？只有当公共领域和民族记忆增加了这样的历史标志时，家乡概念才能变得更多样化和更多声部。家乡是以许多形式经历和传承的：不仅以地方和建筑形式，而且也以许多越过边界可能带来的文化方式，比如语言、历史、诗歌、祈祷、菜谱、绘画或者音乐。地方和建筑环境留在了原地，但其他所带来的东西则会在一个新家乡找到用场。这样一来，"新家乡"便意味着，大家共同来定义共 288

---

① 格雷戈尔·埃平格（Gregor Eppinger）拍摄的纪录片《斯帕莱克先生的旅行箱》（*Der Koffer des Herrn Spalek*, 2012 年）描绘了流亡者约翰·斯帕莱克一幅令人难忘的肖像。

② 费尔达·阿塔曼（Ferda Ataman）的书名把这个问题归结为一点：《我就是这里人，你们别再问了！》（*Ich bin von hier. Hört auf zu fragen!*, 2019）

同生活的空间。

新的家乡概念具有颠覆性的东西，它今天有可能聚焦于当地和区域，聚焦于城市、地区或者地方。如果说政治从上层为抽象的国家和抽象的民族确立政治框架的话，那么民众自己则广泛地生存在他们的邻里空间中，经历和构建这样的空间，同时也从下层确定该空间的意义和作用。他们通过自己的行为和关系、措施和计划表演性地建立家乡，并且通过排除或者接纳他者来改造它。这同时也意味着：通过他们相互承担责任、相互认可、相互确定他们的方向和尝试一些共同生活新形式。一切存在于家乡这个词语中的东西，最终都取决于身在何方。家乡在那里始终处于变化中。

新冠疫情和共同意识：危机与机遇

什么是共同意识？

哲学家卡尔·雅斯贝尔斯说过这样一句话："真理就是把我们联系起来的东西。"然而，只有你把这句话颠倒过来说的时候，你才能真正理解它。那么它就是这样说的："凡是把我们联系起来的东西，就是真理。"这首先是一个到处可以听到的信息，不管说不说。一些群体总是依靠自己独有的真理确立了生存界限，构建了生存等级，从而使得与他者的交流变得困难。与之相反，雅斯贝尔斯认为，真理不是你针对他者要保护的占有物，而是某些只能共同寻找和找到的东西，只有以这样的方式才能建立人与人之间的新联系。

共同意识在历史上也有不同的解释，比如，它被归入和隶属于一个更高的、像德意志民族共同体这样的整体。"你什么都不是，你的民族就是一切"，这是纳粹德国一个广为流传的口号。政治学家阿尔贝特·O.赫希曼（Albert O. Hirschman, 1915—2010）对这个时期记忆犹新。1933年，他作为犹太人不得不逃离德国，参加了西班牙内战，第二次世界大战期间致力于救助被占领了家园的法国难民。他后来成为普林斯顿大学教授，主要研究政治经济学和修辞学。他对共同意识这个说法持怀疑态度。他看到了其中存在的危险，

> 如果一个群体沉溺于共同意识的激情或者"狂想"中。在这一方面，德国近代史就是一个强烈的警钟。魏玛共和国期间，德国常常抱怨缺少一定的、一个社会按照当时的认识应该呈现的社会特性。人们感到缺失的是一种使命意识，一种休戚相关的亲和力和温暖感——简而言之：共同意识。纳粹运动的崛起特别也归功于其承诺，那就是通过建立一个新的牢不可破的"民族共同体"来彻底满足这些所谓的"需要"。[①]

290

---

① 阿尔贝特·O.赫希曼：《自由社会需要多少共同意识？》（Wieviel Gemeinsinn braucht die liberale Gesellschaft?），载于：《怪物》（*Laviathan*）22，第2期，1994年，第293—304页，此处引自第293页。另一个迄今依然为声名狼藉的"共同意识"概念负有责任的作家是社会学家费迪南德·托尼斯（Ferdinand Tönnies）。在其1887年出版的著作《共同体与社会》（*Gemeinschaft und Gesellschaft*）中，托尼斯建构了冷酷的、以个性化为目标的社会与温暖和舒适的共同体之间鲜明的对立。这种对立今天依然作为刻板模式和固定不变的"记忆"存在于许多人的脑袋里。在这个背景下，赫希曼对共同体信念提出了警告，表明赞成像道尔夫·施特恩贝格和尤尔根·哈贝马斯所代表的战后一种实事求是的宪法爱国主义。

作为现代化理论家，赫希曼的出发点就是社会冲突首先源于社会产品分配不公平的市场社会。由于冲突纯属物质性质，始终围绕着多或少兜圈子，所以它们是可以通过妥协解决的。因此，对赫希曼来说，应对冲突属于现代社会的企业管理方式。赫希曼唱的不是共同意识，而是冲突赞歌，他说道，"多元市场经济社会的活力秘密"在于"它有能力自我革新"①。也就是说，正是通过解决冲突的学习能力构成了资本主义社会胜过共产主义社会的进步和学习能力。

同样像弗朗西斯·福山一样，当赫希曼看到自己面对一个不是关系到"多或少"，而是"非此即彼"的新冲突类型时，他不得不再三思考他的现代化理论前提。新冲突是由于出身和归属差异而产生的。福山把它们称为身份认同冲突；赫希曼认为它们是"不可协商的"，因为他不可能把像"身份认同"或者"承认"这样的概念用于这样的冲突类型。但是，他主张把尊重和宽容作为应对差异的方式，并且承认，新的冲突类型暂且不过是许多未知问题的标志而已，而这些未知问题"只有在我们感受它们的过程中才会逐渐被理解"。对于重新确定"共同意识"概念，他依然不屑一顾，因为在一个走向多元化的社会里，共同意识"会被召来当作天外救星"（als Deus ex machina heraufbeschworen）②。

291 他反而寄希望于完全相反的东西，即文艺复兴时期古代欧洲的

---

① 阿尔贝特·O.赫希曼：《自由社会需要多少共同意识？》，第300页。

② 天外救星亦译为"舞台机关送审""机械降神""机器神""解围之神"等。古希腊喜剧概念，指的是意料之外出现的解围角色或者拥有强大力量的神将，能够使陷入胶着的剧情出现大逆转。——译者注

男子气概道德和殖民发现者、占领者和实施者的英勇冒险思想："为了在应对新问题时取得进步，真正需要的东西是政治行动者的精神、想象力，这儿要宽容，那儿不能宽容，以及其他许多内在固有的好品质和命运女神的变体。如果通过呼吁'共同意识'把这一切统统混为一谈，我认为不但没有意义，而且也存在着一些危险。"[1]

自由社会需要多少共同意识？25 年后，在一个完全另外的历史格局中，这个问题应运而生了。由于新自由经济形式的出现和市场全球化进程，市场经济社会开始走向四分五裂。从此以后，冒险思想、作为冒险者的行动者的道德和市场自我调节机制不再起作用。因为冒险概念在经济和生态思想中已经变换了方向，越来越少地意味着机遇，而越来越多地意味着惨重的后果。还有第三个赫希曼尚一无所知的冲突类型加入其中。这个冲突针对民主国家本身，对民主的基本共识提出了质疑。也就是说，自由社会此间已经处于三重压力下："多或少"形式的经济不平衡冲突、"非此即彼"形式的身份认同冲突和"我们反对你们"形式的反民主攻势冲突。在德国，德国选择党此间宣布自己是民族独一无二的真正代表，并且坚定不移地为"通过出身身份实现统一"而斗争。赫希曼本人经历了这样一个其中根本再也不许存在冲突和利益对立的国家，但他没有考虑到，在德国，有朝一日又会出现一个要恢复这种状态的政党。然而，废除民主则是德国选择党宣布的目的，正如比约恩·霍克要使我们确信的："一 292

---

[1] 阿尔贝特·O. 赫希曼：《自由社会需要多少共同意识？》，第 304 页。

个行将灭亡的民主的腐烂气味弥漫在整个国家。在这种形势下，亲爱的朋友们，我作为一个忠于国家的公民要这样说，在这种形势下，不要无动于衷；在这种形势下，需要勇气和愤怒，而倔强和客气的不顺从是公民的第一义务。我们要重新召回我们的国家！"[①]

当阿尔贝特·赫希曼表示反对共同意识时，他万万没有想到会出现这样的形势。因此，到了夺回这个被他鄙弃的概念、重新构建它和与时俱进地运用它的时刻。由于在许多国家里，非自由党派门庭若市，转向反对它们国家的民主，所以，革新共同意识概念刻不容缓，势在必行。漠不关心、自我中心主义和麻木不仁的公民难以应对新的社会分裂。当右翼极端分子歪曲篡改亨利·大卫·索罗（Henry David Thoreau，提出"关于公民不服从义务"原则，1849 年）的民主原则，鼓吹温良的不顺从作为公民第一义务时，那就是呼吁国家公民奋起来捍卫他们属于其中的民主机构——在他们的国家、他们的民族和欧盟中——的时刻到来了。与此同时，其中有一些人要使自己适应于一个新角色。这是因为，尽管他们似乎更倾向于从根本上对他们的国家进行批评，但这个阵地已经被占领了。

我们处在欧盟和平成功历史的终点。欧洲的我们分裂了。不久前还可能被看作为共识的东西，今天却触到了明确的赞同临界。和平社会模式遭到了"不和平"对立模式质疑。互联网首先

---

　① 　比约恩·霍克：《魏玛和今日》（Weimar und Heute），文献纪录片，2020年 3 月 9 日播放，时间码：11.40-12.07；可以从德国第一电视台媒体库下载。

参与了这样的变化。在这其中，言论自由堕落成了言论失去自制力，以这样的方式大大地促使仇恨、攻讦和暴力泛滥成灾。蛊惑人心者大行其道，仇恨语言混战四起，铺天盖地，如暴风骤雨，充满血腥味。我们正在目瞪口呆地经历着以政治、种族和反犹太主义袭击形式实施的暴力怎样四处蔓延。

但是，只谈论分裂和仇恨是不够的，我们也必须仔细地去思考，怎样能够重新构建共同意识，在各个层面上——在欧盟、民族、城市和乡镇层面上，以及在学校里。德国正处在转向移民国的过程中，相应地需要变化的空间和时间。在城市和乡镇层面上，挑战是具体的。在这里，二者变得显而易见：赞成融合或封锁、进步或挑衅。我们越是限制我们所说的空间，问题就会越公开地暴露出来。幼儿园和学校如今是各种不同的文化身份认同、出身和经验彼此相遇的地方。此外，互联网平行世界的渗透又使得冲突雪上加霜；它极大地助长了交流的野蛮化和对暴力的美化——你只想一想新西兰的基督教堂、哈勒和哈瑙新近被毁灭的生命吧！

在寻找这一些人向来已经占有，而另一些人现在必须很快学会的德国主导文化时，人们始终强调本国人和移民之间的区别。一个务实的选择似乎是，我们要把注意力集中在一些有约束力的、和平共存和尊重他者的规则上，也就是集中在适用于所有人的交往规则上。在这种意义上，托马斯·曼提出了人的礼仪入门。我把这样的规则概括为"人的义务"，并在其中看到了这是

294

对"人权"的一个重要补充[①]。因为数百和数千年来,人的义务存在于世界所有文化和信仰中,其指导原则就是普遍适用的社会美德:"己所不欲勿施于人"。这些人与人之间团结的根本准则早就出现在古埃及的官宦坟墓里,同样也出现在中世纪的"基督教慈悲七部经典"中。1997 年,这些规则被一个"互动委员会"改良为现实版的"人的义务"19 条,由赫尔穆特·施密特(Helmut Schmidt)和西蒙·佩雷斯(Shimon Peres)等这样的政治家签名后呈递给联合国。遗憾的是,它在那里石沉大海,杳无音信[②]。

但是,共同意识则远远大于特别关心和移情的人们的美好道德。这个概念代表着一种积极的社会行为和一种必须传承下去、学习和每天感受的政治文化。这样的文化以新的人的义务规则为基础,也就是从日常生活中所感受到的民主意义上说——作为婚姻和家庭的行为准则,但也作为在门前、在街上、在邻里关系中,在城市、乡镇、协会里,当然也包括在学校里的行为准则。对社会学习——也包括对自然环境的特别敬畏——来说,已经存在着长久积累的经验、专家评定和具体建议,这一切只需要重新被找回到实践中来。学校和协会、城市和乡镇可以采用社会教育和训练人与人之间关系的计划形式,投入共同意识这个紧缺但

---

① 阿莱达·阿斯曼:《人权与人的义务——一个人道社会的关键概念》(*Menschenrechte und Menschenpflichten. Schlüsselbegriffe für eine humane Gesellschaft*),维也纳,皮库斯出版社,2018 年。

② 庆幸的是有了一个新版:诺贝特·托马森(Norbert Thomassen)(主编):《责任——互动委员会 40 种语言人权联合声明》(*Verantwortung——Die allgemeine Erklärung der Menschenrechte des InterAction Counsil in 40 Sprachen*),杜塞尔多夫,格鲁佩罗出版社,2017 年。

持久的财富创造中。比如，"学习共同生存"，这就是教育家京特·亨尼希（Günther Hennig）已经在许多学校确立和在教学中使用的训练计划的名称。因为社会越趋于多样化，共同意识的实践训练就越重要。像利己主义和固执己见一样，共同意识同样是人与生俱有的气质，必须从小就得到支持、学习和实践。采取这样的方式，可以对抗"不文明的小市民意识"的残暴化，增强构成文明社会的核心，即礼貌仪式①。

你必须改变你的生活——以新冠疫情为机遇

2020 年 3 月初以来，新冠危机使得一切我们迄今知道或者以为知道的关于共同意识的东西都蒙上了阴影。我们面临的困难越大，就会越深刻地认识到这个很有价值、但很紧缺的财富。由于在时间上稍有差别的新冠疫情，全世界陷入普遍危机。这时，每个人都意识到像特朗普的"美国优先！"和鲍里斯·约翰逊（Boris Johnson）的"英国优先！"这样的独来独往的行为不会支撑多久。虽说不是大家——形象地说——都坐在一条船上，但是人人都会受到同一场风暴袭击，并且依赖于他人的支持和帮助。口罩简直变成了一个共同意识的象征图像。"你的口罩保护

---

① 这段话概略地勾勒了一个由阿莱达和扬·阿斯曼、克里斯蒂娜·贝特拉姆（Christiane Bertram）和京特·亨尼希 2020 年 3 月以来在康斯坦茨大学实施的研究项目。该项目获得了 K. H. 埃贝勒博士基金会（Dr. K. H. Eberle Stiftung）的资助。京特·亨尼希等：《学习共同生存——教师进修倡议》（*Gemeinsam Leben Lernen. Impuls für Lehrerausbildung*），慕尼黑，布克哈特出版社，2021 年。

我，我的口罩保护你。"这是共同意识的新规则，我们正在缓慢艰难地学习认识它。新规则挫败了深深地根植于西方文化中的固执逻辑，比如就像笼罩在冷战时期政治上的逻辑一样："我的核弹头保护我，你的核弹头保护你。"这种激化对抗和建立在零和博弈逻辑（我的胜利就是你的失败）基础上的思维当时通过"共同安全"计划消除了；它缓解了东西方冲突，为铁幕陷落做好了准备。由于疫情，固执己见在欧盟内部首先又开始兴风作浪，因为民族意识又被加强了，国家作为负有责任的保护权力必须行动起来。然而，这种回归民族的行为不过是暂时的。很快就显而易见，没有人会羡慕退出欧盟的英国。在这种形势下，欧洲各民族没有坚持独立和自主。不言而喻，这一个民族的未来与另一个民族在政治、经济和文化上存在着不可分割的联系。当双方兴奋地庆祝重新开放边界时，我们深有感触，欧洲各国多么强烈地依赖于开放的边界。这就是申根协定写入欧盟基因的证明。

有一个词，它很少被使用，现在也不流行，尽管它在当下的危机中获得了一个特别意义，这就是"Moratorium"（暂停）。它源自于意为期限和延期的拉丁语 mora。在经济关系中，暂停的意思是延期清偿债务；在当下危机中，它在时间上的现实意义同样是停止和延缓：拉丁语动词 morali 的意思是"使延缓""推迟"。在一本政治专业词典中，对"Moratorium"做了如下解释：这个词表示的是"就一件确定的事被推迟一定时间所达成的约定。为了解决一个困难问题，或者干脆只是为了积蓄新力量，尚需要考虑的时间。无论是在学校日常生活中，还是在职场上——有时候，人们常常需要一个个期限，以便能够做出一些重要决定。"①

"延缓"在这里当然并不意味着：我们会把事情没完没了地
推延下去，而是表明：为了解决这个问题，我们需要新的解决办
法，为此我们现在要花一定时间去思考。暂停使得社会有可能超
越其日常例行程序来思考自身。生存陷入停滞，或者我们希望生
存波动变得平缓，这种状态我们正好同时感受为一种经济上的灾
难。当然，如果把停滞状态也理解为一种精神上的暂停的话，那
么在这个可怕的危机之中也会呈现出一个意料之外的机遇。这就
是说，机遇有可能存在于对自己的价值、生存方式、传统习惯和
优先定位的彻底思考和重新调整中。在这样的形势下，重新思考
共同意识，便显得更有意义。

托马斯·奥伯伦德发现了隐藏在当下危机中的另一个图像：
"我们不知道新冠病毒会让我们何去何从，这个令人关注的问
题是很现实的。停止键突然被按下了，而且在世界范围内。我
们都开着车行驶在可以看得见的视野范围内，却不知道到底去
往何处。我们一个又一个星期摸索着前进一段。每个国家也各
不相同，这是一个非常宝贵的、我们的社会和——慷慨激昂地
说——全世界好久以来不曾有过的时期。"②奥伯伦德十分关注这
个受到如此严重冲击的"公众文化"领域，希望新冠疫情能够中
断习惯做法，从而使"另一种对话"变得有可能。与此同时，新

---

① https://www.bpb.de/nachschlagen/lexika/das-junge-politik-lexikon/161430/
moratorium.

② 托马斯·奥伯伦德与约纳斯·齐普夫对谈：https://blog.jena.de/jenakultur/
2020/05/01/gerade-jetzt-eben-nicht.

冠疫情让许多长久被遮蔽、被排斥，而现在突然变得能够做出判断的东西浮现出来。当这次危机首先掩盖了所有其他危机以后，它现在呈现为"一切危机之母"，因为它制造了一个例外情况。在这个情况下，人类社会存在的问题、薄弱环节和瑕疵全都逐渐毫不留情地暴露出来了，变得一目了然。所有的问题全都与共同意识密切相关，同样也赋予这个抽象的概念当下非常具体的轮廓。

"你必须改变你的生活！"这是里尔克一首十四行诗最后一句。在新冠疫情时期，它变成了一个格言，到处都不绝于耳："新冠疫情把我们的生活全都改变了"。这其中，一方面包含着渴望生活回归正常，但另一方面也让人联想起一些问题：从这些经历和认识中会留下什么？我们经受了改变后会走出危机吗？我们从危机中会学到什么？除了生存困境外，这个危机也激发起了创造力，创造了许多了不起的新成果，比如数字播客、变焦合唱团或者阳台音乐会。与此同时，由于新冠疫情造成的暂停，也产生了一个新的社会契约的重要话语。暂停是一个让人"从各个层面去重新思考社会"的乌托邦式时刻，正如托马斯·奥伯伦德所称道的。然而，这一次不再是沿着现有的、彼此处于对立状态的意识形态路线。更确切地说，面对一些紧迫的世界问题，比如气候变化、社会不平等和世界范围内民主受到危害等，我们必须共同来找到解决办法。奥伯伦德认为，这并非关系到

短期的经济复苏计划，而是关系到这样的问题，即我们怎样通过专注于可持续的东西、少些破坏性的东西、帮助

治愈的东西——也就是我们这个社会在与地球和人类怎样相处时必须亟待发展的东西——，把我们的生存实践置于另一些关联中。为之，我们必须创立一些服务于关心生存，而不是追随竞争逻辑的社会结构。①

也就是说，探讨新的社会契约正好也涉及在社会上还根本没有找到地位的人，比如难民，或者不拥有同等权利的人。新冠疫情顽强地使我们注意到了一些没有特权的群体，比如受到剥削、在欧盟内部流动的廉价雇佣工人，以及一些造成倾销价格的全球供货链。当属其中的还有难民，他们被拥挤地关在难民营十分狭小的空间里，没有相应的卫生条件和健康措施。还有美国的非裔美国人，他们受到新冠疫情伤害的比例是白人的两倍。无论在哪儿，只要人的生存受到社会冷落，只要人没有就业、教育和未来机会，或者比较恶劣，就像在巴西的贫民窟里那样，那里就会出现新的移情区域。新冠疫情危机使得这些问题明确地展现在我们眼前，又把它们召回到我们的世界意识中。北莱茵-威斯特法伦州卫生部长卡尔-约瑟夫·劳曼（Karl-Josef Laumann）一针见血地指出了这一点："疫情就像一面凸透镜一样表明，这些问题本来是什么样就是什么样——而它们现在到了非解决不可的时候了！"②

————————

① 托马斯·奥伯伦德与约纳斯·齐普夫对谈：https://blog.jena.de/jenakultur/ 2020/05/01/gerade-jetzt-eben-nicht.

② 2020 年 6 月 18 日，面对在克莱门斯·托尼斯屠宰场新冠疫情暴发的情况，卡尔-约瑟夫·劳曼在《每日新闻》（*Tageschau*）中这样说。

在美国，新冠危机实现了美国民权运动都没有实现的东西：到处掀起声援种族主义警察暴力受害者乔治·弗洛伊德的运动，并瞬间波及整个美国。数字图像如同病毒本身那样迅速四处传播。与之相关的行动、象征和移情信号形成了一个世界性法典，制造了一种同步世界舆论，从而也在其他国家推动了对种族主义自我批判的反思。在这里也可以说："新冠-19-危机"以及与之相关的暂停表面上创造了一个减缓发展速度的框架。但是，在这个框架下，恰好惊人地加速了人们的思想、意识和变化进程，涉及到一些迄今成功抵抗住任何变化的社会结构。

新冠疫情造成的暂停是一个值得关注的时间点。但这个间歇自身却包含着：更加迫切和大胆地去思考，变化的愿望与日俱增。这样一来，共同意识成为议事日程上首屈一指的焦点，呼唤"团结"变成了政治话语中最重要的惯用语也就不足为奇。人们要求团结起来，共同应对来自内外的危险：我们团结起来应对危险和分裂社会的东西。谁主张团结起来，那他就想到一个群体和一个强大的群体保护的铜墙铁壁。在这里，"共同意识"呈现为重要的补充概念。因为这个运动是由个体发起的。与此同时，个体和集体利益被搁置在一旁，目光投向了一些具有决定意义的、超越了出身和归属而进行联结的东西。也就是说，共同意识并非意味着要紧迫地找到归属和隶属关系，而是要把他者吸收进来。它不是个人主义，而是利己主义的反面。它要求在更大的、不是建立在排他逻辑基础上的相互关系和义务上来思考问题。概念是思维的帮手，它们必须一再接受批判性审查和获得新内容。不像阿尔贝特·O.赫希曼所做的，"共同意识"这个词正好也可以有另外的界定。不是概念占有我们，而是我们占有概念。当我们需要概念时，便会对它们的意义产生影响，可以重新确定它们。意大利哲学家多纳泰拉·凯撒（Donatella di Cesare）恰好强调了这一点：共同体的"标志就是本质上的开放性；作为自我认同、封闭、捍卫和保护的堡垒，这样的共同体是不可能存在的"。①

①　多纳泰拉·凯撒：《不受限制的病毒？——资本主义的哮喘》（*Souveränes Virus? Die Atemnot des Kapitalismus*），达尼尔·柯洛茨（Daniel Creutz）译，康斯坦茨，康斯坦茨大学出版社，2020 年，第 24 页。

结论：历史事件——共同意识，民族叙事和历史启蒙

民族与团结

　　在现代化理论家之中，民族纲领已经过时的信念依然广为流行。比如，社会学家乌尔里希·贝克从历史发展观点出发，认为在 20 世纪 70 年代里，第一个直线发展的现代时期被反省的第二现代时期替代了。从"第一现代时期"到"第二现代时期"变迁的显著标志就是跨越边界、全球化和世界主义。在第二现代时期世界里，"民族集装箱"理论被视为过时的残余物。可是，现实却没有跟上理论。因为人们依然生活在民族中。与此同时，民族又以各种不同的国家形式存在：以帝国形式，以左翼和右翼专政形式，以非自由和独裁形式，但同样也以自由民主形式，比如加拿大、美国或者欧盟绝大多数国家。本书的中心问题是：民族思想是对自由民主的威胁，还是相反能够巩固和支持自由民主？

赫尔弗里德和玛丽娜·明克勒提出了两个理由，反对放弃民族概念："其一，把充满强烈情感的民族纲领让给了另一些在政治上利用它的人；其二，放弃了没有任何一个可以与之比拟的政治范畴，因为它能够调动团结和相互帮助的愿望。"[1] 为此，我们当然需要一个民族概念，正如他们所强调的，一个"足够现代化的（概念），为了应对我们现实和未来的各种挑战"。为此，首先必须认识到，为了能够重新适应于民族，现代化理论本身必须拓宽到文化学视野上。在关于"身份认同规则"一章中，我已经表明，一些重要和新的关键概念，比如身份认同、文化和记忆，在现代化理论的构想框架中不仅无法找到思维空间，而且立刻被揭示为"建构"。它们当然就是这样的东西，如同科尔内利娅·科佩奇言简意赅阐明的。"众所周知，家庭、性别、股市和职业也是社会建构。因此，人们长久还不能废除它们，因为它们作为'社会事实'（杜尔凯姆）存在于个体支配之外。世界主义者低估了社会的东西所拥有的强大作用。"[2]

随着"建构"判断，民族话题还没有完结，而且才开始。与之紧密相关的重要问题是：建构以什么为依据？它们会产生什么效果？谁来支配它们？它们与哪些价值相互联系？它们是排斥还是支持民主和参与社会结构？在现代化理论构想框架下，不仅反对民族概念，而且也反对其他一些关键概念，比如身份认同、文

302

---

[1]　赫尔弗里德·明克勒 / 玛丽娜·明克勒：《新德国人——一个面对未来的国家》，第290页。

[2]　科尔内利娅·科佩奇：《家在德国，家在世界？——固有的特权和新的分裂》，载于《社会城邦》，此处引自第15页，注释11。

化和记忆，这种情况尤其与西方把人的形象狭隘地定义为理性思考的个体相关，这样的形象打上了利己主义烙印，指向竞争和利益最大化。在这种人的形象中，诸如文化归属、社会责任、移情

303　和共同意识之类的特性显然受到了冷落。因此，明克勒把民族当成团结引擎的纲领是另外的东西，不同于那个经常被挂在嘴上的空洞套话，即民族是一个"想象共同体"。

　　但问题是，怎样能够想象出共同体，怎样能够在民族层面实现这样的团结。再次用赫希曼的话来说，无疑不是通过一种"使命意识，一种归属和温馨感"，因为它们当年确立了德国的"民族共同体"。这似乎就是排除他者的团结对抗模式，一种德国选择党当下极力追求实施的模式。这是因为，凡是把人联系起来的东西，同时也是把他们分隔开来的东西。因此，问题必须是这样的：通过身份认同和认知过程而产生的具有民族意识的我们是怎样排他或者包容的？人们乐意与一些抱有同样态度或者追求同一目标的人团结一致。我们知道团结是民族集体利己主义，即"美国优先"模式。我们此间也认识到了团结是跨民族集体利己主义，即"欧洲堡垒"模式。这样一些形式的团结是排他的，追求的目标就是排除他者。然而，与之相反，也存在着一种联结和架桥的团结互助模式，因为它容忍、尊重和维护差异。融合要求有包容性地团结那些和我们本身不一样、而我们要与他们建立一个共同未来的人。如果在社会中，只要共同意识和团结一致的观念占主导地位，从一开始就排除一定的群体，或者使得现存的大多数作为牢不可破的形式而稳固地存在下去，那么融合必然就会失败；如果融合过程被现实地承认为一个长久的任务，而且改变的

愿望既发自于移民，也发自于本国人的话，那么融合就必然会取得成功。

分裂的民族与对立的叙事

弗朗西斯·福山的泰莫斯、莫里斯·哈布瓦赫的记忆框架理 304论和乔治·莫斯的战争经历神话今天与我们有什么关系呢？关系很密切，因为民族的重塑需要审视、改变和拓宽自己的民族叙事意愿。为此，首先必须把它们提高到普遍的意识层面并进行批判的分析。自我批评启蒙同时是其走向改变的第一步。在这个过程中，认识民族神话，探讨它们存在的问题和有害影响，胜过简单地解构它们，废除它们。民族神话支撑的是一个什么样的社会？谁会从它们之中获得利益，谁会遭受它们折磨？它们使什么样的未来有可能和把什么人排除在这样的未来之外？

改造民族叙事不只是在德国变成了一个炙手可热的现实话题。因为参与和民主导向这样的问题不仅确立在宪法中，而且也需要一种社会话语和民族自我认识协商。当传统的意识形态失去了导向性和约束力的时候，民族叙事形式的历史阐释便不断会赢得作用。这样一种民族叙事被理解为关于自我历史最低限度的共识有多么重要，人们最好可以在缺少它的地方看得出来。我们当下对民族有许多残缺不全和分裂的看法。这其中有各种不同的原因共同产生影响，有经济和社会原因，也有政治和文化原因。但 305值得关注的一个重要方面就是民族叙事的建构和改造。

谁笼统地拒绝作为民主社会相互关系框架的民族，那他也会以此认为其历史已经过时了，并且放弃历史作为经验资源和意义调节器这一维度。然而，当历史成为过去时，它并没有简单地停止。它以建筑物、街道名称和纪念碑形式进入了构建环境里，它依然以象征物形式继续在场，依然是生存世界和民族身份认同不可分割的部分。可话说回来，一个未被清算的暴力史也会一代又一代地在受害者和施暴者身上传承下去，反映在他们的行为、做法和观念中。由于种族主义、法西斯主义或者反犹太主义叙事和象征，又有一些在历史上早就被消除的行为被翻新和持续化。只有当各个社会协调一致和相互合作来反对一些公开蔑视人类价值和信念，并承认共同民主基本价值时，那样的行为才能被克服。

改造民族叙事——美国和以色列

特别引人注目的是，当乔治·弗洛伊德 2020 年 5 月 25 日在明尼苏达州被四个警察在光天化日之下杀害以后，围绕着民族叙事的斗争在美国正好变得特别引人注目。这个罪行有路人用手机镜头记录下来了，并且通过社交媒介快速地传播开来；它超越了民族界限，掀起了一场关于种族主义的大争论，导致推倒了一些殖民纪念碑。从此以后，在美国上演了关于美国历史及其阐释的激烈争论。这个过程非常清楚地表明，在这个国家里，存在着许多矛盾叙事，但却不存在人们对共同的民族历史那些关键事件共同认可的兆头。两个极端，也就是黑人的命也是命-运动与白人至上者之间的分裂是不可调和的。一条深深的裂痕撕裂了社会，远远地超过了福山所批评的身份认同政策，暴露和重新制造出同一民族内部极端和不可调和的对立。为之，我们无论如何必须明白，南方各州那些有争议的、今天成了政治争论对象的将军纪念碑不是直接在美国内战之后，而是19世纪末和20世纪初才建立的。这是些历史失败者的英雄纪念碑；他们公开对抗内战中所取得的黑人在法律上的平等地位，并且以这样的方式，依靠确立象征物延伸了内战。另一个直接与美国南方所谓的"失败原因"纪念碑类似的情况就是士兵和殖民纪念碑。第一次世界大战失败后的20世纪30年代，纳粹分子以此为榜样，表现出了好战的种族主义思想，把这个民族推向了下一场战争的深渊。不足为奇，大西洋此岸和彼岸的法西斯分子相互如此情投意合和赞赏。这个类似的情况引起了历史学家大卫·W.布莱特的关切："有些叙事（'myths'）是需要的，因为它们支撑着一个美好和重要的文化导向。而另一些则建立在邪恶的谎言基础上，是仇恨和政治动员强大的工具，能够组织起声势浩大的游行，无论是在纽伦堡的帝国党代表大会所在地，还是在夏洛茨维尔的大街上，或者这个国家其他地方。"① 福山还曾经称为"非美国的"的东西，在这里直言不讳地称之为"反美国"的。布莱特补充说："那些雕像现在被推倒了。但是，建立了它们的叙事却依然存在。"这恰恰就是现在涉及到的一个焦点问题。

早在20世纪初，美国社会学家和公民权维护者W.E.B.杜

---

① 大卫·W.布莱特：《1989年的欧洲，2020年的美国和败局已定的死亡》。大卫·W.布莱特的"败局已定"神话的历史分析完全类似于乔治·莫斯的"战争经历神话"。

博斯（W. E. B. Du Bois）就把美国历史称作为一个人为就此达成共识的谎言。更确切地说：白人就此达成共识。对黑人来说，正如作家和公民权活动家詹姆斯·鲍德温强调的，这个历史"无非是一个无法忍受的枷锁，一个臭气熏天的牢笼，一个闻所未闻的地狱"①。在美国，从来就没有黑人公民权运动的重要诉求得到过落实。他们想让自己的历史成为民族历史的一部分，一部并非随着白人移入才开始的，而是早在之前随着从非洲暴力贩卖黑人奴隶的梦魇，也就是从所谓的"中间通道"（Middle Passage）已经开始的历史。直到今天它们都被关在民族叙事大门之外。从内战以来，一如既往，同样不存在一个立足于国家层面的、黑人和白人共有的关于奴役历史创伤叙事，只有持续的种族主义和系统的不平等社会结构。

"你们这些白人，听听我说吧！"，詹姆斯·鲍德温写道。"历史——好像是无人知道的东西——不只是拿来阅读的。它也并非迫切地涉及过去。恰好相反：历史的伟大力量来自于我们把它承载在我们心里的事实。"②对于一个造成创伤暴力史的受害者来说，历史恰恰不会简单地消解，正好相反：如果像奴役这样的历史创伤没有得到象征性承认，种族主义原因继续存在的话，那

308

---

① 詹姆斯·鲍德温：《这条街上没名字》（*No Name in the Street*），纽约，戴尔出版社，1972年，转引自：埃迪·S. 格劳德（Eddie S. Glaude Jr.）：《詹姆斯·鲍德温想让美国看到的历史》（The History that James Baldwin wanted America to see），载于：《纽约人》，2020年6月19日。

② 詹姆斯·鲍德温：《白人的罪责》（White Man's Guilt），载于：《散文集》（*Collected Essays*），纽约，文学经典出版社，1998年，第723—727页，此处引自第722—723页。

么对部分民众来说，过去依然还是现实。在美国，只有全体人民远离这样一个历史，同时彻底摒弃使得这个历史成为可能的前提时，它才能真的成为过去。为了达到这个目的，仅仅把奴役创伤史展现在史密森尼博物馆，且主要把它作为黑人历史来叙述，这是远远不够的。在美国，2月被视为"黑色历史月"。在这个月里，非裔美国学生班级都去参观博物馆，为了了解一切关于弗雷德里克·道格拉斯（Frederick Douglass）或者马丁·路德·金的历史[①]。文化实践典型地体现出一个严格分隔叙事的社会特点；在一个共同的领土上，生活着两个拥有各自历史的平行社会。这里缺少的是承认和认识白人造成的黑人苦难史和一个体现在民族纪念日和博物馆、纪念碑和教科书中的共同叙事。福山所说的"信仰民族"纲领只能建立在承认美国民族包容和共同的历史基础上。

以色列是分裂社会的又一个例子。这个分裂社会必然会追溯到其不平等的历史根源，为了听取和承认一些被排除的声音，使之融入到一个共同的历史中。在这个国家里，生存着两个平行社会，以色列人社会和巴勒斯坦人社会。这里有三个截然不同的叙事：大屠杀，独立战争和巴勒斯坦人浩劫。除了犹太人的创伤，即大屠杀外，还有以色列民族自我解放的成功，这又导致了巴勒斯坦人的创伤。在以色列，没有缺少过试图把这些对立的叙

---

　　① 弗雷德里克·道格拉斯（1818—1895）：19世纪美国著名黑人政治家、演说家和作家，废除奴隶制度与社会改革领袖；马丁·路德·金（1929—1968）：美国著名社会活动家，黑人民权运动领袖。——译者注

事融合在一起的倡议。除了 Zochrot 这个组织借助参观旅行和信息传播讲清关于以色列国家在地貌方面的巴勒斯坦前史外，还有以色列社会心理学家和治疗学家丹·巴翁（Dan Bar-On）令人印象深刻的尝试。他和他的巴勒斯坦同事，教育学家萨米·阿德万（Sami Adwan）编写了把以色列历史与巴勒斯坦历史共同讲述的教科书[①]。这种关系史模式在欧洲已经多次越过边界，成功地付诸实施了。所以，它似乎也可能有助于在以色列软化非此即彼的强硬政策，为二者兼而有之意义上的和平共处做准备。另一个在这方面重要的新动议发自于两位历史学家，他们在一个真正的双向研究项目中把大屠杀和巴勒斯坦人浩劫历史地融合在一起[②]。这个以色列–巴勒斯坦研究项目在学界获得了越来越多的认可，但在社会上和政界却遭到了反对或者冷遇。

德国叙事——三个焦点

探讨改造民族叙事这个迫切问题也涉及到德意志民族。在这个国家里，人们如此经常地呼唤着"社会团结"，因为它当前特别受到了三个焦点的损害。首先要指出的是德国国庆日。在这

---

① 丹·巴翁／萨米·阿德万：《认识他者的历史叙事》（ *Das historische Narrativ des Anderen Kennenlernen* ）。https://www.fluter.de/eure-wahrheit-unsere-wahrheit.

② 巴希尔·巴希尔（Bashir Bashir）／阿莫斯·戈德贝格（主编）：《大屠杀与巴勒斯坦人浩劫——一个创伤与历史新原则》（ *The Holocaust and the Nakba. A New Grammar of Trauma and History* ），纽约，哥伦比亚大学出版社，2008 年。阿隆·孔菲诺的评论载于《史学对话和专业信息杂志》2016 年 4 月 22 日。www.hsozkult.de/publicationreview/id/reb-24083.

里，德国有一个新的特殊方式引人注目。也就是说，我们是这个世界上唯一一个用悲叹、哀怨和控诉庆祝国庆日的国家。这与第一个焦点密切相关。可能因为在两个德国，40 年之久，分别传播了截然不同的民族和爱国主义观念①。 310

德意志民族虽然统一了，但却被否定了，因为它迄今没有成功地实现一个共同的东部-西部-叙事，胜利者的历史依然独占统治地位。在这个叙事中，作为从上层发起的行政行为的重新统一与自下发起和为转折做好了准备的公民运动和平革命叠加在一起。因此，30 年后两个分隔的部分还没有真的融合在一起也就不足为奇了。成功传播的胜利者叙事迄今剥夺了当年东德民众要为共同的国家做出很有意义的贡献的权利。东部的历史告终了，灭亡了，它在公众空间里和民族自我认识中几乎依然没有得到任何回应。经历过历史剥夺和失去自我意识这样一些触及灵魂形式的人在自己的国家里觉得是陌生人，生活"在流亡中"，因此逐渐显示出一种拒绝态度，最终也会突变为与国家处于极端的对立状态②。

这种情况便引向第二个焦点，即公开煽动敌视外国人、主张种族主义和排斥移民的民族主义党派卷土重来。德国选择党捞

---

① 里夏德·施罗德：《德国，统一的祖国》。

② 逃亡和流亡两个概念正好改作他用，获得了新的意义，指的是那些在自己的国家觉得是陌生人的人，因为在那里，据说"言论通道"变得越来越窄，人们觉得走上了一条进入"思想专政"之道。作为回应，在德累斯顿建立了由洛施维茨书店出版社出版的《流亡队伍》杂志（*Reihe Exil*）。它的创建者苏珊娜·达根（Susanne Dagen）利用她的书店和出版社为艺术提供了一个"庇护所"，同时也寄希望于作为"庇护所"的艺术。她亲近于"反西方伊斯兰化爱国欧洲人"运动和德国选择党，属"欧洲移民和少数民族委员会"（REMM）成员。

到好处的一个刺激性话题就是"记忆政策的 180 度大转弯"。由于大屠杀记忆被视为与所需要的民族自豪感水火不容，被谴责为"德国人的自我仇恨"。所以，它的煽动者不遗余力地要清除德国叙事中的罪责和耻辱问题，要使之转换到自豪感和尊严基础上。在 20 世纪 80 年代，乔治·莫斯就注意到，"战争经历神话"此间在欧洲就是历史。但是他又补充道："未来是开放的……如果民族主义作为世俗信仰重新兴盛起来，神话同时就又会起作用。"① 新的民族自豪感不仅表现在通过在凯夫豪瑟纪念碑前表演的日耳曼神话复兴里，而且也首先表现在重新再版的美化第二次世界大战和崇拜纳粹英雄的纳粹文献行为里。与此同时，反犹太主义、伊斯兰恐惧症和种族主义在互联网上占领了国际论坛。泰莫斯概念同样又回到了政治话语中。斯劳特戴克的学生马克·荣根把这个概念引入了德国选择党的哲学理念中。

311

斯蒂芬·茨威格曾经提出倡议，要用一个积极泰莫斯来取代宣扬军事实力和暴力倾向的消极泰莫斯。积极泰莫斯现在同样会在欧盟内部促进各民族和平共处。茨威格代表了一代人说话；"这代人认识到了世界上最可怕的仇恨，学会了仇恨这样的仇恨，因为它有害无益，只会削弱人类的创造力"②。经历了另一次世界大战和大屠杀以后，欧洲各民族才接受了这个远见卓识，为一个和平的欧洲奠定了基础。表明信仰欧盟是一个积极泰莫斯例证，

① 乔治·L. 莫斯：《倒下的士兵——重塑世界大战记忆》，第 224 页（阿莱达·阿斯曼译）。

② 斯蒂芬·茨威格：《从道德上为欧洲解毒》，第 56 页。

因为在欧盟中，各民族负有克服民族主义的义务。为什么就不能为这样的历史发展感到自豪呢？这是一种以自由、多样性、和平与平等权利价值为基础、欧洲各民族彼此分享的自豪感。

第三个焦点涉及要把民族改造成一个移民社会。这样的改造应该为移民获得国籍创造一个积极框架。这里关系到超越了所谓的欢迎文化的东西①，也就是说关系到从社会参与和未来前途意义上说的融合。这个变化是不可能通过德国主导文化片面的指导方针实现的，而是要求本国人和移民共同和相互努力。在这个过程中，一些新的历史会得到支持，社会因而会变得更多样性和拥有更多声部。这个过程也需要改造民族叙事。这个叙事的一部分恐怕就是对1945年后波及到德国的不同移民潮的关注：战争难民和被驱逐出境的德国人、土耳其籍和南欧外籍工人、越南难民和合同工人、巴尔干难民和来自苏联的犹太人——所有这些人凭借他们的能力和经验，在长期的融合工作中为改变和共同塑造这个国家起到了十分重要的作用。这个变化必须体现在公共领域里不断地吸收另一些历史来源和历史经验的标志和象征变化中。比如，科隆的多米德博物馆正在为成为德国第一家移民博物馆做准备。唯有当它不仅是一家移民博物馆，同时也是全部德国人的博物馆时，它才能完成应有的任务。

顺便说一下所有德国人。"为德意志民族服务"（DEM

312

---

① 欢迎文化（Willkommenskultur）是德国最近几年才出现的一个概念，用来表达德国人欢迎移民的积极态度。但欢迎文化在德国有别于承认文化（Anerkennungskultur）。——译者注

DEUTSCHEN VOLKE）——这一行用大铜板刻成的铭文于第一次世界大战中的 1916 年镶嵌在帝国大厦的山墙带状缘饰下。它充满无可比拟的象征意义：这些字母的创造者是青年艺术风格建筑师和版式设计师彼得·贝伦斯（Peter Behrens）。铜材是用普法战争的大炮浇筑而成。安装铭文的青铜浇筑厂是犹太人西格弗里德和阿尔贝特·洛维（Siegfried und Albert Loevy）家族企业①。2000 年，当德国随着新国籍法的颁布变成了移民国家时，艺术家汉斯·哈克（Hans Haacke）通过另一个铭文补充了这个题词。在帝国大厦的玻璃天井里，他安置了一个大容器，里面装满了议员们从各自选区带来的各种各样的土壤，以便各种植物能够在那里自由繁茂地生长。在这个生物群落的生存环境里，可以看到"为民众服务"（DER BEVÖLKERUNG）的灯光字样。民众必然会一再重新认识到是什么东西把他们联系在一起。当然，这种情况并不像在植物世界里那样简单，因为多样性需要承认、投资和发挥的保护空间。多样性需要理解它的出身和未来，不是为了生长在一起，而是为了共同生长。

---

① https://www.bundestag.de/dokumente/textarchiv/2016/kw51-kalenderblatt-tinschrift-reichstag-484614.

人名表

（页码为原书页码，见本书边码）

315

图书在版编目（CIP）数据

民族的重塑：为什么我们惧怕和需要民族 /（德）阿莱达·阿斯曼（Aleida Assmann）著；韩瑞祥译 .—北京：商务印书馆，2023
ISBN 978-7-100-22921-0

Ⅰ.①民…　Ⅱ.①阿…②韩…　Ⅲ.①民族历史—研究—德国　Ⅳ.① K516.8

中国国家版本馆 CIP 数据核字（2023）第 164745 号

民族的重塑
——为什么我们惧怕和需要民族

〔德〕阿莱达·阿斯曼　著
韩瑞祥　译

商　务　印　书　馆　出　版
（北京王府井大街 36 号　邮政编码 100710）
商　务　印　书　馆　发　行
北京通州皇家印刷厂印刷
ISBN 978 - 7 - 100 - 22921 - 0

2023 年 12 月第 1 版　　　　开本 850×1168　1/32
2023 年 12 月北京第 1 次印刷　　印张 10⅛

定价：65.00 元